Mind in Focus

심리학을 보다

누구나 실천할 수 있는 마음의 기술

심리학을 보다

이경민 지음

당신의 오늘을 새롭게 하는 관계와 성장을 위한 심리학

나의 마음을, 타인의 마음을
심리학을 통해 보다

"선생님, 제가 지금 무슨 생각하는지 맞혀보세요."

심리학을 가르치고 심리상담을 한다고 하면 종종 이런 요청을 받습니다.

이런 말에는 사람들이 심리학에 기대하는 바가 담겨 있습니다. 눈빛만 봐도 상대의 마음을 꿰뚫어 볼 수 있다면 얼마나 좋을까요… 그렇다면 내 아이가 왜 이렇게 방문을 닫아버리는 것인지, 내 친구의 분위기가 왜 이렇게 싸늘한 건지 한번에 알아낼 수 있을 텐데요.

그렇다면 "심리학을 공부하면 다른 사람의 마음을 알 수 있을까요?"

네. 그럴 수도 있어요. 단, 조건이 있습니다. 내 마음을 먼저 알아야 다른 사람의 마음이 보인다는 거예요. 우리는 나의 마음을 통해서 세상을 봅니다. 그렇기 때문에 같은 것을 보고도 각기 다른 생각을 하고 다른 감정을 느끼게 되는 것이지요.

그런데 내 마음을 안다는 것이 그리 쉬운 일이 아니거든요. 어쩌면

　남의 마음보다 더 알기 어려운 것이 내 마음일지 모릅니다. 남의 표정이나 말, 행동은 그래도 표면적으로 드러나기라도 하는데 나의 것들은 내가 스스로 알아차리는 것이 정말 쉽지 않아요.
　'심리'는 인간의 내면에서 일어나는 감정, 정서, 의식을 말합니다. 눈에 보이지 않는 이 모호한 것들을 과학적인 방법으로 연구하고 증명하는 것이 심리학입니다. 형체가 없는 마음을 비교적 눈으로 확인할 수 있는 결과로 나타내고자 하는 것이죠. 이런 이유로 심리학을 공부하면 생각과 감정, 그리고 행동의 흐름을 이해하는 데 도움이 됩니다.
　나에 대해 조금씩 이해하게 되면 비로소 주변에 있는 사람들의 마음을 볼 수 있게 됩니다. 다른 사람의 마음을 알고자 하는 내 안의 욕구는 사실, 그 사람과 좋은 관계를 맺고 이어가고 싶은 마음과 맞닿아 있습니다. 별로 관심도 없고 친해지고 싶지 않은 사람의 감정과 생각이 궁금하지 않으니까요.

그럼 "심리학을 왜 공부할까요?"

일단 앞서 살펴본 바와 같이, 나의 마음을 알고 주변 사람들의 마음을 알아가며 관계를 단단하게 쌓을 수 있기 때문입니다. 또한 심리학은 우리가 살아가는 데 필요한 전략이 되어주기도 합니다. 나를 성장시키고 목표를 달성하는 데 도움이 되는 기술이 되어주기도 하지요. 가정을 이루고 자녀를 양육하거나 진로를 탐색해야 하는 삶의 전환기에 필요한 지식을 제공하기도 합니다. 또한 나의 삶에서 나이가 드는 것과 같이 결코 바꾸기 어려운 것들을 수용해야 하는 시기에 힘이 되어주기도 할 것입니다.

그럼에도 불구하고 우리는 삶의 과정에서 자신이나 타인으로 인해 상처를 받기도 합니다. 다시 일어날 수 없을 것 같은 사건을 경험하기도 하지요. 물론 주저하지 않고 누군가에게 도움을 청하는 것이 가장 좋지만 때로는 그러한 요청도 쉽지 않을 때가 있습니다. 국가에서 상담 비용을 일부 제공해줄 정도로 심리상담을 받는 것이 일반화되어 있기는 하지만 아직도 상담을 받을 때 고민하시는 분들이 많이 계시거든요. 전문가에게 도움을 받는 것이 가장 좋지만 그럴 수 없는 상황에서 나 자신이 가장 훌륭한 치료사 역할을 하기도 합니다.

『심리학을 보다』를 통해 우리의 마음을 보고, 타인의 마음을 보며 우리의 삶에서 필요한 기술들을 알아차려, 보다 평안한 하루가 되시길 빕니다.

이경민

목차

지은이의 말 **나의 마음을, 타인의 마음을 심리학을 통해 보다**   4

 마음의 기술: 자신을 받아들이다

심리학의 다섯 가지 관점	15
성격은 타고나는 걸까, 길러지는 걸까?	19
프로이트의 정신분석이론	25
칼 융의 분석심리학	39
에릭슨의 심리사회적 발달이론	44
나를 믿는 힘, 자아존중감은 어떻게 발달할까?	55
똑똑하다는 건 뭘까? 지능을 보는 여러 관점	61
오늘 실천하는 마음의 기술	74

2장 관계의 기술: 타인과 소통하다

대상관계이론과 애착이론	79
인상과 편견의 심리학	87
하이더와 와이너의 귀인이론	91
설득, 동조, 그리고 태도의 심리학	97
집단 내에서의 개인 심리	104
에릭 번의 교류분석이론	116
오늘 실천하는 마음의 기술	124

3장 자기관리의 기술: 성장을 이끌다

인본주의 심리학, 긍정적 존중과 성장의 원리	129
동기란 무엇인가?	135
목표를 지켜내는 힘, 자기통제와 만족지연	140
행동을 설계하는 과학, 행동주의 심리학	145
사고와 학습의 비밀, 인지주의 심리학	159
기억은 어떻게 남고, 왜 잊히는가	166
오늘 실천하는 마음의 기술	174

4장 삶의 전환기를 건너는 기술: 균형과 조화를 이루다

욕구에 대한 이해	179
듀발의 가족생활주기	185
올바른 양육을 위한 부모교육이론	188
청소년에 대한 이해	192
진로발달이론과 직업선택이론	195
정서심리학이란 무엇인가?	207
이상심리학이란 무엇인가?	213
오늘 실천하는 마음의 기술	244

5장 나이듦의 기술: 수용하고 성장하다

셀리그만의 긍정심리학	249
성공적인 노화란 무엇인가?	255
스트레스에 대한 이해	262
애도의 과정과 이해	268
수용전념치료란 무엇인가?	272
마음챙김이란 무엇인가?	281
오늘 실천하는 마음의 기술	284

6장 치유의 기술: 스스로를 돌보다

상담이란 무엇인가?	289
무의식을 탐색하는 정신분석적 상담	295
유연하게 적용하는 개인심리학적 상담	299
전통적 행동치료와 인지행동치료	305
자기 인식을 회복하는 게슈탈트적 상담	314
처음 시작하는 심리검사와 심리평가	322
오늘 실천하는 마음의 기술	334

최근 심리학 분야는 많은 사람들의 관심과 사랑을 한몸에 받고 있습니다. 사회생활이나 가족 관계에서 느끼는 어려움을 해결하려는 노력, 즉 '상대의 심리를 파악함으로써 문제에서 벗어날 수 있지 않을까?' 하는 마음에서일지 모르겠습니다. 심리학이 모든 상황을 척척 해결해주는 마법 같은 학문은 아니지만, 그 안에는 나 자신에 대해 알아보고 내면의 상처를 살펴볼 수 있는 효과적인 심리이론들이 존재합니다. 이번 장이 심리학과 친해지는 데 도움을 줄 수 있으리라 생각합니다. 우리 삶의 생애주기에서 겪을 수 있는 다양한 상황에 필요한 심리이론들을 살펴봄으로써 '내 안의 나'와 마주하는 기회를 얻기 바랍니다.

1장

마음의 기술: 자신을 받아들이다

심리학의 다섯 가지 관점

심리이론을 다루기에 앞서 현대 심리학의 다섯 가지 관점을 살펴보도록 하겠습니다. 현대 심리학의 다양한 관점을 공부하는 이유는 그 흐름을 이해해야 이후에 소개될 심리이론을 더 쉽게 파악할 수 있기 때문입니다. 앞으로 다룰 심리이론들이 어떤 관점을 바탕으로 발전한 것인지 안다면 해당 이론을 이해하는 데 큰 도움이 될 것입니다. 심리학의 관점은 크게 생물학적 접근, 정신분석적 접근, 행동주의적 접근, 인지주의적 접근, 인본주의적 접근으로 나뉩니다.

1. 생물학적 접근

생물학적 접근(biological approach)은 뇌의 활동에서 인간의 정신과정

심리학의 다섯 가지 관점 비교

관점	개념적 초점	인간 본성에 대한 견해	환경/인간의 강조
생물학적	생물학적 뇌기능	중립적	인간
정신분석적	무의식적 요인	부정적	인간
행동주의적	관찰 가능한 행동	중립적	환경/인간의 강조
인지주의적	사고과정	중립적	인간 및 환경
인본주의적	잠재력 실현을 위한 인간의 욕망	긍정적	인간

자료: 『현대 심리학의 이해』(현성용 등 지음, 학지사, 2020)

의 연관성을 찾아냅니다. 문제의 원인을 찾을 때 후천적인 요인보다는 주로 유전, 호르몬 활동, 뇌의 활동 등에 초점을 맞추며, 감각기관이나 신경계통의 생리적 작용으로 심리를 설명합니다. 최근에는 과학기술의 발달로 기능적 자기 공명 영상(fMRI)을 통해 심리 변화와 뇌의 활동을 함께 연구하는 활동이 늘어나고 있습니다.

2. 정신분석적 접근

정신분석적 접근(psychoanalytic approach)은 인간의 정신 세계를 의식, 전의식, 무의식으로 나누고 무의식의 영역이 어떠한 작용을 하는지 연구합니다. 『꿈의 해석』의 저자 지그문트 프로이트(Sigmund Freud)가 대표적인 학자이지요. 프로이트의 정신분석은 인간 심리에 대한 결정론과 무의식의 개념에 기초를 둡니다. 현재 정신분석에 대해서는 다양한 평가가 나오고 있지만, 심리학 분야에서 중심이 되었고 이후 많은 심리학자에게 영향을 주었다는 사실은 부정할 수 없습니다. 정신분석적 접근은 신프로이트학파로 이어져 자아심리학, 대상관계이론으로 확대되거나, 비판을 통해 독자적인 체계를 갖춘 칼 융(Carl Jung)의 분석심리학, 알프레드 아들러(Alfred Adler)의 개인심리학 등으로 발전해나갔습니다.

3. 행동주의적 접근

행동주의적 접근(behavior approach)은 연구의 대상을 의식 세계에서 '행동'이라는 외적 부분으로 이동해, 외부적 '자극'이 어떻게 조건화되어 인간의 행동에 작용하는지 살펴봅니다. 즉 관찰 가능한 행동의 변화를 비롯해 이에 영향을 미치는 자극과 반응에 관한 연구를 바탕으로 한 관점입니다. '파블로프의 개 실험'으로 알려진 고전적 조건형성이 행동주의의 대표적인 이론이라 할 수 있습니다. 이후 '스키너 상자 실험'으로 알려진 조작적 조건형성과 '보보인형 실험'으로 알려진 사회학습이론 등으로 발전되었으며 많은 치료기법으로 활용되었습니다. 1970년대 후반에는 다양한 분야와의 상호작용을 강조하면서 인지주의적 접근과 혼재되어 인지행동치료로 발전했습니다.

4. 인지주의적 접근

인지주의적 접근(cognitivist approach)은 인간의 지각, 기억, 사고가 어떠한 체계를 거쳐 행동으로 나타나는지를 연구합니다. 즉 인간 내부에서 일어나는 인지적 과정에 집중해 사물을 인지하고 기억하는 과정과 그 방법에 초점을 맞춥니다. 복잡한 사고과정이나 언어의 습득과정 등 눈에 보이는 행동의 변화에 집중했던 행동주의적 접근만으로는 설명하기 어려운 문제가 대두되면서 인지주의가 떠오르게 되었고, 서로 대립하게 되었습니다.

5. 인본주의적 접근

인본주의적 접근(humanistic approach)은 인간을 자기 인식, 경험을 통해 선택권을 스스로 가진 존재라고 생각하고, 잠재력을 가진 긍정적 존재로 바라봅니다. 개인의 경험에 가장 큰 관심을 두고, 자신이 선택한 것에 대한 책임을 짐으로써 자유로워질 수 있음을 강조합니다. 인본주의적 접근은 대부분의 상담에서 인간을 대하는 기본적인 자세라고 할 수 있습니다.

성격은 타고나는 걸까, 길러지는 걸까?

　'성격이 좋다.' '성격이 나쁘다.' '성격이 잘 맞다.' '성격이 맞지 않다.' 등 우리는 흔히 누군가의 내면을 표현할 때 '성격'이라는 말을 씁니다. 혈액형이나 별자리로 '나'와 상대방의 성격을 알아보기도 하고, 심리테스트로 궁합을 예측해보기도 합니다. 성격을 알아보는 이유는 결국 누군가의 내면을 알고 싶기 때문입니다. 또한 성격을 파악함으로써 '미래에 어떠한 일이 닥쳤을 때 그 사람이 어떻게 대응할지 미리 짐작해볼 수 있지 않을까?' 하는 기대도 있을 것입니다. 성격은 사람의 심리를 알고자 할 때 가장 첫 번째로 생각하는 부분으로, 성격을 설명하는 심리이론 또한 매우 다양합니다. 대부분의 심리이론이 사람의 성격, 성향을 설명하려 한다고 해도 과언이 아닙니다.

그렇다면 성격은 무엇일까요? 영어로 성격을 뜻하는 퍼스낼리티(personality)의 어원은 라틴어 페르소나(persona)에서 찾을 수 있습니다. 페르소나는 고대에 무대에서 쓰던 가면, 탈을 의미하는데요. 현대에는 사회라는 무대에서 사람들이 이러한 사회적인 얼굴, 가면을 쓰며 살아간다는 뜻에서 성격의 의미로 사용되고 있습니다. 칼 융은 분석심리학에서 페르소나를 개인이 집단 사회에 적응하기 위해 터득하는 사회적 역할, 외적 인격으로 정의했습니다. 미국의 심리학자 고든 올포트(Gorden Allport)는 성격을 한 개인의 독특한 행동과 사고, 감정의 패턴을 창조하는 내부적·심리적 역동 체계라고 정의하기도 했습니다. 이러한 학자들의 성격에 대한 정의에서 성격의 공통된 요소로 볼 수 있는 것은 일관성과 독특성입니다. 성격은 과거와 현재에 걸쳐 지속적으로 나타나는 성질이며, 다른 사람과 구별되는 지배적인 독특성을 의미합니다.

특질이론과 성격의 5요인 모형

성격에 대한 이해를 위해 다양한 관점에서 연구가 이뤄졌고, 그중 특질(traits)로 성격을 설명하고자 하는 관점이 바로 특성적 관점입니다. 특질에 대한 연구는 주로 방대한 자료를 기본적 요인으로 요약하는 요인분석의 방법을 사용해 이뤄졌습니다. 이는 성격에 대한 많은 정보를 기본 요소로 나타내는 것으로, 성격을 '외향적인, 내향적인, 성실한, 친절한' 등과 같은 특질로 표현하는 것입니다.

성격을 나타내는 다양한 형용사 중 공통적으로 꼽히는 다섯 가지 요소를 5요인 모형(big five model)이라고 하는데요. 각각 경험에 대한 개방성(openness to experience), 성실성(conscientiousness), 외향성(extroversion), 우호성(agreeableness), 신경증적 경향(neuroticism)으로 구분됩니다. 각각의 특질의 영문 첫 글자를 따서 오션(OCEAN) 모형이라고도 부릅니다.

1. 개방성

다양한 경험에 수용적인 태도를 갖고 있습니다. 호기심이 많고 창의성이 높으며 지적인 욕구가 강한 면이 있습니다.

2. 성실성

목표를 성취하기 위해 노력하는 경향이 있으며, 규범을 지키고 책임감이 강한 면이 있습니다. 성실성이 높은 경우에는 계획성 있게 행동하고 꾸준하게 노력하면서 신중한 모습을 보이며, 성취 의지가 높은 편입니다.

3. 외향성

외부적인 에너지에 관심을 가지며 사회성이 높다고 볼 수 있습니다. 새로운 것에 관심이 많고 지배성, 적극성, 활동성이 높습니다.

4. 우호성

타인과 조화롭게 지내고자 하는 특성이 있고 관계 유지에 관심이 많습니다. 타인과의 관계 유지를 위해 부정적인 감정을 억제할 수 있고 협동적 요소를 중요하게 여깁니다. 세심한 면을 가지고 배려하며 양보할 수 있고 인내심도 높은 편입니다.

5. 신경증적 경향

예민하다고 특정 지을 수 있으며 걱정이 많고 까다롭습니다. 이러한 경향이 강할수록 감정의 기복이 크고 쉽게 자극되어 불안, 우울과 같은 부정적 정서가 자주 나타납니다.

이러한 다섯 가지 요인이 많고 적음에 따라 서로 다른 성격적 특성으로 나타납니다. 한 가지 유형으로 특징 지을 수는 없지만 다섯 가지 요인의 경향성을 분석하면 이렇습니다.

먼저 외향성은 사회적 영향력을 원하고, 성취와 자극을 가치 있게 여기며, 높은 지위와 정치적 영향력을 추구하는 경향을 가지고 있습니다. 우호성은 영향력의 추구보다는 타인과 좋은 관계를 유지하는 데 더 많은 관심이 있으며, 집단의 안녕과 행복한 인간관계를 중시합니다. 성실성이 높은 사람은 비교적 위험 행동을 회피할 것으로 예측되며 갈등 상황에 협상적일 것으로 예상할 수 있습니다. 마지막으로 개방성이 높은 사람은 도전적인 행동을 많이 하며 차별적인 태도가 낮다고 볼 수 있습니다.

그렇다면 가장 이상적인 성격은 어떤 것일까요? '어떠한 특질이 강하고, 어떠한 특질이 약해야 좋은 성격일까?'라는 의문에 정답은 없습니다. 한 가지 특성도 항상 같은 모습으로 발현된다고 보기 어렵고, 상황 요인에 따라 다르게 나타날 수 있기 때문입니다. 어떠한 특성이 문제행동에 취약하다는 가정을 할 수는 있지만 그러한 특성이 문제행동을 유발한다고 볼 수는 없는 것이지요. 예를 들어 높은 신경증적 경향, 낮은 외향성, 낮은 성실성을 정신장애의 위험 요인이라고 가정한다고 했을 때, 해당 특성과 일치한다고 해서 반드시 정신장애를 겪는 것은 아닌 것과 같은 이치입니다.

성격은 유전되는 것일까, 환경에 의한 것일까?

그럼 사람의 사고와 행동의 핵심이 되는 성격은 유전되는 것일까요, 환경에 따른 차이인 것일까요? 현재까지의 연구에서는 약 50% 정도는 유전된다고 보고 있습니다. 심리학자 토머스 부샤드(Thomas Bouchard)는 다른 가정으로 입양된 후 40년 만에 다시 만난 쌍둥이를 통해 성격의 유전 여부를 연구했습니다. 그 결과 자라온 환경이 다름에도 취미, 습관, 성격이 비슷하다는 결과를 얻었지요. 캐나다의 토니 버넌(Tony Vernon) 박사팀도 쌍둥이를 대상으로 비슷한 실험을 했는데요. '정신의 강인함과 유전적·환경적 소인과의 관계'를 연구한 결과, 강인한 정신력은 유전적 요인이 52%, 환경적 요인이 48%인 것으로 나타났습니다.

그렇다면 유전과 환경이 거의 비슷한 확률로 우리의 성격에 영향을 미치는 것일까요? 유전과 환경에 대한 흥미로운 연구 결과가 있습니다. 애리조나대학교 데이비드 로우(David Rowe)와 오클라호마대학교 조지프 로저스(Joseph Rodgers)는 관련 논문을 통해 IQ와 환경의 관계가 독립적이지 않고 서로 상관된다고 설명합니다. 다시 말해 지능이 높은 사람은 도서관, 토론실과 같은 학습을 촉진하는 환경을 선호하고 이로 인해 지능이 더 높아지는 결과를 얻게 된다는 것입니다. 이러한 부분은 성격에도 적용할 수 있습니다. 사람은 누구나 자신의 성향에 적합한 환경을 선호합니다. 내향적인 사람은 혼자 있을 때 편안하고, 외향적인 사람은 많은 사람과 함께 있을 때 편안함을 느끼기 때문에 각자 원하는 환경을 선호할수록 성향 또한 강화된다는 논리입니다.

유전의 영향력에 대한 연구는 인간의 게놈(한 생물이 가지는 유전 정보) 지도 제작에 성공하면서 가속화되었고, 실제로 신체적·심리적 취약성을 보이는 특정 유전자가 발견되기도 했습니다. 염색체의 특정한 자리가 성격에 영향을 미친다는 가능성이 계속해서 검증되고 있는데요. 뇌의 도파민 수용기와 관련된 'DRD4'라는 이름의 유전자는 새로움을 추구하는 경향과 관련이 있고, 'DRD2'라는 이름의 유전자는 재미를 추구하는 성격과 관련 있다는 점이 발견되었습니다.

물론 사람의 성격을 어떠한 단일 유전자의 영향만으로 설명할 수는 없습니다. 유전적인 요인이 성격에 영향을 미칠 수도 있고, 더 강력한 환경 요인에 의해 그 힘이 발휘되지 않을 수도 있습니다. 우리의 성격은 한 마디로 설명하고 정의할 수 없는 지속적인 연구 대상입니다. 대다수의 심리이론이 성격과 관련된 부분을 다루는 것을 보면 인간의 마음 상태를 알고 싶다는 궁금증은 공통의 관심사인 것 같습니다.

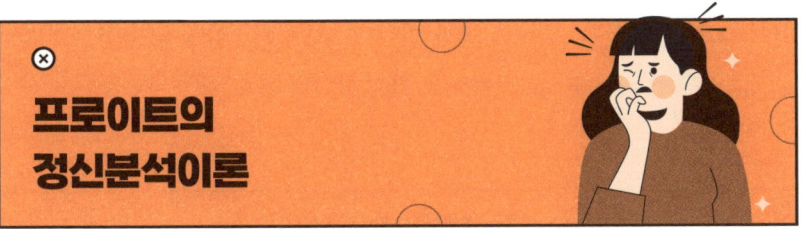

프로이트의 정신분석이론

    일상에서 의도하지 않게 갑자기 튀어나온 말실수 때문에 속마음을 들켜 당황했던 경험이나, 상상하지 못한 무언가가 꿈에서 나와 놀랐던 경험이 한 번쯤은 있을 것입니다. 이처럼 우리가 의도하지도, 의식하지도 못했던 부분이 말이나 행동에서 드러나는 이유는 무엇일까요? 그 원인을 무의식에서 찾아내는 것, 그러니까 내면에 감춰져 의식하지 못하는 어떠한 힘에 의해 우리의 행동과 말이 결정되고 실행된다고 보는 것이 바로 정신분석적 관점입니다. 정신분석(psychoanalysis)은 지그문트 프로이트로부터 시작되어 프로이트주의(freudism)라고도 부릅니다. 정신분석이론(psychoanalytic theory)은 혁명적인 사상의 전환이라고 평가받을 만큼 다양한 분야에 영향을 미친 광범위한 이론 체계인데요. 정신분석적 관점에서 사람의 성격은 고정된 것이 아니라 움직이는 과정의 집합이며, 이를 정신역동(psychodynamic)이라고 표현합니다.

성격의 추동과 무의식의 표출

우리를 움직이게 하는 힘은 무엇일까요? 프로이트는 심리적 과정에 작용하는 정신적 에너지를 추동(drives)이라고 표현합니다. 추동은 성적 추동인 리비도(libido)와 공격적이고 파괴적인 추동인 타나토스(thanatos)로 나뉘며, 프로이트는 인간의 모든 정신과정이 이러한 추동과 관련이 있다고 보았습니다.

리비도는 프로이트의 심리성적발달이론(psychosexual development theory)*을 설명하는 주요한 요인으로, 삶에 대한 본능이자 생존과 번식을 위한 쾌락의 욕구라고 할 수 있습니다. 또한 프로이트는 "모든 생명체의 목표는 죽음이다."라고 표현할 정도로 죽음, 파괴, 공격성에 대한 것도 인간의 본능이라고 주장했으며, 이러한 에너지를 타나토스라고 이름 붙였습니다. 무의식적 추동은 인간의 발달과정에서 현실에 맞게 억제되거나 알맞은 방법으로 표출하는 방법을 배우게 되어 가시적이지 않습니다.

정신분석이론은 상징과 은유적인 표현으로 성격을 표현합니다. 마음의 영역을 의식(conscious), 전의식(preconscious), 무의식(unconscious)으

---

* 구강기, 항문기, 남근기, 잠복기, 성기기로 구분되는 초기 아동기의 발달 5단계

빙산으로 표현한 의식, 전의식, 무의식

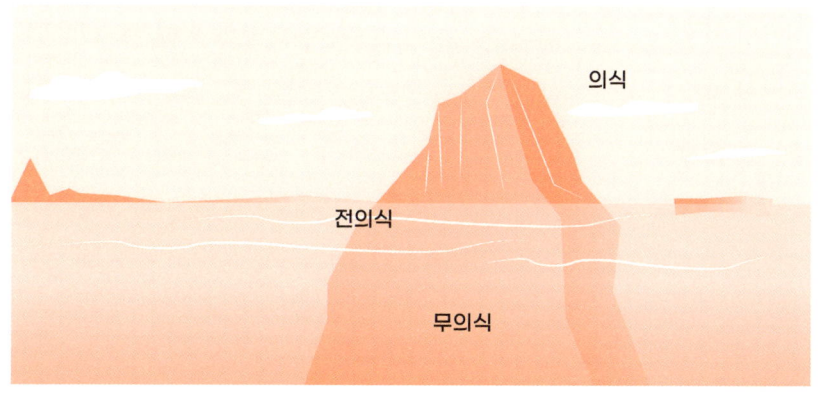

로 나눈 지정학적 모형을 통해 설명하는데요. 의식은 생각하고 지각하는 영역이며 주의를 기울이면 알아차릴 수 있는 반면, 무의식은 직접 알아차릴 수 없는 마음의 부분을 나타내며 욕망의 근원이자 충동과 감정의 저장고 역할을 합니다. 의식과 무의식 사이에 있는 전의식은 '기억하고 있는 영역'으로, 현재 의식하고 있지는 않지만 노력으로 의식의 영역까지 떠올릴 수 있는 부분을 뜻합니다. 지정학적 모형은 흔히 빙산으로 나타내는데요. 우리가 쉽게 발견할 수 있는 빙산의 꼭대기 부분을 의식, 수면을 통해 보이지만 물에 잠겨 있는 경계 부분을 전의식, 빙산의 가장 많은 부분을 차지하지만 밖에서는 보이지 않는 부분을 무의식이라고 봅니다.

그렇다면 빙산의 아래, 그러니까 수면 아래 보이지 않는 곳에 있는 무의식은 어떻게 표현되는 것일까요? 정신분석학에서는 보이지 않는 충동이 담겨 있는 무의식을 알아내는 것을 매우 중요하게 생각했습니다. 프로이트는 겉으로 드러나지 않는 무의식일지라도 일상에서 관찰을 통해 충분히 알아낼 수 있다고 생각했는데요. 일상생활에서 하는 말실수, 기억의 착오 등으로 인간의 무의식이 표출된다고 보았기 때문입니다. 무의식적 욕망은 때로는 뒤죽박죽되어버리는 말실수로, 때로는 꿈으로 표출되곤 합니다.

프로이트는 특히 꿈을 '무의식에 이르는 왕도'라고 생각할 만큼 매우 중요하게 여겼습니다. 꿈의 내용은 크게 현재몽(manifest content)과 잠재몽(latent content)으로 나뉘는데, 이 중 현재몽은 일상에서 사람들이 대부분 꾸는 꿈의 형태를 뜻합니다. 프로이트가 주목한 것은 현재몽이 아닌 잠재몽이었습니다. 잠재몽은 현재몽과 관련된 무의식적 사고, 감정, 소망에 관한 것으로 크게 다음의 세 가지 요인에 영향을 받습니다. 첫 번째는 수면 시 영향을 주는 외부 자극입니다. 잠드는 순간 받아들여진 청각적 자극에 꿈이 영향을 받는다는 것이지요. 두 번째는 무의식에 남아 있는 관심사입니다. 깨어 있을 때 고민했던 문제, 흥미로운 일 등이 꿈을 통해 표출된다는 것입니다. 마지막 세 번째는 깨어 있을 때 억압되었던 갈등 같은 무의식적 충동입니다.

성격의 구조모형

그럼 인간의 성격에 대해 프로이트는 어떻게 설명하고 있을까요? 그는 성격이 원초아(id), 자아(ego), 초자아(superego) 세 가지 측면으로 나뉜다고 생각했습니다. 태어날 때부터 존재하는 원초아는 무의식에서 기능하는 심리적 에너지의 근원으로, 즉각적으로 충족되어야 한다는 쾌락원칙을 따릅니다. 원초아는 무의식적인 심상을 형성하는 일차과정을 통해 욕구를 만족시킵니다. 자아는 원초아의 추동이 현실적으로 수용 가능한지 외부 세계를 고려하고 효과적으로 충족되도록 돕는 역할을 합니다. 쾌락원칙으로 움직이는 원초아와 달리 자아는 현실원칙을 따르며, 현실에서 처벌받지 않는 범위 내에서 합리적이고 안전한 방식으로 조절하는 이차과정을 통해 욕구를 충족시킵니다. 하지만 프로이트는 위험이 없다면 자아가 쾌락의 원칙을 따르도록 자유를 주기 때문에 도덕적 양심을 가졌다고 보기는 어렵다고 생각했습니다. 즉 자아가 원초아와 외부 세계 사이를 중재하는 '집행관'의 역할을 한다고 보았습니다. 끝으로 초자아는 성장과정에서 발생하는 갈등을 해결하면서 발달해가는 것으로, 원초아의 추동을 금지하고 자아가 합리적이기보다 도덕적이기를 강요하는 역할을 합니다. 프로이트는 초자아가 의식, 전의식, 무의식 세 수준에서 모두 작동한다고 보았습니다.

그렇다면 이상적인 힘의 균형은 어떤 것일까요? 자아는 원초아의 욕구와 초자아의 도덕적 규제 사이에서 균형을 이루고 현실적인 방식으로 표출되어야 합니다. 하지만 완전한 조화란 거의 불가능하고 갈등이 생길 수밖에 없는데요. 정신분석적 관점에서는 이것이 바로 삶의 본질이라고 주장합니다. 삶에 있어서 초자아가 지나치게 강해 도덕성이 높은 사람도, 원초아가 지나치게 강해 자기만족에만 집중하는 사람도 성격 구조 간의 균형을 보이는 이상적인 모습이라고 볼 수는 없을 것입니다. 이런 불균형 속에서 심리적 어려움이 생겨날 수 있다는 것이지요.

불안과 방어기제

　우리는 살아가면서 심리적 어려움을 겪을 때, 또는 심리적 어려움이 전혀 없을 때조차 자주 '불안'을 경험하곤 합니다. 대부분은 이러한 불안을 부정적으로 인식하고 회피하려는 모습을 보이는데요. 프로이트는 좋지 않은 일이 일어날 것 같은 기분이 바로 불안이며, 자아에 대한 경고 신호의 역할을 한다고 생각했습니다.

　프로이트는 불안을 현실 불안, 신경증적 불안, 도덕적 불안으로 나눠 설명합니다. 현실 불안은 위협적인 현실에서 발생하는 것으로 대개 상황이 변화하거나 문제가 해결되면 해소됩니다. 신경증적 불안은 원초아의 추동을 통제하지 못해 처벌받을지도 모른다는 무의식적 두려움을 뜻합니다. 다시 말해 신경증적 불안은 원초아의 추동이 표현되는 것에 대한 두려움이 아닌, 이로 인해 일어날지 모르는 처벌에 대한 두려움을 뜻하는데요. 보통 현실적 불안보다 다루기 어렵다고 합니다. 그 이유는 노력한다고 해서 원초아까지 완벽히 통제되지는 않기 때문입니다. 실제로 실수나 실패를 줄이기 위해 조심히 운전하거나 시험공부를 더 열심히 할 수는 있지만, 그렇다고 해서 원초아까지 통제할 수는 없기 때문에 그 두려움이 다 사라지지는 않습니다. 끝으로 도덕적 불안은 자신의 도덕적 기준에 벗어난 행동을 할 때 갖는 두려움이며 죄책감, 수치심과 연결되어 있는 불안입니다. 도덕적 불안의 원천은 사회적 처벌이 아닌 양심이므로 이 또한 다루기 어려운 불안입니다.

불안이 발생하는 상황에서 이상적인 기능을 하는 자아라면 외적 위험을 피해 현실 불안을 예방하고, 원초아의 추동을 적절히 방출해 신경증적 불안을 조율하고, 초자아가 금지하는 일을 하지 않게 조율해 도덕적 불안 또한 예방할 것입니다. 하지만 자아가 항상 효과적으로 불안을 조율하고 예방하는 것은 아닙니다. 보통 불안이 발생하면 자아는 대부분 의식적 또는 무의식적으로 대응하게 됩니다. 우선 불안의 원천을 의식적으로 다루어 문제해결 지향적인 태도를 보이는데, 이는 현실 불안을 다루는 데 효과가 있습니다. 또한 현실을 왜곡하고 변형하는 방어기제를 통해 무의식적으로 불안을 다루는 노력을 병행합니다. 방어기제는 적절한 수준에서 사용하면 불안의 완화를 위한 하나의 대안이 되지만, 자신도 모르는 사이 습관화되어 과도하게 사용한다면 병리적인 결과를 초래할 수 있습니다.

방어기제에 대해 좀 더 알아보겠습니다. 초자아에서 허용할 수 없는 욕구가 원초아에서 발생하면 이를 조율하는 자아는 갈등을 겪고 심리적 불안감을 느낍니다. 프로이트는 논문을 통해 이러한 갈등을 벗어나고자 자아가 투쟁하는 것을 '방어'라고 표현했고, 이후 그의 딸인 안나 프로이트(Anna Freud)가 '방어기제'라는 용어를 사용했습니다. 그녀는 방어기제의 종류를 분류해 제시했는데요. 대표적인 방어기제는 다음의 열 가지입니다.

1. 억압

억압(repression)은 자아가 수용하기 어려운 충동, 감정 등을 의식 밖으로 몰아내는 것을 말합니다. 고통스러운 기억을 무의식 속으로 억눌러 위협적인 경험을 자각하지 않는 것 또한 포함됩니다. 스트레스 사건에 대한 회상을 회피하는 것으로, 망각과는 차이가 있습니다. 안나 프로이트는 의도적으로 자각하지 않으려 하는 억제(suppression)와 억압을 구분해 사용했습니다. 양육자에게 학대를 당한 아이가 고통스러운 어린 시절을 기억하지 못하는 것이 억압의 대표적인 예입니다.

2. 부정

부정(denial)은 위협적인 현실을 겪었을 때 그 사건의 발생이나 존재 자체에 대해 믿기를 거부하는 것입니다. 받아들이기 힘든 현실을 부인하는 것으로, 가족의 죽음을 받아들이지 못하고 마치 살아 있는 것처럼 믿고 행동하는 것이 대표적인 예입니다.

억압과 부정은 모두 대처할 수 없고, 느끼는 부분을 의식의 수준으로 드러나지 않도록 한다는 점에서 유사합니다. 하지만 억압은 마음속에서 일어나는 위협과 같은 내적 사건에 대한 대응인 반면, 부정은 외적 사건에 대한 대처라는 점에서 차이가 있다고 볼 수 있습니다. 이러한 방어기제는 일시적으로 불안을 낮추고 고통을 줄이는 데 효과가 있다고 느끼기에 종종 발현되는데요. 문제는 특정한 시기에 한 개인이 사용할 수 있는 심적 에너지는 제한적이기 때문에 자칫 억압과 부정에 너무 많은 에너지를 소모할 경우 자아가 사용할 에너지가 결핍될 수 있다는 점입니다. 행동의 융통성과 조절력이 떨어질 수 있겠지요. 또한 다른 방어체계가 발달해 억압이나 부정과 결합하는 부작용이 나타나기도 합니다.

3. 투사

투사(projection)는 자신이 받아들이기 어려운 추동, 감정을 억압하면서 타인에게 그 특성을 넘김으로써 불안을 감소시키는 것입니다. 이는 스스로의 원초아적 욕망을 감추면서 자신에게 위협적이지 않은 방식으로 왜곡해 욕망을 표출하는 방어기제라고 할 수 있습니다. 예를 들어 어떤 사람을 무척 싫어하는 상황에서 그 상대가 오히려 자신을 싫어한다고 왜곡하는 것이 대표적입니다. 이 과정에서 자신의 속마음은 드러내지 않으면서 상대에 대한 적대적인 추동을 표현할 수 있으므로, 억압되었던 에너지가 자유롭게 표출되어 위협이 감소할 수 있습니다.

4. 합리화

합리화(rationalization)는 자신이 행한 수용될 수 없는 행동에 대해 논리적인 설명이나 변명을 찾음으로써 불안에서 벗어나려는 방어기제입니다. 『이솝 우화』의 '여우와 신포도' 이야기처럼 높이 있어 먹지 못한 포도를 보고 맛이 없을 것이라고 생각하거나, 입시에 실패한 후 애초부터 그 학교는 마음에 들지 않았다고 생각하는 사례 등이 대표적입니다. 무언가에 실패한 후 합리화를 통해 자아존중감을 지킬 수는 있지만 지나칠 경우 타인의 신뢰감을 잃을 수 있습니다.

5. 주지화

주지화(intellectualization)는 받아들일 수 없는 위협을 냉정하고 분석적으로 생각함으로써 감정의 고통으로부터 자신을 보호하려는 방어기제입니다. 자신의 사고와 감정을 분리시켜 불안을 줄이는 방식으로, 가족이 암 선고를 받는 상황에서 고통을 줄이고자 암의 치료법에 몰두해 배우려는 자세 등이 대표적인 사례입니다.

6. 전위

전위(displacement)는 수용하기 힘든 분노, 공격성과 같은 감정을 관계없는 대상에게 표출하는 것으로, 이 과정을 통해 본래의 대상을 덜 위협적인 대상으로 대치시켜 불안이 감소합니다. 다른 방어기제에 비해 덜 신경증적이고 적응적이라고 볼 수 있습니다.

7. 승화

승화(sublimation)는 용납되기 어려운 자신의 충동, 욕구를 사회적으로 수용 가능한 방식으로 표출하는 것을 말합니다. 자신의 폭력성을 운동선수가 되어 좋은 성과를 내는 것을 통해 표출하거나, 성적 욕망을 예술 작품을 통해 표현하는 것 등을 예로 들 수 있습니다. 본래의 충동을 사회적으로 이로운 방식으로 표출하면서 불안을 감소시키는 이러한 방어기제를 프로이트는 성숙한 방법이라 평가했습니다.

8. 반동형성

반동형성(reaction formation)은 받아들이기 어려운 욕구나 생각을 정반대로 지각하고 행동하는 방어기제입니다. 미워하는 대상이지만 잘해 주거나, 좋아하는 대상에게 불친절하게 구는 행동 등이 대표적입니다.

9. 동일시

동일시(identification)는 주변에 있는 부모님, 선생님처럼 의미 있는 타인의 행동을 닮는 것을 의미합니다. 이러한 과정은 자아와 초자아의 발달에 영향을 줍니다. 일상에서 아이들이 부모님의 직업을 반영한 놀이를 하거나, 부모님의 말, 습관, 행동을 따라 하는 모습을 쉽게 볼 수 있는데요. 이러한 행동들이 동일시의 대표적인 사례입니다.

10. 퇴행

퇴행(regression)은 불안하고 힘든 현재 상태에서 벗어나기 위해 이전 발달단계로 후퇴하는 것을 말합니다. 동생이 태어난 후 첫째 아이가 더 아기처럼 행동하면서 관심을 받고자 하는 모습이 대표적인 사례입니다.

성격 형성에 주요한 심리성적발달이론

프로이트는 성격이 각각의 단계에 걸쳐 발달하고, 생애 초기가 성격을 형성하는 데 가장 중요한 시기라고 주장했습니다. 특히 리비도가 각각의 단계에서 특정한 신체기관을 통해 배출된다고 보았는데요. 이러한 변화에 따라 발달을 5단계로 구분한 이론이 심리성적발달이론입니다. 각각의 단계에서 욕구가 지나치게 충족되거나 좌절되어 다음 단계로 넘어가지 못하고 그 단계에 머무르게 되는 것을 고착(fixation)이라고 표현했고, 성인기의 성격에까지 영향을 미친다고 보았습니다.

1단계: 구강기

구강기(oral stage)는 생후 18개월 이전 단계로 입과 입술을 통해 상호 작용을 하는 시기입니다. 이때는 입을 통해 탐색하고 욕구를 표현하고 만족감을 얻습니다. 구강 전기(생후 6개월 이전)에는 생물학적 욕구로 젖을 빨고 배고픔이 해소되면서 만족감을 얻으며, 구강 후기(생후 6개월부터 18개월 사이)에는 음식을 씹고 깨무는 과정에서 만족감을 얻습니다. 이러한 구강기에 욕구가 지나치게 충족되거나 좌절되어 고착이 발생하는 경우 성인이 되어서 먹고 마시는 것에 집착하거나, 스트레스 상황에서 흡연이나 음주로 해소하려 하거나, 타인에게 인정받기를 원하는 등 친밀성에 대한 욕구가 높아질 수 있습니다.

2단계: 항문기

항문기(anal stage)는 생후 18개월부터 3세 사이의 시기로 리비도가 항문에 머무르며, 배변 활동을 통한 쾌감이 중심이 되는 시기입니다. 이 시기에 가장 중요한 것은 배변 훈련입니다. 아동은 자신의 괄약근을 통해 때와 장소에 따라 배변의 욕구를 조절해야 하는 외적 통제를 겪게 되는데요. 성공적으로 배변 훈련을 마치면 자신의 욕구에 대한 통제감을 느끼고 만족감을 경험하게 됩니다. 이 시기에 방임해 고착이 발생하면 사회적 규칙과 통제에 대해 적응적 자세를 상실한 자기중심적인 성격이 될 수 있습니다. 반대로 너무 관여해 실패에 집중하고 처벌 위주로 접근하면 반항적으로 배출해버리는 항문배출적 특성을 보이거나, 완고하고 강박적인 항문보유적 성격이 나타날 수 있습니다.

3단계: 남근기

남근기(phallic stage)는 리비도가 생식기관에 집중되는 4~5세 시기입니다. 아동은 생식기관을 만지고 자극하는 과정에서 만족감과 쾌락을 경험하게 됩니다. 프로이트는 이 단계에서 남자아이는 어머니에게, 여자아이는 아버지에게 애정을 느끼고, 동성 부모를 경쟁적 관계로 인식하는 경향을 보일 수 있다고 말합니다. 이를 남자아이의 경우 오이디푸스 콤플렉스(oedipus complex)*, 여자아이의 경우 엘렉트라 콤플렉스(electra complex)**라고 합니다. 이러한 과정에서 일어나는 불안과 두려움에 대해 정신분석이론에서는 남자아이의 경우 아버지에 대한 질투심과 경쟁심으로 죄책감을 느끼고, 아버지가 자신을 거세할 것이라는 불안을 느끼며, 이를 벗어나기 위해 아버지와 자신을 동일시하는 방법으로 불안을 방어한다고 설명합니다. 여자아이의 경우 남자와 성기의 모양이 다름을 인식하면서 남근 선망이 일어나고, 아버지와의 애정 관계를 소망하게 되며, 어머니와 자신을 동일시함으로써 불안을 해소하려 노력한다고 설명합니다. 이 시기에 고착이 발생하면 과도하게 대상을 유혹하는 성향으로 이

---

* 그리스신화 오이디푸스 왕 이야기를 바탕으로 남근기 남아의 특징을 설명하는 용어입니다. 테베의 왕 라이우스는 아들 오이디푸스가 자신을 죽이고 왕이 된다는 신탁을 듣고 아들을 죽이라고 명합니다. 그러나 오이디푸스는 양치기의 도움으로 살아남습니다. 훗날 청년이 된 오이디푸스는 우연히 마주친 사람과 다툼을 벌이다 살인을 저지르는데, 이때 죽은 사람이 바로 아버지인 라이우스였습니다. 테베로 돌아온 아들은 어머니인 이오카스테와 결혼하고 오이디푸스 왕이 됩니다.

** 그리스신화 엘렉트라의 이야기를 바탕으로 남근기 여아의 특징을 설명하는 용어입니다. 엘렉트라는 미케네의 왕 아가멤논과 클리타임네스트라 사이에서 태어난 딸로, 아버지를 살해한 것에 대한 원수를 갚고자 어머니를 살해하게 되는 신화 속의 인물입니다.

어지거나, 친밀감을 거부하는 성격으로 연결될 가능성이 있다고 봅니다.

4단계: 잠복기

잠복기(latent stage)는 리비도가 집중되는 부위 없이 고요한 6~12세 시기입니다. 학령기에 접어들면서 사회적 활동이나 지적 활동에 더 많은 관심을 기울이게 되고, 성적 욕구는 친구들과의 놀이나 학습 활동으로 승화됩니다. 이 시기에는 사회적 활동을 통해 본능을 조율하는 능력을 키워가면서 자아가 발달합니다. 사춘기 이전까지 이 단계가 지속된다고 볼 수 있습니다.

5단계: 성기기

성기기(genial stage)는 12세 이후 리비도가 다시 성기에 집중되는 시기입니다. 보통 청소년 후반에서 성인까지 지속되는데요. 이 시기의 성적 욕망은 아동기와는 다르게 자신만의 욕구를 충족하는 것이 목적이 아니라 타인과의 상호적인 만족을 추구한다고 볼 수 있습니다. 다시 말해 이타적인 사랑의 마음이 생기고, 따뜻한 마음으로 타인을 살피며, 더 나아가 그들에 대한 배려와 복지에 관심을 갖고 친밀감이 생기는 시기입니다. 프로이트는 모든 사람이 나이가 듦에 따라 성기기에 도달하는 것은 아니며, 모두가 추구해야 할 이상적 단계라고 이야기합니다. 많은 사람들이 충동을 통제하기가 어렵고, 스스로 수용할 만한 방법으로 성적 욕망을 만족시키는 데 어려움이 있기 때문입니다. 즉 성기기는 발달단계의 마지막이라기보다 추구해야 할 이상적인 정점이라고 볼 수 있습니다.

칼 융의 분석심리학

칼 융은 프로이트의 『꿈의 해석』을 접한 후 그와 학문적 교류를 하게 되었으나, 인간을 성욕에 따른 존재로 보고 있다는 점에서 프로이트와 의견을 달리하고 결별하게 됩니다. 프로이트와 달리 성이 심리적 보편성을 갖고 있지 않다고 생각했던 융은 독자적인 자신의 이론을 분석심리학(analytical psychology)이라 명명하는데요. 그는 인간의 무의식이 진정한 자기를 실현하도록 이끌어주는 역할을 한다고 생각했고, 건강한 삶은 내면의 동반자인 무의식에 귀를 기울이며 진정한 자기를 실현해나가는 삶이라고 보았습니다. 또한 과거에서 현재 병리의 원인을 찾는 인과론적 관점에서 벗어나 미래의 목적을 위해 행동하는 목적론적 관점으로 인간을 바라보았습니다.

정신 구조와 주요 개념

융은 정신의 구조를 의식(conscious), 개인 무의식(personal unconscious), 집단 무의식(collective unconscious) 세 가지로 나눠 설명합니다.

1. 의식

의식은 개인이 직접 알 수 있는 부분으로 그 중심에 자아가 존재합니다. 융의 이론에서 자아는 개인의 정체감을 추구하고, 타인과의 경계를 수립하고, 다양한 경험에 대한 의식화를 허용하는 역할을 하는데요. 이 과정을 통해 인간은 개성화를 이루게 되고 고유한 존재로 성장합니다.

2. 개인 무의식

개인 무의식은 자아에서 인정하지 않은 경험과 기억입니다. 중요하지 않다고 판단되거나 비슷한 다른 이유로 억압된 것으로, 개인 무의식 속에서 고통스러운 기억과 감정들이 연합되어 뭉쳐진 것을 콤플렉스(complex)라고 설명합니다. 콤플렉스는 심리적 복합체이므로 감정적인 강도를 지니며 자극될 경우 감정 반응을 일으킵니다.

3. 집단 무의식

집단 무의식은 인간에게 내려오는 보편적인 심리적 성향을 말합니다. 교육에 의한 것이 아닌 과거로부터 물려받은 잠재된 기억이라고 할

분석심리학의 정신 구조

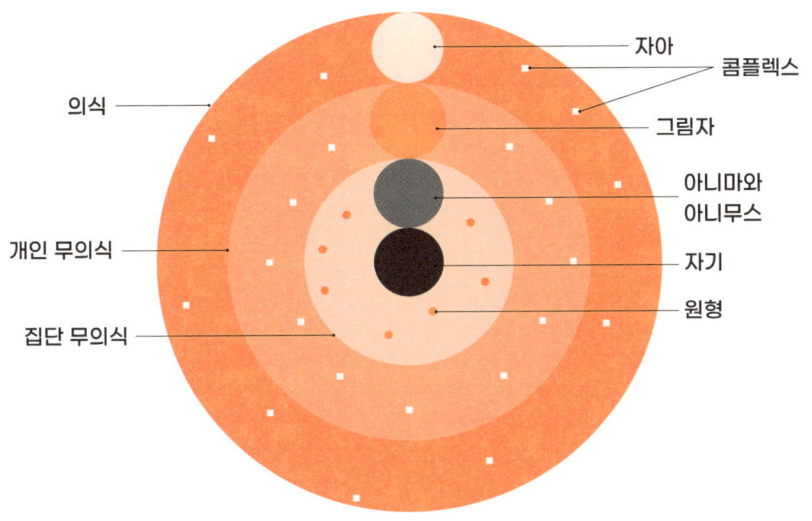

자료: 『현대 심리치료와 상담이론』(권석만 지음, 학지사, 2012)

수 있는데요. 예를 들어 뱀이나 어둠에 대한 공포 등은 경험에 의한 학습이라기보다 타고난 반응으로 해석할 수 있습니다.

원형(archetype)은 인간이 탄생과 동시에 배우지 않고 행할 수 있는 행동 유형입니다. 무의식적이고 보편적인 이 에너지는 살아가면서 개인의 경험에 따라 수정되어 나타납니다. 개인이 사회에 적응하기 위해 갖게 되는 사회적 역할을 페르소나라고 하는데, 이는 공적인 상황에 맞춘 외적인 인격이라 할 수 있습니다. 페르소나는 개인이 타인에게 보여주고 싶은 방식에 따라 다르게 나타납니다.

아니마(anima)와 아니무스(animus)는 무의식 속에 존재하는 내적 인격으로, 자신과 반대의 성이 가지는 특징을 표현합니다. 아니마는 남성이 지닌 여성적인 다정함이나 감성적인 정서적 특징을 말하며, 아니무스는 여성이 지닌 남성적인 논리성을 말합니다. 융은 이러한 반대의 성이 가지는 전형적인 특징을 의식화해 표현할 때 조화로운 성격으로 발달할 수 있다고 주장했습니다.

그림자(shadow)는 자아의 어두운 부분을 말하며 성적·공격적 충동과 같이 개인이 받아들이기 어려운 욕구를 말합니다. 이러한 부분을 인정하고 자신의 일부로 받아들인다면 창조적인 활력의 원천으로 확장될 수 있고, 부정하고 인정하지 않으면 진정한 자기에서 괴리되어 불안 상태에 빠질 수 있습니다.

끝으로 자기(self)는 의식과 무의식을 통합하는 성격의 중심으로 무의식 속에 위치합니다. 꿈, 상징 등을 통해 나타나는데, 융은 이를 통해 인간의 영적이고 철학적인 모습을 볼 수 있으며 성격의 통합과 안정화를 이룰 수 있다고 주장했습니다.

여덟 가지 성격 유형

분석심리학에서는 정신 에너지의 운동 방향을 받아들이는 두 가지 의식적 태도와, 자극을 받아들이고 이해하는 네 가지 방식에 따라 성격을 여덟 가지 유형으로 구분했습니다. 주로 나타나는 기능과 열등하게 나타나는 기능 사이의 조화와 균형을 이루도록 하는 과정에서 심리적인 발달과 건강한 성격을 이룰 수 있습니다.

태도는 외부적 환경에 관심을 갖는 객관적 태도인 외향성(extraversion)과 내면 세계에 관심을 갖는 주관적 태도인 내향성(introversion)으로 나눠지는데요. 외향성은 외부 변화에 적응이 빠른 반면, 내향성은 홀로 있을 때 에너지가 보충되는 특징이 있습니다. 자극에 대한 수용 방식은 사고(thinking), 감정(feeling), 감각(sensering), 직관(intuition) 네 가지로 구분됩니다. 사고는 사물을 구분하고 판단하는 지적 기능이고, 감정은 관념에 따른 주관적 과정이라 외부의 자극과는 독립적으로 가치를 판단하는 정서적 작용입니다. 감각은 감각기관에 의해 생기는 모든 경험을 의미하는데 감정과 달리 외부 자극에 반응하고 특성을 느끼는 것을 말합니다. 직관은 감각과 반대로 작용하며 자극의 출처, 방향, 가능성에 대해 무의식적인 직감에 의존한다고 할 수 있습니다.

성격 유형의 구분

구분	외향성(E)	내향성(I)
사고(T)	외향적 사고형(ET)	내향적 사고형(IT)
감정(F)	외향적 감정형(EF)	내향적 감정형(IF)
감각(S)	외향적 감각형(ES)	내향적 감각형(IS)
직관(N)	외향적 직관형(EN)	내향적 직관형(IN)

에릭슨의 심리사회적 발달이론

　인간은 성장합니다. 그리고 변화합니다. 이러한 변화는 언제까지 지속되는 걸까요? 프로이트는 정신분석적 관점에서 본능에 지배되는 성적 에너지의 변화에 따라 인간이 발달하고 변화한다는 이론을 주장했습니다. 프로이트의 이론에 따르면 인간은 '구강기(0~1세) - 항문기(1~3세) - 남근기(3~6세) - 잠복기(6~12세) - 성기기(12세 이후)'의 과정을 거쳐 발달하고, 각 단계에서 욕구가 지나치게 충족되거나 좌절되면 성격 발달에 영향을 미치게 됩니다. 특히 생후 5~6년간을 결정적인 시기로 보았지요. 그렇다면 우리의 삶은 그 이후에는 어떻게 되는 것일까요? 명확히 기억할 수 없는 결정적 시기(생후 5~6년간)에 이미 우리의 성격은 완성된 것일까요?

　현대 심리학에서는 프로이트의 이론에 한계가 있다고 생각합니다.

성적 욕구를 지나치게 강조한 점과 남성 중심 관점이라는 점을 한계로 지적하는데요. 성기기 이후의 성장과 발전을 설명하기 어렵다는 점 또한 한계로 지적받고 있습니다. 이러한 한계점을 바탕으로 정신분석학자 에릭 에릭슨(Erik Erikson)은 성인기 이후에도 성장은 계속되며, 무의식적 본능보다 자아를 중심으로 전 생애에 걸쳐 발달이 진행된다는 심리사회적 발달이론(psychosocial development theory)을 제시했습니다. 1~8단계에 걸쳐 각각의 발달단계에서 요구되는 심리사회적 위기가 따로 있다고 생각했는데요. 이러한 위기를 해결하면 삶의 발달과업을 달성하게 되고, 실패하면 심리적 결함을 갖게 된다고 보았습니다.

에릭슨이 제시한 발달의 8단계

1단계: 기본적 신뢰 vs. 불신

생후 1세까지의 유아는 생존을 주 양육자에게 의지합니다. 주 양육자의 태도에 따라 유아는 세상을 신뢰하기도 하고 불신하기도 합니다. 생존에 필요한 사랑과 식량을 제공받는다면 세상에 대한 신뢰를 느끼게 되고, 주 양육자에게 거부당하는 경험을 겪으면 세상을 믿을 수 없는 곳으로 받아들이게 됩니다. 에릭슨은 인간의 밑바탕에서 버팀목이 되어주는 덕목을 신뢰라고 보았습니다.

2단계: 자율성 vs. 수치심

초기 아동기(1~3세) 시기에는 신체적 발달이 이뤄져 스스로 배변 훈련에 성공하거나, 혼자 음식을 먹는 경험을 하게 됩니다. 이러한 과정에서 성공을 통해 자율성을 획득하기도 하지만 실패로 인해 부모에게 규제를 받거나 수치심을 느끼는 경험을 하기도 합니다. 이 단계의 위기를 극복하지 못해 발달과업을 이루는 데 실패한다면 자기통제성과 자기효능감에 어려움을 겪을 수 있습니다.

3단계: 주도성 vs. 죄책감

후기 아동기(3~6세) 시기에는 또래들과 어울리기 시작하면서 경쟁을 하며 자신이 원하는 것을 계획하기도 합니다. 이 과정에서 자신의 목표를 달성하는 경험을 하면 주도성을 획득하게 되지만, 지나친 실패가 반복되면 죄책감을 경험하게 됩니다.

4단계: 근면성 vs. 열등감

학령기(6~12세) 시기에는 유치원이나 학교에 들어가면서 단체 생활을 하게 되고, 학업과 사회적 유능감을 위한 여러 가지 과제를 맞이하게 됩니다. 근면성을 통해 성공을 경험하면 성취감을 느껴 발달과업을 달성하지만, 실패를 경험하면 열등감을 느끼고 심리적 어려움을 겪을 수 있습니다.

5단계: 정체감 vs. 역할 혼돈

청소년기(12~20세), 즉 우리가 사춘기라고 지칭하는 이 시기에는 꼭 지나야 하는 관문이 있습니다. 바로 '나'에 대한 정체성을 확립하는 것입니다. 이러한 과정을 통해 획득한 정체감은 자기 자신에 대한 통합된 자세를 정립할 수 있게 해주지만, 이 과정에서 정체성 확립에 어려움을 겪으면 역할 혼돈 상태에 이를 수 있습니다.

6단계: 친밀감 vs. 고립감

성인 초기(20~40세)에는 많은 사람들이 연인이나 배우자와의 사랑을 경험하거나 사회생활을 하며 우정을 나누기도 합니다. 이때 가까운 사람들과 친밀감을 유지하면 성인 초기의 발달과업을 달성할 수 있으나, 친밀감을 경험하지 못하면 고립감을 느끼게 됩니다.

7단계: 생산성 vs. 침체감

중년에 해당하는 성인 중기(40~65세)에는 자신의 활동을 통해 생산성을 확보하게 됩니다. 상황에 따라 이러한 생산성의 기준은 달라질 수 있는데요. 경제 생활뿐 아니라 다음 세대를 위한 성장과 사회적 책임에 기여하는 것까지 포괄하는 의미를 가집니다. 이때 생산성이 확보되지 않으면 침체감을 느끼게 됩니다.

8단계: 자아통합 vs. 절망감

노년기(65세 이후)는 은퇴 연령에 해당합니다. 자신의 인생에 대해 성

에릭슨의 발달 8단계

단계	심리사회적 위기 및 발달과업	연령	프로이트의 이론
1	기본적 신뢰 vs. 불신	0~1세	구강기
2	자율성 vs. 수치심	1~3세	항문기
3	주도성 vs. 죄책감	3~6세	남근기
4	근면성 vs. 열등감	6~12세	잠복기
5	정체감 vs. 역할 혼돈	12~20세	성기기
6	친밀감 vs. 고립감	20~40세	성기기
7	생산성 vs. 침체감	40~65세	성기기
8	자아통합 vs. 절망감	65세 이상	성기기

취감과 만족감이 느껴진다면 삶에 대한 자아통합을 이루게 됩니다. 하지만 해결되지 않은 과제와 후회가 지나친 경우에는 절망감을 겪을 수 있습니다.

심리사회적 발달이론에서 가정한 위기와 발달과업들은 현재를 살아가는 우리의 심리적 어려움을 반영하고 있습니다. 아동기의 아이들은 "내가 할 거야!"라고 나서며 성취감을 느끼고 싶어 하는 욕구가 가장 큰 고민일 수 있고, 학령기의 아이들은 학교에서 근면한 자세를 보이며 원만한 관계를 유지하거나 좋은 성적을 달성하는 것이 가장 큰 고민일 수 있습니다. 성인 초기에는 연인과 원만한 관계를 유지하는 것, 결혼이라는 관문을 통과하는 것 등 친밀감을 경험하는 것이 큰 비중을 차지할 수 있겠지요. 마찬가지로 사회생활을 시작하는 시기라면 사람과의 관계에서 오는 친밀감을 중시할 것입니다. 성인 중기에는 자녀의 교육, 결혼 문제 등으로 경제적인 능력과 생산성이 삶에 가장 큰 영향을 미칠 수 있으며, 성인 후기에는 지나온 삶을 스스로 돌아보는 시간을 경험하게 될 것입니다.

에릭슨의 심리사회적 발달이론을 바탕으로 우리의 삶을 돌아봅시다. 에릭슨은 어린 시절의 발달과정이 삶 전체를 지배하는 것이 아니라, 계속 발달하고 변화한다고 생각했습니다.

도덕성은 어떻게 발달할까?

그럼 옳고 그름을 구별하고 이에 따라 행동하게 되는 규범과 원칙인 도덕성은 어떻게 발달하는 것일까요? 도덕성은 정서적 요소, 행동적 요소, 인지적 요소로 나뉘며 각각의 강조점에 따라 다른 이론으로 발전했습니다.

정서적 요소를 강조한 이론은 정신분석이론입니다. 기본적 성격 구조를 본능에 가까운 원초아, 욕구 충족을 위한 현실적인 수단을 찾을 때까지 본능의 만족을 억제하는 자아, 도덕적 중재자의 역할을 하는 초자아로 구분했습니다. 이때 초자아의 기능이 도덕성과 직접적인 연관이 있으며, 남근기에 동성 부모와 자신을 동일시함으로써 도덕적 내면화가 이뤄진다고 주장합니다.

행동적 요소를 강조한 이론은 사회학습이론입니다. 보상과 처벌, 모방, 관찰 학습에 의해 도덕성이 발달한다고 주장하는데요. 유혹에 대한 저항에 해당하는 만족지연은 도덕적 규칙 준수의 중요한 지표가 됩니다. 특히 부모의 양육 행동 유형 중 행동이 왜 잘못되었는지를 설명하는 귀납적 훈육형의 경우, 타인에 대한 공감과 조망수용능력(perspective taking ability)을 발달시키기 때문에 도덕성 내면화에 효과적인 양육방법입니다.

끝으로 인지적 요소를 강조한 이론으로는 옳고 그름에 관한 판단을 강조하는 장 피아제(Jean Piaget)의 이론과 로렌스 콜버그(Lawrence Kohlberg)의 이론이 대표적입니다.

1. 피아제의 인지발달이론

피아제는 '존'과 '헨리'라는 가상의 인물이 겪는 딜레마 상황을 제시하고, 이에 대한 아동의 판단 방식을 바탕으로 도덕성 연구를 진행했습니다.

- 존은 저녁을 먹기 위해 부엌으로 갔다. 문 뒤에 컵을 올려놓은 의자가 있었지만 알지 못했고, 문을 열면서 15개의 컵을 깨뜨렸다.
- 헨리는 엄마가 외출한 틈을 타 찬장에서 잼을 꺼내 먹으려 했다. 그러다 1개의 컵을 깨뜨렸다.

존과 헨리의 이야기가 시사하는 바는 무엇일까요? 둘 다 똑같이 잘못된 행동이지만 아이들은 존이 헨리보다 더 많은 컵을 깨뜨렸기 때문에 존이 더 나쁘다고 생각합니다. 피아제는 5세 이전까지는 옳고 그름을 잘 분별하지 못한다고 보았습니다. 이 시기는 전 도덕(premoral) 단계로 규칙이나 체계에 관심이 없고 단순히 이기려는 경향을 보입니다. 이후 5~10세에 접어들면 정해진 규칙에 맹목적으로 복종하고 결과에 치중하는 타율적 도덕성(heteronomous morality) 단계에 이릅니다. 규칙에 대해 일관적인 태도를 보이며 이를 수정하는 것은 절대 불가능하다고 받아들이게 됩니다.

10세 이후부터 인지적 발달이 이뤄지면서 자율적 도덕성(autonomous morality) 단계에 도달하고 나서야 상황에 따라 규칙이나 법에 예외가 적용될 수 있음을 알게 됩니다. 예를 들어 구급차에 길을 양보하기 위해 교통 규칙을 어기는 일을 비도덕적으로 평가할 수 없다고 생각하게 되지요. 다시 존과 헨리의 이야기를 보면 존은 15개의 컵을 깨뜨렸지만 컵이 있다는 사실을 몰랐고, 헨리는 1개의 컵을 깨뜨렸지만 엄마 몰래 잼을 먹으려는 의도가 있었습니다. 따라서 자율적 도덕성 단계에 접어든 아이들은 헨리를 더 나쁘게 평가하기도 합니다.

피아제의 인지발달이론(cognitive development theory)에서 제시하는 구체적 조작기 중 9~10세 이후에 발달하게 되는 조망수용능력은 공감과 배려를 위한 기초라고 할 수 있습니다. 이를 바탕으로 타인의 관점으로 세상을 바라볼 수 있게 됩니다. 또한 자신의 원칙을 세워 기준에 따라 행동했을 때는 자긍심을 느끼고, 위반했을 때는 수치심을 느끼는 과정에서

도덕성이 발달합니다. 이때 상황에 따라 융통성을 발휘하고, 결과보다는 의도를 기준으로 판단하는 능력도 발달하게 됩니다.

2. 콜버그의 도덕성 발달이론

콜버그는 하인츠의 딜레마(Heinz's dilemma)에 대한 추론을 기초로 도덕성 발달이론(moral development theory)을 주장했습니다. 콜버그는 불치병에 걸린 아내의 약값 2천 달러를 구하지 못해 결국 약을 훔친 하인츠의 행동에 대해 평가한 결과를 바탕으로 도덕성 발달단계를 구분합니다. 여러분은 하인츠의 행동을 어떻게 생각하시나요? 그의 행동을 정당하게 볼 수도 있고, 비도덕적이라고 평가할 수도 있겠지요. 참고로 하인츠는 당장 돈을 구할 수 없고 외상으로도 약을 살 수 없는 상황이었습니다.

콜버그는 도덕성 발달단계를 전인습적 수준(pre-conventional level), 인습적 수준(conventional level), 후인습적 수준(post-conventional level) 3단계로 나누고, 세부 단계를 6단계로 구체화했습니다.

전인습적 수준에서는 규칙이 내면화되지 않아 외부적 규칙에 따르게 되어 자기중심적 도덕추론을 하게 됩니다. 1단계는 처벌과 복종 지향 단계로 처벌 여부에 따라 행동을 평가하며, 2단계는 도구적 목표 지향 단계로 자신의 이익에 부합한다면 옳은 행동으로 평가합니다. 예를 들어 약을 훔친 하인츠의 행동에 대해 들키지 않고 처벌받지 않으면 괜찮다고 평가한다면 1단계 수준, 약을 훔친 것으로 이익을 얻었기 때문에 옳다고 평가한다면 2단계 수준이라고 할 수 있습니다.

콜버그의 도덕성 발달단계

수준	기준	단계
전인습적	처벌과 복종 지향 단계	1
	도구적 목표 지향 단계	2
인습적	착한 소년-소녀 지향 단계	3
	사회 질서 지향 단계	4
후인습적	사회 계약 지향 단계	5
	보편적 윤리 원리 단계	6

　인습적 수준은 3단계인 착한 소년-소녀 지향 단계와 4단계인 사회 질서 지향 단계로 나눕니다. 타인의 평가와 인정이 기준이 되어 행동을 평가한다면 3단계 수준, 법과 질서에 따라 행동의 도덕성을 판단한다면 4단계 수준이라고 할 수 있습니다. 즉 하인츠의 행동에 대해 가족의 구성원이나 남편의 역할을 기준으로 평가한다면 3단계 수준, 아내의 생명도 중요하지만 물건을 훔치는 것은 법을 어기는 것이고 처벌을 받아야 한다고 평가한다면 4단계 수준이라고 할 수 있습니다.

　후인습적 수준은 양심적 판단을 기준으로 하며 법과 관습보다 내면화된 개인의 가치가 우선시되는 단계입니다. 대중의 복지 같은 사회적 계약을 판단의 기준으로 평가했다면 5단계인 사회 계약 지향 단계라고 볼 수 있고, 자신의 윤리적 원리를 기준으로 생명의 존엄성, 평등, 정의 등의 가치를 최우선으로 두고 판단했다면 6단계인 보편적 윤리 원리 단계 수준이라고 볼 수 있습니다.

콜버그는 후인습적 수준인 마지막 6단계는 16세 이후에 발달하며, 모든 성인이 이 수준에 도달할 수는 없다고 보았습니다. 20년에 걸쳐 진행된 한 종단 연구 결과에 따르면 아동~초기 청소년기에는 1~2단계가 보편적이었고, 후기 청소년기~성인의 경우에는 3~4단계가 보편적이었으며, 5단계는 매우 적게 나타났고, 6단계는 거의 나타나지 않았다고 합니다.

이처럼 콜버그는 인지발달에 따라 도덕성을 구분해 제시했지만, 그의 도덕성 발달이론은 몇 가지 한계점을 갖고 있습니다. 우선 연령에 따라 발달단계를 구분하기 어렵고, 문화적 차이로 인해 보편화가 어렵다는 지적을 받고는 합니다. 도덕발달 퇴행에 대한 의문이 제기되기도 하지요. 또한 도덕적 판단이 행위로 이어지지 않는 경우에 대해서 분명하게 설명하지 못합니다. 무엇보다 여성은 3단계 수준에 머무르는 게 고작이라는 성차별적인 주장을 해 여성 심리학자 캐롤 길리건(Carol Gilligan) 등에게 비난을 받기도 했습니다.

나를 믿는 힘, 자아존중감은 어떻게 발달할까?

　자기란 신체적인 특성과 심리적 특성이 결합되어 나타나는 개인의 독특한 특성을 뜻합니다. 이러한 자신의 속성과 특질을 지각하는 것이 자기개념이라 할 수 있으며, 자아존중감(self-esteem)은 자신의 가치에 대한 평가를 뜻합니다. 자기개념의 발달은 자기 자신과 다른 사람을 구분해 인식하면서부터 시작됩니다.

　최근 한 연구에서는 신생아기에도 자신과 환경을 분리해 인식한다는 결과를 제시했습니다. 생후 5개월경에는 자신의 움직임을 지각하고, 생후 18~24개월에는 거울 속의 자신과 사진 속의 자신을 인식할 수 있다고 합니다. 자기에 대한 인식과 내적 자기가 발달하면서 타인과의 차이를 바탕으로 자기개념이 형성된다는 것입니다. 3~5세의 아동기에는 연령, 성별 등을 바탕으로 자기개념을 형성하며 외적 특성으로 자신을 평가하는 경향을 보입니다. 8~11세경에는 자신의 신체, 행동의 특성에 대한 인식과 함께 자신의 내적 특성에 대한 인식이 발달합니다. 청소년기에는 다양한 자신의 특성을 바탕으로 자기개념을 통합시켜 자기정체성을 형성하게 됩니다. 이때 자기개념이 추상적인 관점으로 통합되어 가치관이 형성된다고 할 수 있습니다.

자아존중감의 정교화

스스로의 장점과 단점을 인식하면서 자기 자신에 대한 유능성을 인식하고 평가하게 되는데, 이 과정에서 자아존중감이 정교화됩니다. 유아기에는 막연히 스스로 능력이 있다고 평가하는 반면, 아동기에 접어들면 보다 현실적인 기준을 바탕으로 자신이 중요하다고 생각하는 영역에서 스스로를 높이 평가합니다. 청소년기 후기에 이르러 자아정체성이 확립되면 자아존중감도 안정적으로 높아집니다. 자아존중감이 높으면 자기 자신에 대한 평가와 만족감도 비교적 높아지며, 자아존중감이 낮으면 자신을 평가할 때 부정적인 부분에 주목하고 스스로에게 호의적이지 못하게 됩니다.

자아존중감의 수준은 고정불변하는 것이 아니라 한 사람의 생애에 걸쳐 변화하는데요. 2002년 리처드 로빈스(Richard Robins)와 동료들은 9~90세 32만 5,640명을 대상으로 전 생애의 자아존중감 변화에 대한 연구를 진행했습니다.

　연구에 따르면 생애 초기와 후기에는 남성과 여성의 자아존중감의 차이가 작은 반면, 사춘기 무렵부터는 남성이 여성보다 자아존중감의 수준이 높은 것으로 나타났습니다. 수준이 급격하게 변화하는 시기는 사춘기가 시작되는 무렵과 노화가 일어나는 시기였는데요. 청소년기까지 자아존중감은 하락하는 추세를 보이지만, 학업적 과업과 직업적 과업이 달성되어 스스로를 긍정적으로 인식하는 경우 성인기까지 안정적으로 상승하는 모습을 보였습니다.

　자아존중감에 영향을 주는 요인으로는 또래 집단과 부모, 사회문화 등을 들 수 있습니다. 주로 또래 집단과 자신을 비교하는 과정에서 스스로의 능력을 평가하고 자아존중감이 형성되며, 특히 청소년기에 이러한 특징이 두드러집니다. 또한 자녀를 지지해주고 기준을 제시하는 민주적 양육 방식의 가정에서 자란 아이는 자아존중감이 높게 형성되었습니다. 성취 위주의 사회보다는 협력과 조화를 바탕으로 타인과의 조화를 우선시하는 사회문화에서 자아존중감은 더 높게 형성됩니다.

자존감의 여섯 기둥

　1980년대 미국에서는 자아존중감이란 개념이 큰 인기를 누렸고 그 인기는 점차 다른 나라로 확장되어갔습니다. 우리나라에서도 자아존중감이 개인의 심리적 어려움과 다양한 관계에서의 어려움에 큰 영향을 미치는 요인으로 주목받으면서 관련 이론에 대한 관심이 높아졌습니다. 자아존중감에 주목한 대표적인 학자로는 캐나다의 심리학자 나다니엘 브랜든(Nathaniel Branden)이 있습니다. 그는 자아존중감은 인간의 기본적인 욕구이고, 심리적 문제에서 자아존중감의 결핍과 관련되지 않은 것은 단 하나도 없다고 할 만큼 그 중요성을 강조했습니다.

　브랜든은 자아존중감을 이루는 요소로 자기효능감과 자기존중을 꼽았습니다. 자기효능감은 자신의 정신적 기능과 능력에 대한 자신감을 바탕으로 성공에 대한 기대와 믿음을 가지고 도전을 시도할 수 있는 것입니다. 자기존중은 자신이 느끼는 기쁨과 성취감이 타고난 권리라고 생각하고 자신에게 살아갈 권리, 행복한 권리가 있다고 생각하는 태도로, 자기 자신이 존중받을 가치가 있다고 생각하는 것입니다.

　브랜든은 자기존중감을 키우기 위한 여섯 가지 실천들을 제시했는데요. 차례대로 의식적 삶의 실천, 자기 수용의 실천, 자기 책임의 실천, 자기주장의 실천, 목적 있는 삶의 실천, 자아통합의 실천입니다. 의식적 삶의 실천은 스스로 현실 상황에 알맞은 정신 상태를 유지하고 현실에 책임감을 가지며 생활하는 적극적인 정신 자세입니다. 자기 수용의 실천은 스스로를 소중히 여기고 자신의 감정을 받아들이는 것을 의미하며, 자기 책임의 실천은 자신의 목표를 위해 책임을 다하는 것입니다. 자기주장의 실천은 자신의 욕구와 바람을 드러낼 방법을 찾는 것이며, 목적 있는 삶의 실천은 자신의 삶을 스스로 선택하고 책임지며 최선을 다하는 것입니다. 마지막으로 자신의 신념, 믿음, 행동이 하나가 되는 자아통합의 실천을 통해 자존감을 확고하게 할 수 있습니다. 브랜든은 이 여섯 가지를

자아존중감의 구성 요소

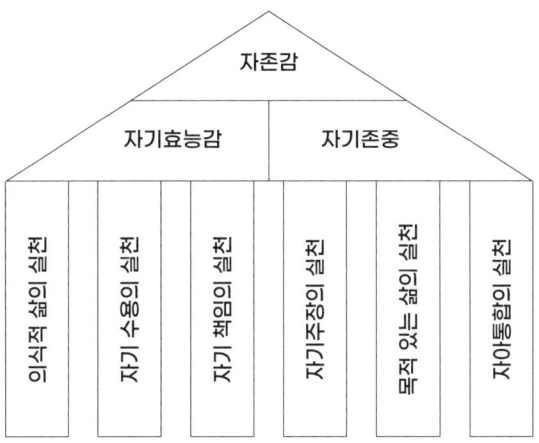

'자존감의 여섯 기둥'이라 이름 붙였습니다.

타인의 시선과 반응에 따라 자아존중감이 달라질 수 있다는 점을 부정할 수는 없지만, 동시에 주관적인 자기 자신에 대한 평가이므로 관점을 바꾸면 그 수준을 변화시킬 수 있습니다. 특히 어린 시절 형성된 자기에 대한 인식은 아이의 자아존중감의 기초가 될 수 있으므로 양육자라면 자아존중감에 영향을 미치는 요인에 많은 관심을 가져야 합니다.

스탠리 쿠퍼스미스(Stanley Coopersmith)는 연구를 통해 가족의 부, 교육 수준, 사회계급, 아버지의 직업, 어머니의 직업 유무와 아이의 자아존중감이 유의미한 상관을 보이지 않는다고 발표했습니다. 외부 요인보다는 스스로를 가치 있는 존재로 받아들이는 경험이 아이의 자아존중감에 더욱 큰 영향을 미친다는 것입니다. 그는 제한 없는 자유가 아닌 협상의 여지가 존재하는 한계 안에서 존엄성을 존중받을 때 자아존중감이 확고해질 수 있다고 강조합니다. 또한 부모가 스스로 높은 자아존중감을 가지고 생활하는 모습을 보여주면 좋은 본보기가 되어 아이들도 자연스럽게 자아존중감을 키울 수 있다고 이야기합니다.

쿠퍼스미스는 "높은 자아존중감을 지닌 아이들의 부모에게서 공통적으로 발견되는 양육 태도나 행동은 없었다는 점에 주목해야 한다."라고 말합니다. 결국 아이의 자아존중감에서 부모나 교사는 외적 요인의 일부일 뿐이지 아이가 갖게 될 자아존중감의 수준과는 큰 연관이 없다는 것입니다. 아이는 스스로를 가치 있는 존재로 받아들이는 경험을 통해 주체적으로 자아존중감의 수준을 선택합니다.

똑똑하다는 건 뭘까? 지능을 보는 여러 관점

　지능은 일반적으로 '지적인 능력'을 뜻합니다. 하지만 '지능이 정확히 무엇인가?'에 대한 정의는 심리학자들 사이에서도 의견이 일치하지 않을 때가 많습니다. 프랑스의 심리학자 알프레드 비네(Alfred Binet)는 지능을 학습능력으로 평가했는데요. 이처럼 지능은 개인의 지적인 능력을 포괄적으로 지칭하는 용어로 사용되기도 하지만, 현재는 지능이 학습능력 이상의 능력을 의미한다고 보는 시선이 지배적입니다. 그 범위는 계속해서 확대되고 있지요. 지능에 대한 일치된 견해가 없는 이유는 인간의 행동에서 지능의 작용을 분리하는 것이 굉장히 어렵고, 지능이 하나의 요인이 아닌 여러 가지 요인으로 구성되어 있기 때문입니다. 영국의 심리학자 찰스 스피어만(Charles Spearman)은 지능을 일반요인과 특수요인으로 나누는 2요인설을 주장했고, 미국의 심리학자 루이스 서스톤(Louis Thurstone)은 스피어만의 일반요인을 7개의 기본 정신능력으로 분류했습니다.*

유전 vs. 환경

그럼 유전과 환경 중 지능에 더 큰 영향을 미치는 것은 무엇일까요? 이를 밝혀내기 위해 쌍생아 연구, 입양아 연구 등이 다양하게 진행되었는데요. 지능의 상관계수를 정리한 한 연구 결과에 따르면 함께 양육된 형제의 경우 0.49, 같은 환경에서 자란 일란성 쌍생아의 경우 0.88, 다른 환경에서 양육된 쌍생아의 경우 0.74였다고 합니다. 이는 유전적인 부분이 지능에 영향을 미친다는 사실을 보여주는 결과로, 유전적 특징이 유사한 경우 선호하는 환경을 비슷하게 선택할수록 유사성이 증대된다는 것을 알 수 있습니다.

다양한 입양아 연구 결과에 따르면 지능의 경우 양부모보다는 친부모의 영향을 더 많이 받는다고 합니다. 그렇다면 지능은 태어날 때부터 유전적으로 결정되는 것일까요? 꼭 그렇게 단정할 수는 없습니다. 열악

---

* 2요인설은 지능을 여러 지적 활동에 공통적으로 작용하는 기억력, 암기력 등의 일반요인과 특정 상황에서만 발휘되는 언어능력, 수리능력 등의 특수요인으로 나눈 이론이다. 서스톤은 스피어만의 일반요인을 언어 이해력, 추리력, 수리력, 공간 지각력, 언어 유창성, 지각 속도, 기억력 7개로 분류했다.

한 환경에서 태어난 아이가 교육 수준이 높은 양부모에게 입양된 이후 지능이 높아졌다는 연구 결과도 있고, 양육과 교육 등의 환경적 요인 역시 지능에 기여한다는 사실이 행동주의 심리학자들 사이에서 주장되고 있기 때문입니다.

한 연구 결과에 따르면 함께 양육되는 입양아들의 지능이 서로 떨어져 양육되는 생물학적 형제들의 지능보다 더 높은 상관성을 보였다고 합니다. 유전보다 환경이 지능에 더 큰 영향을 미칠 수도 있다는 사실을 보여주는 결과입니다.

이제 학자들은 유전과 환경 중 지능에 더 큰 영향을 미치는 요인을 찾기보다 두 가지 요인의 상호작용에 연구의 초점을 맞추고 있습니다. 학자들은 유전에 의해 지능의 상한선과 하한선이 결정되고, 그 범위 내에서 환경적 요인에 따라 개인의 지능 수준이 결정된다고 보고 있습니다. 이러한 부분은 키의 성장과도 유사한데요. 유전적으로 큰 키를 타고나도 영양상태나 수면상태가 좋지 않다면 작게 성장할 수 있고, 반대로 작은 키를 타고나도 환경적 요인을 개선한다면 일정 범위까지 더 성장할 수 있다는 말입니다.

유동지능과 결정지능

영국의 심리학자 레이먼드 카텔(Raymond Cattel)과 미국의 심리학자 존 혼(John Horn)은 지능이 유동지능(fluid intelligence)과 결정지능(crystallized

나이에 따른 유동지능과 결정지능의 변화

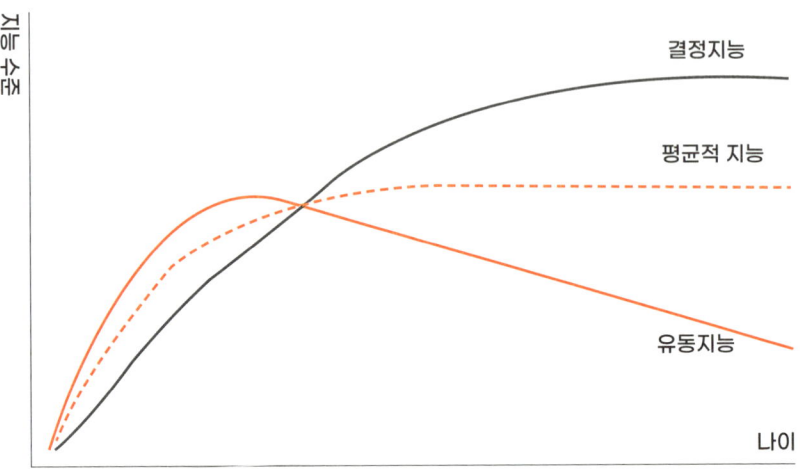

자료: 『무엇이 지능을 깨우는가』(리처드 니스벳 지음, 김영사, 2015)

intelligence)으로 구분된다고 주장했습니다. 유동지능은 유전적 변화, 생리적 변화에 의한 지능으로 지각, 일반적인 추리, 기계적 암기 등의 학습능력이 이에 속합니다. 이는 타고나는 부분이라 할 수 있는데 연령에 민감해 청년기까지 증가하다가 노년기에 감소하는 모습을 보입니다. 결정지능은 다듬어 만들어지는 지능을 말하며 환경과 문화의 영향을 받습니다. 가정환경, 교육의 정도, 직업 등에 따라 달라질 수 있으며 어휘, 언어 이해, 논리적 추리력, 상식과 같이 경험과 훈련을 통해 지속적으로 획득 가능한 부분입니다. 연령이 증가함에 따라 함께 증가할 수 있습니다.

스턴버그의 삼원지능이론

로버트 스턴버그(Robert Sternberg)는 지능에 대한 새로운 패러다임을 제시합니다. 바로 삼원지능이론(triarchic intelligence)인데요. 그는 지능검사로 측정된 지능지수가 아닌 과정으로서의 지능을 강조했습니다. 인간의 정보처리과정에 주목해 모든 사람에게서 공통적으로 나타나는 인지과정을 지능의 전통적 개념으로 보았고, 새로운 관점을 포괄한 지능으로는 분석적 지능, 경험적 지능, 실제적 지능 세 가지가 있다고 보았습니다.

1. 분석적 지능

분석적 지능은 유전적 측면이 반영되는 내적 사고 작용으로, 학문적인 지능을 말하며 인간의 정신과정과 연관됩니다. 하위 요소로 인간의 고등 정신과정에 해당하는 메타요소, 메타요소를 이행하기 위한 수행요소, 메타요소와 수행요소가 하는 것을 실제로 어떻게 하는지 학습하는 지식 습득 요소로 나뉩니다.

2. 경험적 지능

경험적 지능은 경험과 연관된 창조적 지능입니다. 하위 요소로는 통찰력, 새로운 상황을 효과적으로 다루는 신기성, 새로운 해결책을 일상적 과정으로 바꾸어 적용할 수 있는 자동화 능력이 있습니다.

성공지능의 개념

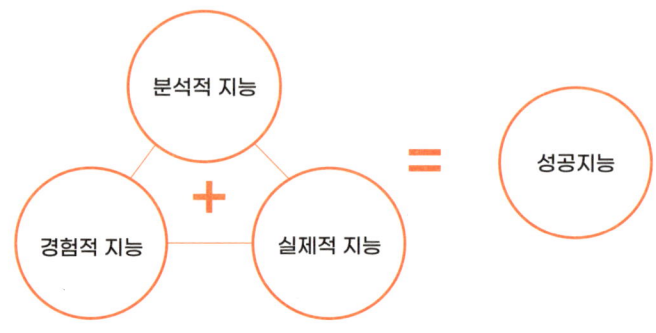

3. 실제적 지능

실제적 지능은 실용적 지능을 말하며 학업 성취도처럼 전통적인 점수를 얻는 능력과는 무관한 영역입니다. 일상적인 문제와 사회적 상황을 효과적으로 처리하는 데 사용되는 지식과 관련이 있으며 하위 요소로는 적응, 선택, 조성이 있습니다.

스턴버그는 새로운 관점을 포괄한 삼원지능이 균형을 이루고 유지될 때 자신의 목표를 성취하고 성공을 경험할 수 있다며 성공지능의 개념을 제시합니다. 삼원지능은 기존까지 지능을 내적인 능력으로 한정 지어 평가했던 것에 반해, 경험적 지능을 통해 외적인 부분까지 확대했다는 점에서 의의가 있다고 평가받고 있습니다.

가드너의 다중지능이론

1983년, 미국의 심리학자 하워드 가드너(Howard Gardner)는 지능이 여러 개의 독립적인 영역으로 구성되어 있다는 다중지능의 개념을 제시했습니다. 기존의 지능이론은 논리와 언어의 영역으로 지능의 범위를 한정한 데 반해, 다중지능이론(multi intelligence theory)은 지능을 특정 문화권에서 문제를 해결하는 능력 또는 문화적 산물을 창출하는 능력으로 정의했습니다. 즉 정보를 자신의 문화 안에서 유용하게 활용할 수 있게 하는 잠재력을 지능이라고 생각한 것이지요. 그는 하위 요소가 아닌 서로 독립적인 여덟 가지 지능을 제시했고, 후속 연구를 통해 아홉 번째 영역을 추가했습니다. 가드너는 누구나 아홉 가지 영역을 가지고 있지만 아홉 가지 영역에서 모두 월등한 사람은 없다고 보았습니다. 또한 각각의 지능 영역은 개인의 특성에 따라 조합에서 차이를 보인다고 생각했고, 사람마다 차이는 존재하지만 지능이 향상될 수 있다는 가능성을 열어두었습니다.

1. 언어적 지능

언어의 의미를 이해하고 사용하는 능력을 말합니다. 단어를 효과적으로 사용하는 능력, 언어의 소리와 리듬 등에 대한 민감성, 기타 관련 능력이 포함됩니다. 이러한 지능이 뛰어날 경우 글쓰기, 편집, 번역과 관련된 분야에서 활동하기 유리합니다.

2. 논리·수학적 지능

논리·수학적 지능은 기존의 지능이론에서 핵심적인 능력으로 간주되어왔습니다. 이러한 인지능력은 수학적 과제를 수행하고, 논리적으로 문제를 해결하는 추론능력을 의미합니다. 이 지능이 높으면 수학자, 과학자, 의학자, 경영학자 등의 직업에서 재능을 보입니다.

3. 시공간적 지능

대상을 시각화하는 능력으로 환경과 공간 안에서 사물 간의 관계를 인식하고 활동하는 능력을 말합니다. 또한 내적인 이미지와 사진, 동영상을 창출하는 능력도 이에 해당됩니다. 이러한 능력을 활용하는 분야는 건축, 조각, 디자인, 조경, 항해, 발명 등이 있습니다.

4. 음악적 지능

음악에 대한 전반적인 이해와 기능적인 능력을 말합니다. 또한 음에 대한 지각력, 분별력, 표현능력과 소리, 리듬과 같은 음의 세계를 분별하는 능력, 음악의 정서적 측면에 대한 이해 등이 이에 해당됩니다. 활용 분야는 작곡, 지휘 등이 있습니다.

5. 신체운동 지능

민첩하고 정교하게 움직이고 자신의 운동 균형성, 태도 등을 조절할 수 있는 능력입니다. 손을 사용해 사물을 만들어내고 변형시키는 능력도 이에 해당됩니다. 이 지능이 발달하면 운동선수, 무용가, 헤어디자이너,

조각가, 배우, 외과의사 등의 직업에서 재능을 보입니다.

6. 대인관계 지능

남을 이해하고 의사소통하며 그들의 행동을 해석하는 능력입니다. 대인관계에서의 다양한 힌트, 신호, 단서를 변별하는 역량을 의미하며 타인의 기분, 감정, 의향, 동기 등을 인식하고 구분할 수 있는 능력도 이에 해당됩니다. 관련 분야는 교육, 영업, 상담 등이 있습니다.

7. 자기이해 지능

자신을 이해하고 느낄 수 있는 인지능력을 말합니다. 자신의 감정 상태와 행동 방식을 이해하고 분별하고 통제하는 능력, 자아정체성을 형성하고 이를 활용하는 능력, 삶의 목표를 인식하는 능력 등이 이에 해당됩니다. 이 지능이 높으면 상담가, 심리학자, 작가, 철학자, 사회복지사 등의 직업에서 재능을 보입니다.

8. 자연 지능

자연 현상에 대한 유형을 규정하고 분류하는 능력, 자연의 섭리를 이해하고 활용하며 자연환경에서 생존하고 적응할 수 있는 능력이 이에 해당됩니다. 동물을 포함한 생명체나 환경에 대한 지식에 관심이 있고, 이를 이해하고 활용하는 능력입니다. 관련 직업으로는 환경운동가, 수의사, 동식물학자, 탐험가 등이 있습니다.

9. 실존(영성) 지능

삶의 의미와 목적, 죽음의 의미와 같은 실존적인 문제에 관심을 가지는 능력을 말합니다. 관련 분야로는 철학, 심리학, 종교학, 신학 등이 있습니다.

지능은 수치로 산출되는 결과치가 아닙니다. 학창 시절에 검사했던 IQ 수치로 지능을 모두 설명할 수는 없습니다. 앞서 우리는 카텔과 혼의 유동지능처럼 나이가 들면서 감소하는 능력도 있지만 결정지능처럼 중년 이후에도 완만하게 유지되는 능력도 있다는 점을 배웠습니다. 가드너의 다중지능이론 또한 지능이 결정되어 고정된 것이 아니라 변화하고 발전할 수 있다는 점을 시사합니다. 오늘날 더 이상 지능은 '문제해결능력'으로 단순하게 정의되지 않습니다. 이제 지능은 현대사회를 건강하고 행복하게 살아가는 데 필요한 여러 가지 능력으로 부각되고 있습니다.

비네와 웩슬러의 지능검사

과거 지능검사의 목적은 학습능력을 예측하기 위한 것이었습니다. 그러나 더 이상 지능이 문제해결능력을 수치화한 개념이 아니라는 것을 알게 된 현재는, 보다 의미 있는 결과를 도출하기 위해 신뢰도와 타당도를 갖춘 검사방법이 발달했습니다. 최근에는 공공기관에서 지능검사를 실시하기보다 개인적인 목적으로 사설기관에서 측정하는 경우가 많은데요. 이번에는 지능검사에는 어떠한 것들이 있으며, 어떻게 발달해왔는지 알아보겠습니다.

1. 비네의 지능검사

비네의 지능검사는 1905년 프랑스에서 평균적으로 학습을 할 수 있는 아동과 그렇지 않은 아동을 구분하기 위한 목적으로 개발되었습니다. 이는 최초의 지능검사로 판단력, 이해력, 추리력을 측정하는 30개의 문항으로 이뤄져 있습니다.

비네의 지능검사는 나이가 들면 자연스럽게 정신연령이 높아진다고 가정했는데요. 각 나이에 적합한 문항을 따로 만들어 정신연령을 구했고, 해당 수치를 생활연령(달력에 의한 실제 나이)으로 나누어 그 비율로 지능지수를 계산했습니다. 이후 비네의 지능검사는 문제점들을 보완해가면서 '스탠퍼드 비네검사법'으로 발전해 개정되어왔고, 국내에서는 '고대 비네검사법'으로 발전했습니다.

$$지능지수(IQ) = \frac{정신연령}{생활연령} \times 100$$

2. 웩슬러의 지능검사

미국의 임상심리학자 데이비드 웩슬러(David Wechsler)는 합리적으로 사고하고 행동하며 환경을 다루는 총체적인 능력을 지능이라 정의했습니다. 그는 1936년 지능을 측정하기 위해 언어성 검사와 동작성 검사로 나눠진 성인용 지능검사(WAIS: Wechsler Adult Intelligence)를 제작했고, 여

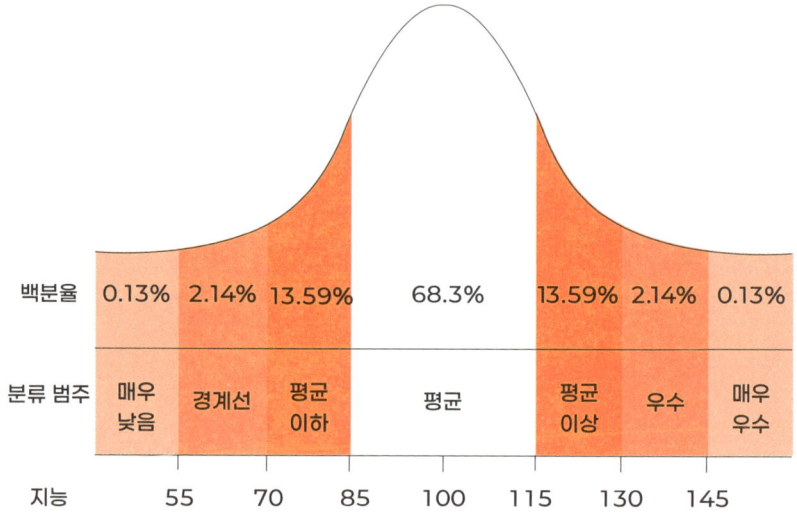

러 차례 개정을 거쳐 성인용, 아동용, 유아용으로 확대했습니다. 우리나라에서 이용하는 K-WAIS-IV는 공통성, 어휘, 상식을 검사하는 언어이해지수(VCI), 토막 짜기, 행렬 추론, 퍼즐로 검사하는 지각추론지수(PRI), 숫자, 산수를 검사하는 작업기억지수(WMI), 동형 찾기, 기호 쓰기로 구성된 처리속도지수(PSI)로 세분화된 검사방법입니다.

이전의 지능검사와 달리 웩슬러의 지능검사는 언어적 의존도를 낮추고 동작성으로 평가하는 항목을 보완했습니다. 또한 정신연령의 개념을 바탕으로 한 산출 방식에서 벗어나 편차점수 척도를 사용했고, 비교적 높은 신뢰도와 타당도를 갖춘 것으로 평가받고 있습니다. 오늘날 사용하고 있는 거의 모든 지능검사의 점수체계는 이러한 '편차IQ'를 사용하고 있지요. 보편적으로 IQ는 평균 100, 표준편차 15(그래프 세로선 간의 간격)를 기준으로 합니다. 검사 대상자는 정상분포상에서 자신의 점수가 어디에 있는지를 알 수 있습니다.

오늘 실천하는 마음의 기술

이번 장에서는 나의 마음과 생각을 알아볼 수 있는 심리이론들을 살펴보았습니다. 우리의 성격발달의 과정을 알아볼 수 있는 이론과 무의식의 세계까지 알아봤지요.

나를 이해하는 데 도움이 되셨을까요? 사실 이론만으로 실제 적용하기는 쉽지 않을 수 있습니다. 더구나 타인에 대해서는 관심도 많고 세심하게 관찰하고 분석하는데 반해, '나'에 대해서는 그렇게 면밀하게 살펴보는 경우가 그리 많지 않지요. 하지만 내가 느끼는 불편감은 대체로 무시되곤 합니다. 그러니 평소에는 생각해볼 기회가 많지 않았던 '나의 아주 작은 것들'을 알아보는 것부터 시작합니다.

내 마음에서 들려주는 이야기에 귀 기울여봅니다. 그리고 그 대답들로 나만 알 수 있는 〈나 사용 설명서〉를 만들어 갑니다.

여러분이 좋아하는 것은 무엇입니까?

여러분이 스스로 잘한다고 생각되는 것은 무엇인가요?

유난히 싫은 것은 무엇인가요?

심리학을 보다

아무리 힘든 상황이어도 내 기분이 조금 나아지는 순간이 있나요?
언제인가요?
비법이 뭔가요?
이처럼 가볍게 꺼내놓은 나에 관한 정보들이 나의 무의식을 이해하기 위한 단서가 되고 내가 힘들 때 나를 지켜줄 수 있는 무기이자 비법이 되어주기도 합니다.
오늘부터 작은 질문 하나로 자신을 이해하는 연습을 시작해보세요.

사람이 사회적 동물이라는 명언을 예로 들지 않아도 우리는 이미 인간이 혼자서 살아갈 수 없다는 사실을 잘 알고 있습니다. 가깝게는 가족부터 시작해 연인, 친구, 직장 동료까지 우리의 삶은 늘 '관계' 속에서 움직입니다. 하지만 관계에서 오는 어려움은 단순히 공부를 한다고 해서 해결되지 않으며, 아무리 노력을 기울여도 상대방이 내 뜻대로 변화하는 경우는 거의 없습니다. 자신의 마음이 관계 문제 때문에 덜컹거린다면 그 마음의 신호를 놓치지 말고 살펴봐야 합니다. 어느 부분이 걸리는 것인지, 내 마음의 매듭이 유난히 잘 생기는 지점은 어디인지 등 자신의 마음을 먼저 들여다보기 바랍니다. 이번 장이 스스로의 마음을 살펴보고 타인과의 관계를 개선하는 데 도움을 줄 수 있으리라 생각합니다.

2장

관계의 기술: 타인과 소통하다

대상관계이론과 애착이론

관계 문제는 현대사회를 살아가는 이들이 공통적으로 겪는 어려움 중 하나입니다. 그 어려움을 해소하기 위해 사람들은 자기계발서를 읽거나 심리상담소를 찾곤 합니다. 그래서일까요? 대다수의 심리이론은 인간의 삶에서 '관계'를 가장 중요한 부분으로 보고 있으며, 관계 형성의 욕구가 인간의 기본적인 욕구이자 생존을 위한 필수적 바람이라고 표현합니다. 이 중 유아 시기의 상호작용이 성인기의 성격에까지 영향을 미친다는 심리이론이 바로 대상관계이론(object relations theory)입니다.

대상관계이론은 정신분석이론의 기본적인 주장을 수용하지만 개인의 내면보다 주변 인물과의 상호작용을 중시한다는 차이점이 있습니다. 정신분석이론과 공통적인 부분은 초기 아동기에 맺은 관계가 향후 타인과 관계를 맺는 패턴에 영향을 주고, 이렇게 고착화된 방식이 전 생애에 걸쳐 되풀이되는 경향을 보인다는 것입니다. 우리가 매일 만나고 헤어지는 수많은 관계들을 되돌아봅시다. 자꾸만 되풀이되는 패턴이 있나요? 관계를 형성하고 유지하는 과정에서 반복적으로 실수하는 부분이 있다면 대상관계이론을 알아볼 필요가 있습니다.

대상관계이론의 주요 개념

대상관계이론을 연구한 헝가리의 심리학자 마가렛 말러(Margaret Mahler)는 태어나는 순간부터 우리의 삶이 심리적으로 타인과 융합된 상태에서 시작된다고 이야기합니다. '발달'은 이러한 융합 상태에서 독립해가는 과정의 결과물이라고 볼 수 있는데요. 어머니와 융합되어 있는 시기를 공생기(symbiosis)라고 하며, 이때 아이는 어머니의 젖과 자신의 엄지손가락을 잘 구별하지 못할 정도로 어머니와 자신의 경계를 인식하지 못한다고 합니다.

생후 6개월이 지나면 자신을 어머니에게서 분리된 존재라고 인식하게 되는 시기, 즉 분리-개별화(separation-individuation)에 접어듭니다. 말러는 이 시기에 비로소 아이가 세상을 탐구하게 되고, 개별화의 과정으로 형성된 어머니와의 관계가 생애 전반의 인간관계에 영향을 미친다고 이야기합니다. 아이의 내면에는 어머니에게서 분리되는 독립이 두려워 다시 결합 상태를 꿈꾸는 욕구와 함께 자신만의 고유한 독립성을 갖고 싶은 마음이 양립합니다. 이 과정에서 아이의 경험 속에 어머니가 지나치게 많은 부분을 차지한다면 독립된 존재감을 획득하기 어려울 것이고, 반대로 개별화가 지나치면 분리불안을 가지게 될 것입니다. 대상관계의 내면화가 이뤄지는 3세 무렵에는, 어머니가 자신과 함께한다는 생각을 하면서 정신적 표상*을 발달시키게 됩니다.

애착을 바라보는 다양한 관점

생애 초기 주 양육자와의 관계가 생애 전반의 인간관계에 영향을 준다는 심리이론으로는 애착이론(attachment theory)이 있습니다. 생애 초기에 주 양육자와 아이 사이에는 애착이 형성되는데요. 이를 통해 아이는 생후 처음으로 타인과 정서적 관계를 맺게 됩니다.

정신분석적 관점에서 애착이론을 보면, 애착 형성에 가장 중요한 요인은 수유의 유무입니다. 프로이트의 심리성적발달 5단계에서 구강기에 해당하는 0~1세 시기에 수유를 통한 만족으로 애착이 형성되며, 수유로 생존을 위한 본능이 충족되면 무의식적 안정이 이뤄집니다. 또한 에릭슨의 심리사회적 발달이론에서는 수유를 통해 1단계(기본적 신뢰 또는 불신)에 접어든다고 보았습니다.

---

* 표상은 현존하지 않는 자극을 본래 자극과 가장 유사하게 재현하는 것으로, 정신적 표상이란 이러한 표상이 정신 내적 상태에서 일어나는 것을 말합니다.

그렇다면 행동주의적 관점에서는 어떨까요? 행동주의적 관점으로 애착이론을 보면, 애착 형성에 가장 중요한 요인은 보상입니다. 주 양육자는 배고픔 해결이라는 아이의 일차적 욕구를 해결해주고, 신체적 접촉으로 안락함을 주어 정서적인 이차적 욕구를 해소시켜주는데요. 이 과정에서 애착이 형성되는 것이지요. 미국의 심리학자 해리 할로(Harry Harlow)와 동료들은 애착 형성에 보상이 어떤 역할을 하는지 원숭이를 통해 실험해보았습니다. 어미와 분리된 원숭이를 생후 6개월 시기에 다른 원숭이들과 함께 두었더니 공격적이고 회피적인 부적응적 행동을 하는 것이 관찰되었습니다. 또한 우유병을 달고 있는 철사로 만든 원숭이와 부드러운 담요로 만든 원숭이를 두고 어린 원숭이가 어떤 행동을 하는지 관찰하는 실험을 진행해보았더니, 대부분의 시간을 담요로 만든 원숭이와 함께 보냈다고 합니다. 해당 실험을 통해 정서적 만족감을 주는 이차적인 보상(신체적 접촉)이 일차적인 만족(배고픔 해결)보다 애착 형성에 더 중요한 역할을 한다는 사실을 알 수 있습니다.

동물행동학에서는 애착을 선천적 요소로 보았고, 생존을 위해 타고난 행동이라고 생각했습니다. 동물행동학과 비교행동학의 창시자로 꼽히는 콘라트 로렌츠(Konrad Lorenz)는 큐피인형 효과(kewpie-doll effect)를 통해 어린아이, 동물의 새끼들이 귀엽게 생긴 이유에 대해 설명했는데요. 어린아이, 동물의 새끼들이 귀여운 이유는 주 양육자의 관심을 유도해 보호받고 사랑받을 확률을 높이기 위해서라고 합니다. 즉 그들의 '귀여움'은 생존을 위해 타고난 선천적 요소라는 것입니다. 이 밖에도 로렌츠는 다양한 동물실험을 통해 결정적 시기에 영향을 준 대상(주 양육자)과의 관계가 성인이 된 이후에도 영향을 준다는 사실을 관찰 기록했습니다.

　인지적 관점으로 애착이론을 보면, 아이가 엄마의 존재를 인식하는 인지적 발달이 애착 형성에 가장 중요하다고 보았습니다. 애착 형성을 위해서는 눈앞에 사람이 보이지 않아도 대상이 존재함을 인식하는 대상영속성을 획득할 필요가 있으며, 대상영속성을 획득하는 7~9개월 무렵부터 본격적인 애착 형성이 가능하다고 합니다. 또한 엄마와 낯선 사람을 구별하는 낯가림을 인지 발달의 증거로 꼽았습니다. 18개월 미만의 영아를 대상으로 애착의 발달과정을 연구해 4단계로 정리한 논문에 따르면, 애착은 비사회적 단계, 무분별 애착단계, 특정대상 애착단계, 다수 애착단계 순서로 발달된다고 합니다.

　비사회적 단계(~6주)는 사회적 자극과 비사회적 자극에 모두 똑같이 긍정적 반응을 보이는 시기입니다. 무분별 애착단계(6주~6개월)에서는 비사회적 자극보다 사람과 같은 사회적 자극을 더 좋아하지만 특정인을 구분하지 못하며, 특정대상 애착단계(7~9개월)에 이르러서야 특정한 한 사람에게 애착하게 됩니다. 이는 인지 발달의 결과로, 이때부터 특정인으로부터 격리되면 항의하기 시작하고 대상을 찾기 위해 적극적으로 탐색 활동을 하게 됩니다. 마지막으로 다수 애착단계(9개월~)는 아이의 애착이 특정한 애착 대상자(주 양육자)에서 주변 인물(조부모 등)로 확대되는 시기이며, 이때부터 다수의 사람들에게 애착을 느끼게 됩니다. 낯선 사람의 접근을 불안해하는 반응인 낯가림은 생후 7~9개월에 가장 심하게 나타나며, 애착 대상에서 격리되었을 때 불안하고 괴로워하는 반응을 보이는 분리불안은 14~20개월경에 심하게 나타납니다.

애착의 유형

　메리 애인스워스(Mary Ainsworth)는 낯선 상황을 조성한 실험을 통해 애착의 유형을 분류했습니다. 실험은 놀이방에 있던 아이가 양육자와 잠시 분리되었다가 다시 만나는 과정에서 어떤 반응을 보이는지 관찰하는 방식으로 진행되었습니다. 그녀는 이 실험을 통해 애착을 크게 안정애착, 저항애착, 회피애착, 혼란애착 네 가지로 정리했습니다.

　안정적으로 애착이 형성된 안정애착(secure attachment)에 해당되는 아이는 양육자와 격리되면 괴로워하다가 재결합 시 매우 반기고 달려가 신체 접촉을 시도했습니다. 애착이 불안정적으로 형성된 경우는 세 가지로 유형을 세분화했는데요.

　첫 번째로 저항애착(resistant attachment)에 해당되는 아이는 양육자와 격리되면 불안을 보이고 재회 후에도 안정되지 않았습니다. 이러한 양가적 애착 유형에 해당되는 아이는 양육자와 함께 있어도 탐색 활동을 하지 않으며 낯선 이를 매우 경계하고 눈치를 봅니다. 일관되지 않은 태도로 양육을 하면 아이의 입장에서는 양육자의 반응에 대한 확신이 생기지 않기 때문에 과장된 의사표현으로 이러한 반응을 보일 수 있습니다.

　두 번째로 회피애착(avoidant attachment)에 해당되는 아이는 양육자와 격리되어도 불안을 표현하지 않고 재회 후에도 불안감을 회피하거나 무시했습니다. 회피애착에 해당되는 아이는 양육자를 피하거나 무시했듯이 낯선 사람도 피하는 모습을 보입니다. 양육자가 아이의 욕구에 반응해주지 않고 공감해주지 않으면 이러한 반응을 보일 수 있습니다.

마지막은 저항애착과 회피애착이 혼합된 혼란애착(disorganized attachment)입니다. 혼란애착에 해당되는 아이는 양육자와 재회해도 회피하는 등 불안정하고 혼란스러운 반응을 보입니다. 양육자가 아이를 돌보지 못하거나 위협적인 양육을 하는 경우 이러한 상태에 빠질 수 있습니다.

'관계'를 다룰 때 어린 시절 양육자와 맺게 되는 첫 번째 관계에 주목하는 이유는, 이러한 애착 유형이 성인이 된 이후에도 사회성 발달에 지속적으로 영향을 미치기 때문입니다. 영아기 초기에 형성한 애착은 아동기의 자율성 형성, 성인기의 사랑과 결혼 등 인간관계의 기초가 됩니다.

내적작동모델(internal working model)에 따르면 유아는 양육자와 상호작용을 하면서 자신과 타인의 관계에 대한 인식의 틀을 확립하고, 이를 바탕으로 인간관계에 관한 생각을 발달시킵니다. 안전애착에 속하면 자아를 긍정적으로 평가하고, 타인에 대해서도 긍정적으로 평가해 성인기에도 안정적으로 관계를 형성하게 됩니다. 저항애착 유형의 경우 자아를 부정적으로 인식하지만 타인에 대해서는 긍정적으로 인식하기 때문에 집착적인 관계를 형성할 수 있습니다. 회피애착 유형의 경우 자아에 대해 긍정적으로 인식하지만 타인에 대해서는 부정적인 인상을 가지게 되어 인간관계에 회의적인 자세를 보이게 됩니다. 또한 타인과의 관계를 선호하지 않으며 최소한의 관계만을 맺으려 하는 성향을 보입니다. 혼란애착 유형의 경우 자아에 대해서도 타인에 대해서도 부정적인 인상을 가지게 되어 관계 자체를 두려워할 수 있습니다.

물론 생애 초기에 애착 관계를 잘 형성했다고 해서 전 생애에 걸쳐

내적작동모델

		자아상	
		긍정적	부정적
타인에 대한 인상	긍정적	안전애착	저항애착
	부정적	회피애착	혼란애착

자료: Kim Bartholomew, Leonard Horowitz, 'Attachment styles among young adults'

긍정적인 관계만 맺게 되는 것은 아닙니다. 우리의 의지대로 선택할 수 없었던 어린 시절의 관계가 미래의 관계까지 결정 짓는다고 생각하지는 않습니다. 이론은 이론일 뿐이지요. 하지만 '나'와 주변인과의 관계에서 비슷한 어려움이 반복된다면 스스로의 애착 유형에 대해 냉정하게 점검해보는 시간을 갖는 것도 의미가 있을 것입니다.

심리학자들은 자녀의 양육 패턴이 반복되고 대물림된다고 주장합니다. 어린 시절 안전애착을 형성하면 나중에 부모가 되어서도 자녀와 활발하게 감정적 교류를 나눈다는 것입니다. 즉 부모와 안전애착을 형성한 경험이 대를 이어 반복된다는 것이지요. 이는 부모와 좋은 애착 관계를 가지지 못했다고 해서 부모를 원망하라는 뜻이 아닙니다. 우리는 비슷한 패턴이 '나'의 자녀에게 이어질 수 있다는 점을 인지하고, 나쁜 순환 고리를 끊기 위해 현실을 직면할 필요가 있습니다. 과거로 돌아가 애착을 다시 형성할 수는 없지만 미래는 스스로 바꿀 수 있으니까요. 우리는 노력을 통해 앞으로 만나게 될 친구, 배우자, 선생님 등 의미 있는 타인과의 관계를 긍정적으로 형성할 수 있습니다.

인상과 편견의 심리학

　인상이란 무엇일까요? 인상이란 '어떤 대상에 대해 마음속에 새겨지는 느낌'을 뜻합니다. 우리는 어떠한 사건을 경험하고 타인과의 관계를 겪으면서 인상을 형성하는데요. 이 과정에서 상대방에 대한 정보를 수집하고, 수집된 정보 중 사용할 정보를 선별해 최종 통합과정을 거쳐 인상이 형성됩니다. 인상이 만들어지는 과정에서 우리는 개개인의 사고의 틀인 도식, 즉 스키마(schema)의 영향을 받습니다.

　도식은 어떤 대상이나 개념에 대한 조직화되고 구조화된 신념으로, 그 개념은 임마누엘 칸트(Immanuel Kant)가 고안해냈지만 피아제에 의해 심도 깊게 연구되었습니다. 인상은 대부분 한정된 몇 가지의 정보나 경험으로 형성되며, 이후 사고과정의 틀로 작용해 불필요한 탐색의 과정을 줄이고 결론을 내리는 데 도움을 줍니다.

인상 형성에 영향을 미치는 것들

여러 가지 도식 중 인상 형성에 영향을 미치는 대표적인 예로 고정관념과 내현성격이론을 들 수 있습니다.

고정관념은 개인차를 고려하지 않고 어떤 집단을 전형적인 특성으로 범주화해 단순하게 사고하려는 신념을 말합니다. 최근에는 '골드미스'라는 표현을 쓰는 모습도 보이지만, 과거에는 혼인 시기를 넘긴 여성을 '노처녀 히스테리'라고 표현하며 신경질적이라는 생각이 만연했습니다. 이처럼 고정관념이 형성되면 모든 구성원이 해당 특징을 공통적으로 가질 것이라는 과잉일반화를 하게 되고, 이에 반하는 정보는 무시하는 편견으로 발전하기도 합니다. 노처녀 히스테리도 상대방의 친절하고 따뜻한 행동보다는 화를 내거나 예민한 행동을 선택적으로 받아들여 편견으로 확장된 사례입니다.

내현성격이론(implicit personality theory)은 성격 특성들 사이의 관련성에 관한 개인의 신념으로, 1~2개 단서를 바탕으로 전체와 상관이 높다고 성급히 판단하는 것을 의미합니다. 예를 들어 어떤 모임에서 누군가가 분위기에 맞춰 재미있는 이야기를 많이 하는 모습을 보고 '저 사람은 사교성이 좋고, 긍정적이고, 좋은 사람일 것이다.'라고 추론하는 것이 대표적입니다.

정보의 통합과 인상의 편파

　인상과 관련된 정보들은 주관적 판단에 의해 구분되고, 구분된 정보들은 통합과정을 거쳐 최종적으로 인상을 형성합니다. 노먼 앤더슨(Norman Anderson)은 사람들이 인상을 형성할 때 보편적으로 장점과 단점의 평균에서 생각하려는 경향이 있다고 이야기합니다. 만일 각각의 항목을 '+10'부터 '-10'까지 점수화해 A가 B를 평가한다고 가정해봅시다. A가 B의 겉모습에 +8(잘생긴 외모)을 매기고, 행동에 -5(차가운 태도)를 매겼다면 항목의 합은 +3이 됩니다. 그러면 A는 B의 인상을 약간 긍정적인 수준인 +3으로 평가한 것입니다. 이후 앤더슨은 이러한 이론을 수정해 본인이 중요하다고 생각하는 부분에 가중치를 두어 인상을 판단하는 가중평균모형(weighted average model)을 제안했습니다. 즉 외모의 항목이 -4이고 성격의 특성이 +3이라면 기존에는 약간 부정적인 수준인 -1로 평가했지만, 개인적 특성에 따라 외모보다 성격적 특성에 가중치를 둔다면 보다 긍정적으로 생각할 수도 있다는 것입니다. 이 밖에도 상황에 따라 상대가 선생님이라면 외모보다 지적 능력에 가중치를 둘 수 있고, 좋아하는 가수라면 지적 능력보다 노래 실력에 가중치를 둘 수 있습니다.

　이렇게 인상이 생겨나는 과정에서 한쪽으로 치우쳐 평가하는 경향성이 나타나는데, 이것이 바로 인상 형성의 편파입니다. 인상은 매우 빠르게 자동적으로 형성되므로 왜곡과 오류가 발생할 수 있습니다. 대표적으로 초두효과(primary effect), 후광효과(halo effect), 부정성 효과(negativity effect)를 예로 들 수 있는데요. 초두효과는 강렬한 첫인상으로 인해 인상이 고착화되어 이후 다른 정보가 들어오더라도 인상 형성에 큰 영향을 미치지 못하는 것을 의미합니다. 같은 내용을 전달하더라도 내용의 순서에 따라, 즉 앞쪽에 제시된 내용에 따라 전체적인 인상이 결정된다는 것이지요. 후광효과는 한 가지 속성이 좋으면 나머지도 좋게 평가하는 것으로, 타인을 일관되게 평가하려는 경향에서 비롯됩니다. 예를 들어 외모가 좋은 사람은 마음씨도 좋을 것이라고 생각하는 경향성도 이에 속한다고 할 수 있습니다. 후광효과와 반대되는 개념으로는 긍정적 특성보다 부정적 특성이 인상 형성에 더 큰 영향을 미치는 부정성 효과가 있습니다.

하이더와 와이너의 귀인이론

귀인(attribution)은 행동의 원인을 찾기 위해 추론하는 과정을 뜻하는 말로, 쉽게 말해 어떠한 행동의 이유를 찾는 인지적 과정을 의미합니다.

귀인이론의 주요 개념

오스트리아의 심리학자 프리츠 하이더(Fritz Heider)는 귀인의 방향을 자신의 성격, 태도, 동기, 능력으로 돌리는 내부 귀인과 환경, 운, 과제의 난이도, 상황 등 다른 조건으로 돌리는 외부 귀인 두 가지로 구분했습니다.

귀인이론은 버나드 와이너(Bernard Weiner)에 의해 체계화되었습니다.

귀인의 네 가지 방식

안정성		귀인의 방향	
		내부	외부
	안정	학습능력	시험의 난이도
	불안정	노력	운

그는 귀인을 방향과 안정성에 따라 네 가지 방식으로 구분했는데요. 예를 들어 학업 성취도의 경우 귀인의 방향이 내부에 있으면 안정 요인은 실력(학습능력)이며, 불안정한 요인은 노력입니다. 이처럼 학습능력은 일반적으로 변화 가능성이 적기 때문에 안정 요인으로 보며, 노력은 과제와 상황에 따라 항상 변화할 수 있어 불안정 요인으로 구분합니다.

귀인오류와 귀인편파

그렇다면 귀인의 원리는 사람들이 사고하는 과정에서 어떻게 작용할까요? 심리학자들은 절감의 원리(discounting principle)를 주장합니다. 즉 내부·외부 귀인이 모두 적용될 수 있는 상황이라면 일반적으로 내부 귀인보다 외부 귀인이 작용할 가능성이 크다고 본 것이지요. 어떤 문제가 발생하면 사람들은 누구나 자신의 탓을 최소화하려는 경향을 보입니다. 심리학에서는 이러한 현상을 귀인오류, 귀인편파라고 합니다. 귀인오류,

귀인편파는 다시 기본귀인오류, 자기기여편파, 관찰자 - 행위자 효과 세 가지로 구분됩니다.

먼저 일상생활에서 우리가 어떠한 일을 받아들이고 생각하는 과정에서 일어나는 대표적인 귀인오류를 기본귀인오류라고 합니다. 이는 타인의 행동이 상황(외부 귀인)에 기인했음에도 불구하고 그 사람의 성향(내부 귀인)에 따른 결과로 보는 것이지요. 예를 들어 물건을 사러 마트에 갔는데 직원이 불친절한 태도를 보였다고 가정해봅시다. 그 직원은 평소에 친절한 편이었지만 전날 무례한 고객과 마찰을 빚어 좋지 않은 감정이 표출되었습니다. 그런데 우리는 이러한 모습을 보고 '해당 직원의 성격이 원래 불친절하기 때문에 그렇다.' 하고 판단하게 됩니다. 이를 바로 기본귀인오류라고 합니다.

두 번째로 자기기여편파는 자기 자신을 호의적으로 보려는 일종의 방어적 귀인으로, 자신의 성공은 내부 귀인 탓으로 돌리고 실패는 외부 귀인 탓으로 돌리는 경향을 의미합니다. "잘되면 제 탓, 못되면 조상 탓"이라는 속담이 이러한 자기기여편파를 잘 설명한 예입니다.

세 번째로 관찰자 - 행위자 효과는 동일한 결과가 일어나더라도 자신의 행동과 타인의 행동에 대해 각각 다른 기준으로 평가하는 귀인오류, 귀인편파를 뜻합니다. 내가 성공하게 되면 원인을 내부 귀인에서 찾고, 타인이 성공하게 되면 원인을 외부 귀인으로 돌리는 경우가 대표적입니다. 반대로 내가 실패하게 되면 원인을 외부 귀인에서 찾고, 타인이 실패하게 되면 원인을 내부 귀인에서 찾기도 합니다. 예를 들어 내 시험 성적이 잘 나오면 '실력이 좋은 내가 열심히 노력한 결과다.'라고 생각하는 반면, 타인이 시험 성적이 잘 나오면 '시험 문제가 쉬웠거나 운이 좋았다.'라고 생각하고 싶어 하는 경향이 있습니다. 반대로 내 시험 성적이 나쁘면 '시험이 어려웠다.'라고 생각하는 반면, 타인의 시험 성적이 나쁘면 '실력이 나쁘고 시험 준비를 제대로 하지 않았다.'라고 생각하겠지요.

자기 충족적 예언이란 무엇인가?

자기 충족적 예언(self-fulfilling prophecy)은 자신이 가진 기대나 신념과 일치하는 방향으로 행동해 끝끝내 원하던 바를 실제 현실에서 이뤄내는 현상을 말합니다. 흔히 피그말리온 효과로 알려져 있습니다. 일종의 귀인오류로 볼 수 있는데요. 실제로 우리의 일상 곳곳에서 이러한 현상을 발견할 수 있고, 교육 현장에서는 긍정적인 효과를 기대할 수 있는 귀인오류로 평가받고 있습니다.

로버트 로젠탈(Robert Rosenthal)은 교사의 기대가 학생에게 어떤 영향을 미치는지 연구한 결과를 통해 자기 충종적 예언의 사례를 설명합니다. 그는 초등학생을 대상으로 지능검사를 실시했고, 무작위로 20%의 학생을 선정한 후 교사에게 발전 가능성이 높은 학생이라고 소개하며 명단을 전달했습니다. 발전 가능성이 높은 학생으로 선정된 아이들은 교사의 관심과 기대를 받았고, 이후 다른 학생들보다 시험 성적과 학업 성취도가 크게 상승했습니다. 이는 자기 충종적 예언의 대표적인 사례이자, 교육자의 기대와 관심이 아이에게 미치는 영향이 얼마나 큰지 보여주는 대표적인 연구 결과입니다.

　자기 자신을 바라보는 관점도 그렇고, 타인과의 관계에 있어서도 때때로 귀인오류에 따라 사고하고 행동하는 경우가 있습니다. 이러한 사고 과정은 말 그대로 '오류'이긴 하지만 모두 부정적이라고 이야기할 수는 없을 것입니다.

　하지만 스스로 귀인오류, 귀인편파에 빠지지는 않았는지 알고 있는 것만으로도 위안이 될 때가 있습니다. 누군가 나의 성공에 대해 "운이 좋았다."라고 폄하한다면 서운한 마음이 들겠지요. 그러나 이러한 반응이 타인에 대한 평가의 기준을 외부 귀인에서 찾고자 하는 보편적인 심리의 오류에서 비롯되었다고 생각한다면, 상대방을 조금이나마 이해할 수 있고 서운한 마음도 가라앉을 것입니다. '나 역시 타인의 성과를 평가할 때 이러한 귀인오류에 빠진 적이 분명 있을 거야.'라고 생각하며 훌훌 털어 내면 어떨까요?

　또한 귀인오류, 귀인편파가 모두 부정적이라고 할 수만은 없습니다. 잘못을 외부 귀인으로 돌림으로써, 즉 자기합리화를 통해 다시 일어설 힘을 되찾을 수도 있으니까요. 어느 때보다 열심히 공부한 자녀가 성적이 오르지 않아 좌절하고 있을 때 "너의 노력과 실력이 부족해서 그런 거야. 시험이 어려웠다는 핑계는 대지 말거라!"라고 몰아붙이는 것이 정답일까요? 귀인오류에 치우치지 않았다고 해서 항상 옳다고 평가할 수는 없을 것입니다.

　귀인오류, 귀인편파를 잘 활용한다면 아이의 성장에도 긍정적으로 작용합니다. 과도한 칭찬은 지양할 필요가 있지만 긍정적 자기암시에 도움을 주는 칭찬을 자주 한다면 아이들의 성장에 좋은 밑거름이 될 수 있습니다. 반대로 나쁜 방향으로 자기 충족적 예언을 하면 아이가 더 그릇된 길로 갈 수 있으니 반드시 지양해야 합니다. "너 그렇게 하다가 나중에 ○○된다."라는 말은 항상 신중하게 해야 할 것입니다.

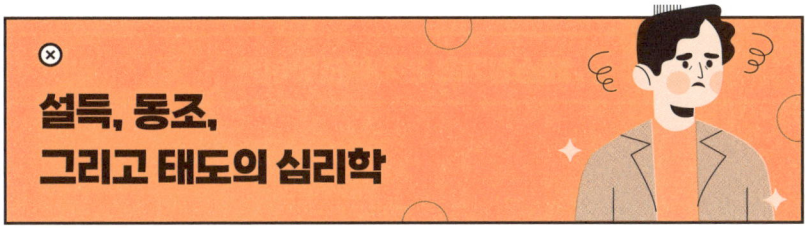

설득, 동조, 그리고 태도의 심리학

 모든 사회 활동과 관계에 있어서 '태도'는 매우 중요한 부분입니다. 태도를 통해 그 사람의 마음가짐을 알 수 있고, 대상을 평가하는 기준이 되기 때문입니다. 태도는 어떤 사람이나 대상에 대한 신념, 감정, 행동, 의도를 총칭하는 개념인데요. 이러한 태도를 통해 그 사람의 행동을 예측할 수 있습니다. 심리학에서는 태도의 변화가 행동의 변화로 이어질 수 있다는 가정하에 많은 연구가 이뤄지고 있습니다. 이 중 태도와 행동 간의 관계를 밝히고자 한 것이 바로 인지부조화이론입니다.

페스팅거의 인지부조화이론

심리학자 레온 페스팅거(Leon Festinger)가 주장한 인지부조화이론은 사람은 심리적으로 일관성을 유지하려는 경향이 있고, 이로 인해 태도와 행동 간의 불일치가 일어나면 그 불편감을 해소하기 위해 태도를 변화시킨다는 이론입니다.

페스팅거는 1959년 심리학자 메릴 칼스미스(Merrill Carlsmith)와 함께 인지부조화이론과 관련된 실험을 진행합니다. 그들은 피험자들에게 아주 지루한 일을 1시간 정도 하게 하고 이 일이 재미있었다고 답하는 과제를 주었습니다. 그 대가로 한 집단에는 1달러를 주고, 다른 집단에는 20달러를 주었습니다. 그들은 피험자들로 해금 거짓을 말하게 함으로써 인지부조화가 일어날 것이라고 가정했습니다.

과연 어떤 집단이 이 지루한 과제를 더 높이 평가했을까요? 바로 1달러를 받은 집단이었습니다. 20달러를 받은 집단은 1달러를 받은 집단과 마찬가지로 지루한 과제를 하고 재미있다고 거짓말까지 했지만, 대가로 받은 20달러가 그들의 행동을 정당화할 수 있게 해주었습니다. 하지만 1달러를 받은 집단은 적은 액수를 받고 거짓말까지 해야 하니 심리적으로 불편함을 느꼈고, 그 결과 스스로 이 일에 대한 태도 자체를 변화시키게 됩니다. 대가는 적었지만 정말 재미있어서 참가했다는 태도를 갖게 된 것이지요.

태도를 변화시키는 설득기법

설득기법은 사람들의 태도를 변화시키기 위한 것으로, 광고나 마케팅 회사에서는 이러한 심리기법을 활용해 홍보물을 만들거나 판매 전략을 수립합니다. 설득기법의 효과는 설득자, 설득 내용, 설득 대상, 설득 상황이라는 요인에 따라 달라지는데요. 대개 설득 대상이 설득자의 전문성, 신뢰감, 매력 등을 호의적으로 평가할수록 설득의 효과가 높아진다고 합니다. 이것이 바로 회사가 광고 모델에게 큰돈을 지불하는 이유입니다. 특히 신뢰감이 중요한 금융, 제약과 관련된 상품은 해당 분야의 권위자나 이미지가 좋은 모델을 선정합니다.

설득 내용은 이성적인 내용보다는 일반적으로 유머 또는 공포를 유발하는 감성에 호소하는 내용이 효과적입니다. 또한 장점만 부각하기보다는 반대되는 견해, 즉 단점을 반박하는 내용을 함께 제시하는 편이 설득의 효과가 높습니다. 설득 대상의 성격은 자아관여(ego involvement)와 태도 면역 두 가지로 나눌 수 있는데요. 자아관여는 어떤 일에 대해 주로 자신에게 관심과 중점을 두는 태도로, 자아관여 수준이 높을수록 설득 내용을 심사숙고하는 경향을 보인다고 합니다. 반대로 자아관여 수준이 낮을수록 설득 내용보다 설득자의 외모나 주변 환경에 좌우되어 결정하는 모습을 보입니다. 또한 설득 대상이 상대의 의도를 알고 있거나 사전에 노출된 적이 있어 태도 면역이 형성된 경우에는 어떤 메시지를 제시하든 심리적 저항을 일으킬 수 있어 주의해야 합니다. 설득 상황은 방해 자극이 없는 조용한 분위기보다는 반대 주장을 떠올리기 어려운 산만한 분위기가 더 유리합니다.

동조와 복종

모든 사람들이 "예."라고 대답할 때 홀로 "아니오."라고 대답할 수 있나요? 애매모호한 상황이라면 아마도 많은 사람들이 타인의 결정을 따라 행동할 것입니다. 이처럼 타인이나 집단의 명시적이지 않은 압력에 자의적으로 굴복해 추종하는 행동을 동조(conformity)라고 합니다.

1951년, 심리학자 솔로몬 애쉬(Solomon Asch)는 동조와 관련된 흥미로운 실험을 진행했습니다. 그는 비교선분 A, B, C 중에서 표준선분 S와 일치하는 것을 찾는 쉬운 과제를 5명의 참가자들에게 주었습니다. 먼저 대답한 4명은 실험협조자로 사전에 섭외된 이들이었고, 마지막으로 대답한 1명만 피험자였지요. 실험협조자들이 전부 A라고 틀린 답을 말하자 피험자 중 35%가 틀린 답에 동조해 똑같이 A를 선택했다고 합니다. 하지만 실험협조자가 없는 상태에서 실험을 진행한 경우에는 모두 빠짐없이 B가 정답이라고 제시했습니다. 이 실험을 통해 자신의 소신과 일치하지 않아도 다수의 의견에 동조하는 경향이 있다는 것을 알 수 있습니다.

이러한 동조 현상은 어떠한 상황에서 발생할까요? 주로 불확실하고 애매한 상황 또는 처벌 가능성이 있는 상황 등 판단에 혼란이 생길 때 발생하곤 합니다. 판단에 혼란이 생기면 타인 및 준거 집단의 행동을 유용

애쉬가 제시한 표준선분과 비교선분

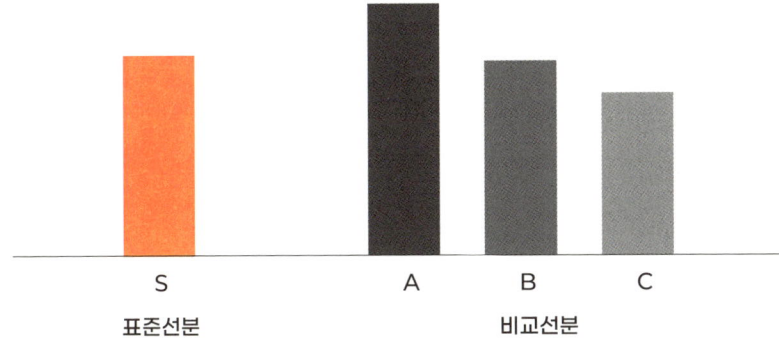

한 정보로 활용하기 때문이지요. 혹은 집단에서 홀로 이탈하기 두려운 마음에 동조가 일어나기도 합니다. 동조 현상은 집단의 응집성이 높을수록, 집단 의견의 일치성이 높을수록 크게 작용하는데, 집단의 크기가 너무 크면 하위 집단으로 분리되어 동조 경향이 낮아진다고 합니다. 집단의 문화(전체적인지, 개별적인지 등)와 특성에 따라서도 다르게 나타납니다.

순종(compliance)은 타인이나 집단의 명시적인 압력을 받고 이에 굴복해 추종하는 현상을 뜻합니다. 스스로 원하지 않더라도 상대의 요청을 들어주는 행동을 의미하는데요. 이러한 순종을 넘어 타인의 명령에 맹목적으로 따르는 단계를 복종(obedience)이라고 합니다. 사회적으로 권위 있는 사람의 명령에 맹목적으로 따르는 경향이 대표적인 복종의 사례입니다.

이러한 권위에 의한 복종과 관련된 연구로는 스탠리 밀그램(Stanley Milgram)의 실험이 대표적입니다. 밀그램은 연구 목적은 알리지 않은 채

'처벌의 강도가 학습에 미치는 영향'을 연구한다며 피험자들을 모았습니다. 2명을 한 조로 해 각각 선생과 학생의 역할을 맡게 했는데, 이때 피험자는 항상 선생의 역할을 맡도록 조작했습니다. 그는 학생 역할을 하는 사람에게 단어를 외우게 하고, 외우지 못하면 선생 역할을 맡은 피험자가 학생 역할을 맡은 사람에게 전기쇼크를 주는 식으로 실험을 진행합니다. 오답이 지속되자 밀그램은 피험자에게 전기쇼크의 강도를 높이도록 지시했습니다. 물론 실제로는 전기가 통하지 않았고, 비명소리도 사전에 녹음된 것이었지요.

전기쇼크는 15V에서 450V까지 설정할 수 있었는데, 이 중 약 65%의 피험자가 최대 강도인 450V까지 강도를 증가시키면서 명령에 복종하는 성향을 보였습니다. 평범한 학생이었던 피험자들은 자신도 모르는 사이 가해 행동에 복종하게 된 것입니다. 이 밀그램의 실험은 많은 사람들에게 큰 충격을 주었고, 실험을 진행한 밀그램은 윤리적인 비판을 받으며 자격 정지와 해직을 당하게 됩니다. 많은 피험자들이 실험을 지시하는 사람의 권위에 복종해 충격 강도를 올리는 것을 멈추지 않았으며, 중간에 그만두는 경우도 많지 않았다고 합니다. 스스로 행위를 판단하는 과정 없이 맹목적으로 지시만 따른 것입니다. 즉 실험에 대한 책임을 권위가 있다고 생각하는 이에게 돌릴 수 있기 때문에 이러한 행위에 복종하게 된 것이지요.

우리 사회에서도 배려라는 이름으로 동조를 하거나, 책임을 회피할 수 있는 상황에서 복종을 선택하는 경우가 발생하곤 합니다. 이러한 상황에서 절대적으로 자유로운 사람은 아마 없을 것입니다. 동조와 복종을

"사회성이 좋고 융통성이 있다."라고 규정하며 미덕으로 강요하던 시절도 있었으니 말입니다.

    교육자는 특히 자아정체성이 발달하는 과정 중에 있는 청소년 시기 아이들의 동조, 복종 여부를 주의 깊게 살펴봐야 합니다. 필자의 경우 집단상담을 위해 초등학교 고학년 아이들을 주로 만나는데, 8~10명의 아이들을 한 모둠으로 묶어 수업을 진행하고 있습니다. 이때 각 모둠의 분위기는 한 아이에 의해 좌우되는 경우가 많습니다. 자신의 감정을 자유롭게 표현해야 하는 시간임에도 불구하고 분위기를 주도하는 아이에게 억눌려 마음속 이야기를 꺼내지 못하는 상황도 발생하지요. 필자의 역할은 중심이 되는 한 아이의 마음을 먼저 열게 하는 것입니다. 그 아이가 마음을 솔직하게 털어놓으면 그때부터 다른 아이들도 자신의 이야기를 쏟아내기 시작합니다. 물론 후기 청소년기로 갈수록 집단 내의 동조와 복종 관계를 명확하게 파악하기 어려울 수 있습니다. 하지만 위험 상황으로 연결될 수 있는 갈등 관계가 내재되어 있을 수 있으므로 교육 현장에서 적극적으로 집단 내 힘의 관계를 살펴봐야 할 것입니다.

집단 내에서의 개인 심리

　보통 집단을 이루게 되면 개인의 정체감보다 집단 구성원으로서의 사회적 정체감(social identity)을 우선시하는 경우가 많다고 합니다. 집단과 자신을 동일시하는 정도가 클수록 자신이 집단의 일원임을 우선적으로 내세우게 되고, 개인의 정체감보다 사회적 정체감을 바탕으로 사고와 행동이 이뤄지게 되는데요. 이러한 경우 타인을 내집단과 외집단으로 구분해 지각하게 됩니다.

　집단 내에서 개인의 가치관이 약해지고 집단 구성원의 상황에 집중하게 되면, 개인적으로는 하지 못했을 극단적이고 비이성적인 행동을 하기도 합니다. 군중 시위 중 과격한 행동이 발생하거나, 운동 경기 관람 중 폭력 사태가 벌어지는 것 등이 대표적인 사례입니다. 심리학에서는 개인의 정체감을 상실하고 민감하게 집단 행위에 반응하는 것을 몰개인화(deindividuation)라고 하는데요. 몰개인화에 가장 큰 영향을 미치는 요인은 익명성입니다. 개인의 정체감이 집단 내에서 약해지고 익명성이 부각되면 도덕적 통제력이 흔들리고 충동적인 행동이 분출될 가능성이 커집니다.

집단 내의 역할 수행

1. 사회적 촉진과 사회적 억제

꼭 해야만 하는 과제가 있다고 가정해봅시다. 이 과제를 혼자만의 공부방에서 하는 것이 좋을까요, 아니면 도서관이나 카페에서 하는 것이 효과적일까요? 노먼 트리플렛(Norman Triplett)은 집단이나 타인이 개인의 과제 수행에 영향을 미치는 일에 대해 연구한 최초의 심리학자입니다. 그는 사이클 선수가 단독 주행을 할 때보다 집단 경쟁을 할 때 더 좋은 기록을 낸다는 사실을 발견하면서 이러한 현상에 주목하기 시작했는데요. 이처럼 혼자서 어떠한 일을 수행할 때보다 타인이 존재할 때 개인의 수행능력이 향상되는 현상을 '사회적 촉진'이라고 합니다.

이후 미국의 심리학자 로버트 자이언스(Robert Zajonc)는 이 연구에서 한 걸음 더 나아가 타인의 존재가 개인의 추동 수준을 증가시킨다고 주장했습니다. 능숙한 과제라면 타인으로 인해 각성 수준을 높일 시 수행이 촉진된다는 것입니다. 하지만 능숙하지 않은 상태에서는 오히려 방해가 되는 경우도 있는데, 이처럼 타인의 존재가 능률을 떨어뜨리는 현상을 '사회적 억제'라고 합니다.

2. 사회적 태만

현대사회에서 '공동체 의식'은 시민이라면 누구나 갖춰야 할 필수적인 소양으로 여겨지며, 공교육에서도 이러한 취지로 많은 수행평가를 공동 과제 형식으로 진행하고 있습니다. 그런데 이런 의문이 든 적이 있을 것입니다. 각각의 능력이 2인 5명의 학생이 모둠을 이뤄 과제를 수행한다고 해서 과연 '2×5=10'만큼의 효과가 있을까요?

막스 링겔만(Max Ringelmann)은 집단 구성원의 수행력이 개인의 수행력의 합산보다 낮다는, 그러니까 집단을 이루면 생산성이 손실된다는 주목할 만한 연구 결과를 얻었습니다. 줄다리기를 예로 들어보겠습니다. 3명의 사람이 줄을 당기면 과연 힘의 합은 3배 증가하고, 8명이면 8배 증가할까요? 아닙니다. 연구 결과 3명이 힘을 합치면 2.6배, 8명이 힘을 합치면 3.6배 증가했을 뿐이라고 합니다. 이처럼 집단으로 과제를 수행하면 개인의 수행능력이 저하되는 현상을 '사회적 태만'이라 합니다.

사회적 태만은 앞서 언급한 사회적 억제와 어떠한 점이 다를까요? 사회적 억제는 노력의 여부와 별개로 타인의 존재로 인해 개인의 수행능력이 떨어지는 것을 의미하지만, 사회적 태만은 개인의 과제에 대한 동기가 감소해 수행능력이 떨어지는 경우입니다. 사회적 태만의 가장 큰 원인은 책임감 분산에서 찾을 수 있는데요. 개개인의 수행의 정도를 정확히 확인할 수 없을 때 이러한 현상이 빈번하게 발생한다고 합니다. 모둠

과제를 수행하는 과정에서 개인의 역할 분담과 결과물을 모두 평가하는 경우와 그렇지 않고 결과물만을 평가하는 경우, 후자보다 전자의 아이들이 보다 책임감을 갖고 적극성을 보인다고 합니다. 조직원의 수가 많아지면 효율성이 올라갈 것 같지만 책임감 분산이 일어나면서 서로 책임을 미루게 되는 것이지요.

이러한 사회적 태만 때문에 실제로 응급처치교육에서는 길에서 위험에 빠져 도움을 청할 상황이 생기면 반드시 한 사람을 지칭하라고 가르칩니다. "안경을 쓰고 노란 꽃무늬 티셔츠를 입은 남자 분! 구급차를 불러주세요."라는 식으로 한 사람을 지목해 도움을 요청해야 한다고 말이지요.

3. 경쟁과 협동

그렇다면 한 집단 내에서 경쟁과 협동을 선택해야 하는 상황이 발생하면 사람들은 어떤 선택을 하게 될까요? 죄수의 딜레마 게임(prisoner's dilemma game)이란 흥미로운 사례를 살펴보겠습니다.

서로 절대 자백하지 않기로 약속한 죄수 A와 B가 있다고 가정해봅시다. A와 B 둘 다 자백하지 않으면 각각 1년형을 받고, 둘 중 한 사람만 자백하면 자백하지 않은 사람만 15년형을 받고, 둘 다 자백하면 각각 10년형을 받는다는 조건을 제시했습니다. 이 경우 A와 B는 어떤 결정을 내릴까요? 가장 유리한 선택은 서로 약속한 대로 자백하지 않는 것입니다. 하지만 그러기 위해서는 상대가 자백하지 않을 것이라는 믿음이 있어야 합니다. 상대방이 자백하지 않는다면 자신은 자백해서 석방되는 편

죄수의 딜레마 게임

		죄수 A	
		자백 안 함	자백함
죄수 B	자백 안 함	A와 B 1년형	A 석방, B 15년형
	자백함	B 석방, A 15년형	A와 B 10년형

이 나을 것이고, 상대방이 자백한다면 자신도 자백해서 함께 10년형을 받는 편이 나을 것입니다.

 결과를 종합해보면 실험에 참가한 사람들 중 2/3가 협동(자백 안 함)보다는 경쟁(자백)을 택했다고 합니다. 협력이 최선임에도 불구하고 자신만의 이익을 고려한 것입니다. 이러한 게임이론(theory of games)을 통해 집단 내의 개인은 그 결과가 집단 전체의 이익이 되지 않더라도 자신의 이익을 위한 합리적인 선택을 할 수 있다는 점을 알 수 있습니다.

인간관계의 정의와 관련 이론

 사람과 사람의 관계 속에서 인간은 심리적 갈등을 느끼기도 하고, 행복함을 느끼기도 합니다. 이러한 관계는 형성 요인에 따라 혈연, 지연 등에 의한 일차적 관계와 직업적 목적, 사상, 신념에 의한 이차적 관계로 나눌 수 있는데요. 구성원의 지위, 권한에 관한 동등성에 따라 불평등한 관계인 수직적 관계를 이룰 수도 있고, 평등한 관계인 수평적 관계를 이룰 수도 있습니다. 또한 형성 요인과 유지 요인에 따라 애정 중심적 인간관계와 업무 중심적 인간관계로 구분되기도 합니다.

심리학자 마거릿 클라크(Margaret Clark)는 인간관계를 공유적 관계와 교환적 관계로 구분했는데요. 공유적 관계는 주로 가족, 연인, 친구 사이에 형성되는 관계로 서로 상대의 행복과 불행에 관심과 책임감을 느끼는 특징이 있습니다. 반면 교환적 관계는 타인에게 책임감을 느끼기보다는 서로의 필요에 의한 거래적인 성격의 관계입니다. 준 만큼 돌려받는 형평성이 유지되어야 하는 관계로, 이러한 형평성이 깨진다면 갈등으로 이어질 수 있습니다. 복잡한 현대사회에서는 공유적 관계와 교환적 관계의 경계가 불분명합니다. 일차적이고 애정 중심적 인간관계인 가족과도 교환적 관계를 맺는 경우가 있고, 이차적이고 업무 중심적 인간관계인 직장 동료와도 공유적 관계를 맺는 경우가 있기 때문입니다.

1. 사회교환이론

인간관계의 존속 여부가 서로에게 돌아가는 성과에 따라 달라진다고 생각한 이론이 바로 사회교환이론(social exchange theory)입니다. 사회교환이론은 이익에 따라 달라지는 특성을 인간관계의 한계점으로 제시합니다. 인간은 서로 비용을 지불하며 관계를 유지하는데, 여기서 비용은 관계를 지속할 수 있도록 투자하는 시간, 돈, 애정, 기회비용 등을 의미합니다. 이익을 저울질해 스스로에게 유리하다고 판단되는 한에서 관계가 유지된다는 것입니다. 가장 이상적인 관계는 비용과 이익이 거의 동일한 상태로 형평성을 이룬 상태라고 할 수 있겠지요.

　심리학에서는 투자와 보상의 개념으로 인간관계가 유지되고 와해되는 과정을 설명하기도 합니다. 관계에서 각각에게 돌아가는 성과(outcome), 보상(reward), 부담(cost)의 등식은 다음과 같습니다.

성과 = 보상 − 부담

　즉 인간관계는 보상이 크고 부담은 작을수록 좋다는 것입니다. 성과가 클수록 만족스러운 관계가 유지된다는 뜻인데요. 이러한 관계의 만족도를 결정하는 중요한 요인을 비교수준(comparison level)이라고 합니다. 비교수준은 과거의 관계에서 받아온 성과의 평균 수준을 의미하며, 인간은 현재의 관계가 과거의 비교수준보다 높을 때 만족감을 느낍니다.

　또한 우리는 대체관계 비교수준(comparison level for alternative)에 따라 관계의 지속 여부를 결정합니다. 이는 쉽게 말해 비교수준의 정도에 따라 기존의 관계는 정리하고, 더 큰 성과를 얻을 수 있는 관계로 이동한다는 의미인데요. 우정이 깊거나 사랑이 깊은 관계라고 해도 우리는 은연중에 비용과 보상을 저울질하게 되고, 어느 순간 그러한 보상이, 위안이, 행복이 더 이상 느껴지지 않으면 더 큰 만족감을 주는 관계로 이동한다는 것입니다. 이러한 사회교환이론은 현대사회의 인간관계에 대해 많은 것을 생각하게 합니다.

2. 사랑의 삼각형이론

사람과 사람의 관계에서 일어나는 다양한 감정 중에서 '사랑'은 매우 복잡한 마음의 상태가 반영된 실체를 파악하기 힘든 감정에 해당합니다. 로버트 스턴버그는 사랑의 삼각형이론(triangular theory of love)을 통해 사랑의 기본 요소를 바탕으로 사랑의 형태를 설명합니다. 이 이론에서 사랑은 친밀감(intimacy), 열정(passion), 헌신(commitment)으로 구성되는데요.

친밀감은 사랑의 따뜻한 측면, 정서적 측면을 반영하는 특성입니다. 가깝고 편한 느낌, 원활한 의사소통, 긍정적 지지 등을 의미합니다. 친밀감은 시간이 지나면서 점차 증가하며, 어느 수준 이상으로는 더 이상 증가하지 않다가 결국 의식하지 못하는 상태에 이를 수 있다고 합니다. 열정은 사랑의 뜨거운 측면, 동기적 측면을 반영하는 특성입니다. 생리적 각성을 일으키고 강렬한 욕망을 불러일으키는 것으로, 급속도로 발전하지만 오래 지속되기 어렵고 점차 감소하거나 다른 형태로 변화하는 것이 일반적입니다. 헌신은 사랑의 차가운 측면, 인지적 측면을 반영하는 특성입니다. 사랑을 지키겠다는 선택이자 책임의식을 말하며, 대표적으로 결혼과 약혼의 형태로 구현됩니다.

스턴버그는 이러한 세 가지 기본 요소를 측정하기 위해 45개 문항으로 구성된 사랑의 척도를 만들었고, 이 결과를 삼각형으로 나타내었습니다. 삼각형의 넓이가 증가할수록 사랑의 크기도 크다고 할 수 있는데요. 한 요소가 크다고 해도 나머지 요소가 균형을 이루지 않으면 삼각형의 넓이는 커질 수 없겠지요. 그러므로 이상적인 사랑은 친밀감, 열정, 헌신이 균형을 이룬 모습이라고 할 수 있습니다.

사랑의 기본 요소와 형태

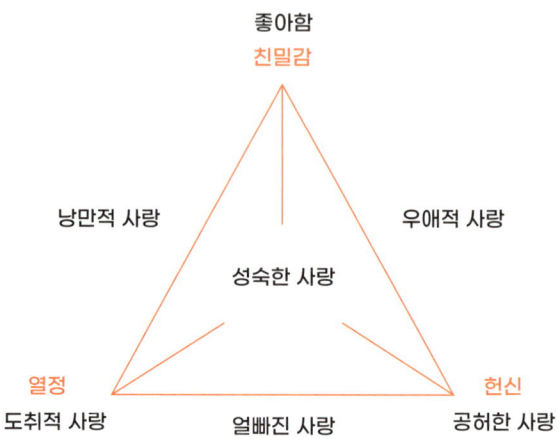

사랑의 유형

사랑의 유형	친밀감	열정	헌신
좋아함	O	-	-
도취적 사랑	-	O	-
공허한 사랑	-	-	O
낭만적 사랑	O	O	-
얼빠진 사랑	-	O	O
우애적 사랑	O	-	O
성숙한 사랑	O	O	O

세 가지 기본 요소가 어떻게 조화를 이루는지에 따라 사랑의 유형은 달라집니다. 열정만 가득한 사랑일 수도 있고, 친밀감만 갖춘 우정일 수도 있지요. 삼각형의 모양에 따라 유형은 일곱 가지로 분류할 수 있습니다.

먼저 좋아함(liking)은 열정이나 헌신의 요소는 없지만 친밀감만 가진 관계를 의미합니다. 친구 관계인 우정과 비슷하며, 가까움을 느끼는 상태라고 할 수 있습니다.

도취적 사랑(infatuation)은 열정만 가득한 관계로, 친밀감이나 헌신의 요소 없이 첫눈에 반한 상태인 경우가 많습니다. 육체적인 욕망은 느끼지만 오래 지속되기 어렵다고 볼 수 있습니다.

공허한 사랑(empty love)은 친밀함과 열정 없이 헌신적 요소만 존재하는 관계입니다. 사랑 없이 조건만으로 이뤄진 결혼 관계나, 애정이 남아 있지 않지만 경제적인 문제나 자식 문제로 이혼하지 않는 경우가 이에 해당합니다.

낭만적 사랑(romantic love)은 친밀함과 열정은 있으나 헌신을 약속할 수 없는 관계입니다. 미래와 결혼이 불확실한 젊은 연인들의 경우가 이에 해당합니다.

얼빠진 사랑(fatuous love)은 열정으로 헌신적인 관계를 맺었지만 친밀감은 형성되지 않은 관계입니다. 만난 지 얼마 되지 않아 사랑을 느끼고 결혼했지만 친밀감이 없는 관계로, 지속 가능성이 낮다고 볼 수 있습니다.

우애적 사랑(companionate love)은 친밀감이나 헌신 행위는 있지만 열정이 없는 관계입니다. 오랫동안 관계를 유지한 부부 사이에서 주로 발생하는 상황으로, 서로 익숙해져서 열정은 약하지만 친밀감을 느끼고 헌신하는 상태입니다.

성숙한 사랑(consummate love)은 친밀감, 열정, 헌신을 모두 갖춘 완전한 사랑의 형태입니다. 가장 이상적인 형태로, 시간이 흐르고 관계가 지속되면서 세 가지 요소가 모두 조화를 이루도록 유지하기 위해 많은 노력이 필요합니다.

사랑은 앞서 사회교환이론을 설명할 때 소개했던 성과, 보상, 부담만으로는 설명이 어려울 것입니다. 그렇다면 우리가 사랑에 빠지는 이유는 무엇일까요?

첫 번째 이유로는 근접성을 들 수 있습니다. 미국의 사회학자 제임스 보사드(James Bossard)는 물리적으로 가까울수록 사랑에 빠지기 쉽다는 연구 결과를 발표했습니다. 그가 5천 명을 대상으로 연구한 결과, 34%의 사람들이 5블록 이내에 거주하는 사람과 결혼했다는 결과가 나왔습니다. 가까운 곳에 있으면 노출되는 확률이 높고, 자주 보면 볼수록 호감이 상승한다는 단순노출효과(mere exposure effect) 때문입니다. 이는 자주 노출된 자극에 긍정적인 태도를 갖는 현상으로, 친숙함이 증가함으로써 좋은 감정으로 발전한다는 것이지요.

두 번째 이유로는 외모를 들 수 있습니다. 외모적 특성에 매력을 느끼면 끌리게 된다는 것입니다. 귀인오류라고 할 수도 있지만 일상에서 후광효과의 영향력을 배제할 수는 없습니다. 외모가 좋으면 그 사람도 좋은 사람일 것 같다는 생각을 하게 되고, 자연스럽게 호감이 생기면서 사랑에 빠지게 됩니다. 하지만 이러한 외모에 대한 기준은 주관적이고 상대적이기 때문에 각자의 눈에 멋져 보이는 사람은 다행히 모두 동일하지 않습니다.

　세 번째 이유로는 유사성을 들 수 있습니다. 서로 공통점을 가진 사람끼리는 편안함을 느끼고, 이러한 공감대가 사랑으로 이어진다는 것입니다. 우리는 자신과 태도, 가치관, 성격이 비슷한 사람에게 호감을 느끼곤 합니다.

　네 번째 이유로는 상대의 호의를 들 수 있습니다. 호의를 베풀어 자신을 긍정적으로 평가해주고 도와주는 사람에게 호감이 생기게 되고, 이러한 감정이 깊어지면 사랑으로 이어질 수 있다는 것입니다. 이때 호의를 받으면 받은 만큼 돌려주려는 마음이 생기는 현상을 상호성의 규범(norms of reciprocity)이라고 합니다.

에릭 번의 교류분석이론

　미국의 정신의학자 에릭 번(Eric Berne)은 프로이트의 정신분석이론을 바탕으로 개인의 성격이 사회적 상호작용에 의해 형성된다는 교류분석이론(transactional analysistheory)을 창안합니다. 교류분석이론은 사람 사이의 의사소통과 교류의 방법에 집중한 이론으로, 에릭 번은 자아상태 모델을 통해 부모 자아인 P(parent), 어른 자아인 A(adult), 아동 자아인 C(child) 세 자아상태가 균형을 이룰 때 상호 갈등이 감소한다고 주장했습니다.

교류분석이론의 주요 개념

1. 자아상태 모델(P-A-C)

'자아상태'란 어떠한 순간에 성격이 드러나는 방식을 말하는데요. 자아상태를 도식화한 것이 바로 자아상태 모델(P-A-C)입니다.

P는 부모나 권위적인 대상의 감정과 행동의 영향을 받아 행동하는 상태로, 성장기에 부모의 생각을 내면화해 학습된 생활 개념입니다. 양육자의 태도에 따라 비판적인 부모 자아(CP: Critical Parent)와 양육적인 부모 자아(NP: Nurturing Parent)로 나뉩니다. C는 어린 시절 느끼고 행동한 것이 내면화된 생활 개념으로, 자유로운 어린이 자아(FC: Free Child)와

자아상태 모델

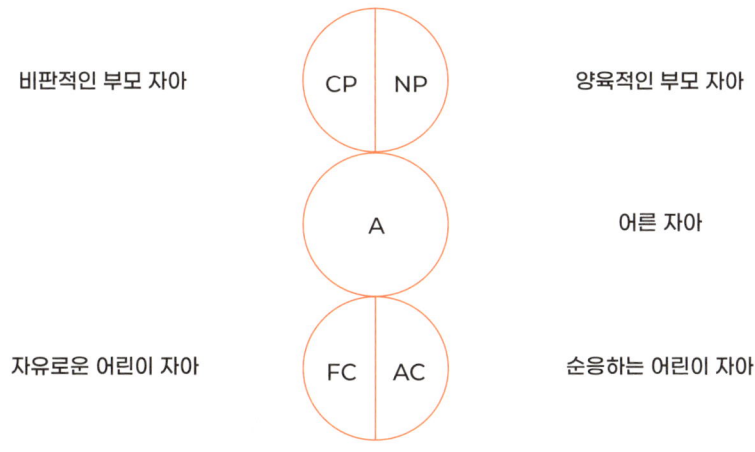

순응하는 어린이 자아(AC: Adapted Child)로 나뉩니다. A는 부모 자아에서 학습하고, 아동 자아에서의 감정적 개념을 바탕으로 형성된 모습인데요. 현재 일어나는 상황에 맞게 행동하고 느끼는 상태에 해당합니다.

각각의 자아상태에 융통성이 지나쳐 하나의 자아가 다른 자아를 침범한 상태를 오염(contamination)이라고 하며, 지나치게 경직된 상태로 교류가 차단된 것을 배제(exclusion)라고 합니다. 차례대로 살펴보겠습니다.

P오염은 P자아가 A자아를 지나치게 침범하는 경우이며, P자아상태에서 학습된 부분이 현재의 A자아라고 믿게 되는 것을 편견(prejudice)이라고 합니다. 예를 들어 "여자는 예쁘고 얌전해야 한다." "남자는 용감하고 눈물을 보여선 안 된다." 등의 생각들은 모두 부모나 권위적인 대상에게서 학습되었을 가능성이 높습니다.

C오염은 C자아가 A자아를 지나치게 침범한 경우이며, 과거 아동기의 경험과 믿음이 현재까지 관여해 성숙한 사고를 방해하는 것을 말합니

오염과 배제

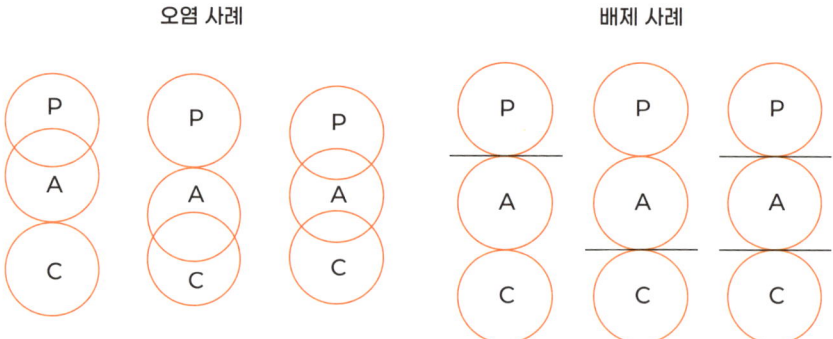

다. 이러한 과거의 믿음은 사실에 따른 것이기보다는 감정적인 상상에 가깝습니다. 오염에 빠지면 지나치게 감정적이고 즉흥적인 모습을 보일 수 있는데요. 에릭 번은 이를 망상(delusion)이라고 했습니다. 예를 들어 친구 둘이 귓속말을 하는 모습을 보았다고 가정해봅시다. C오염 상태에서 어린 시절에 누군가 나를 욕해 상처받았던 경험이 있다면 '지금 내 욕을 하고 있는 건가?'라고 생각할 수도 있습니다.

이중오염은 P오염과 C오염이 함께 일어나는 것으로, 많은 심리학자들은 하나의 자아오염이 발생하면 이중오염으로 이어질 수밖에 없다고 주장하기도 합니다

또한 에릭 번은 세 가지 자아 중 하나가 다른 자아의 기능을 억압하거나 작동하지 못하게 하는 상태를 배제라고 표현했습니다. 부모 자아인 P가 지나치게 지배적이면 과거의 규칙과 가치관을 경직되게 적용하려 하고, 아동 자아인 C가 우세하면 감정을 미성숙하게 표현하거나 즉흥적으로 반응할 수 있습니다. 성인 자아인 A가 약화되면 현실을 객관적으로 검증하기 어려워지고, 반대로 지나치게 강화될 경우 감정 표현이 억제되고 일에만 몰두하는 모습을 볼 수 있습니다.

2. 스트로크

교류분석이론에서는 스트로크(stroke)를 '인정의 한 단위(a unit of recognition)'라고 정의합니다. 예를 들어 친구에게 "안녕!"이라고 인사하는 이유는 무엇일까요? 상대로부터 원하는 반응을 도출하기 위해서입니다. 똑같이 "안녕!"이라는 언어적 스트로크로 반응이 돌아올 수도 있고,

손을 흔들거나 미소로 답하는 비언어적 스트로크로 돌아올 수도 있습니다. 하지만 전혀 반응을 보이지 않고 친구가 지나가버렸다면 스트로크를 받지 못하고 박탈감을 느끼겠지요. 이처럼 의사소통의 과정에서 긍정적 스트로크를 주고받기만 할 수 있다면 좋겠지만 예상하지 못한 부정적 스트로크를 받는 경우도 발생합니다.

사람들은 대부분 타인에게 긍정적 스트로크를 받기 위해 노력합니다. 얻고 싶은 스트로크를 받기 위해 노력했는데 효과를 본다면 그러한 행동은 더욱 강화됩니다. 에릭 번은 긍정적이든 부정적이든 스트로크를 받는 것이 받지 못하는 것보다 낫다는 원리를 강조했습니다.

3. 인생각본과 생활자세

인생각본(life-script)은 에릭 번이 최초로 주장한 개념입니다. 그는 '무의식적인 인생 계획'의 개념을 제시했는데요. 누구나 어린 시절부터 삶의 이야기(인생각본)를 써나가며, 성장하면서 그 줄거리를 다듬고 수정해 나간다고 설명했습니다. 그 과정에서 인생각본이 부모에 의해 강화되기도 하고, 인생각본을 정당화하기 위한 준거의 틀에 맞춰 현실을 해석하기도 합니다. 이처럼 인생각본을 만들어가면서 자신과 타인에 대한 자세를 갖추게 되는데요. 에릭 번은 이를 생활자세(life-position)라고 설명했습니다. 생활자세는 의사소통 방식에 많은 영향을 미치게 됩니다.

승리자 각본은 자기 긍정과 타인 긍정의 자세로, 기본적 신뢰를 바탕으로 승리자의 인생각본을 설계할 가능성이 높습니다. 하지만 부모에게 신뢰를 잃으면 자기 부정의 자세로 자기 가치를 부정하거나, 타인 부정

생활자세의 유형

	자기 긍정	자기 부정
타인 긍정	승리자 각본 (I'm OK, You're OK)	자기 희생적 자세 (I'm not OK, You're OK)
타인 부정	투쟁적 자세 (I'm OK, You're not OK)	패배자 각본 (I'm not OK. You're not OK)

의 자세로 변화할 수 있습니다.

자기 희생적 자세는 자기 부정과 타인 긍정의 자세로, 타인의 입장을 우선시하는 인생각본을 설계할 가능성이 높습니다. 투쟁적 자세는 자기 긍정의 자세로, 타인을 부정하며 투쟁을 즐깁니다. 지나친 승부욕으로 의사소통에 어려움을 겪을 수 있습니다.

패배자 각본은 자기도 타인도 부정하는 자세로, 삶에 대한 절망이 가득한 경우입니다. 자신을 하찮게 지각하고 타인 역시 부정하므로 패배적 인생각본을 설계할 가능성이 높습니다.

의사소통의 유형

교류분석이론에서는 P, A, C 세 가지 자아를 바탕으로 대화의 과정을 상보교류, 교차교류, 이면교류 세 가지 유형으로 구분합니다.

상보교류(complementary transaction)는 대화과정에서 동일한 자아끼리 대화를 이어가는 경우입니다. 즉 대화 상황에서 상대가 기대하는 방향으로 반응하는 것이라 할 수 있는데요. 성인 자아에서 비롯된 대화는 성인 자아로 대답해주기를 원하기 마련입니다. 이러한 대화 유형은 충돌이 적고 관계가 원만하게 이어질 수 있습니다.

교차교류(crossed transaction)는 대화과정에서 상대가 기대하지 않은 자아로 반응하는 경우입니다. 이 경우 의견 충돌과 갈등이 생길 수 있습니다. 만일 친구에게 "오늘 점심 먹었니?"라고 물어본다면 예상하는 답변은 '어디서 무엇을 먹었다.' 또는 '무슨 이유 때문에 못 먹었다.'일 것입니다. 하지만 "네가 무슨 상관이야?"라는 대꾸가 돌아온다면 같은 성인 자아 사이의 대화라고 보기 어렵겠지요. 이런 경우 상처를 받은 채 대화가 끝나거나, 다시 아동 자아에서 대답이 이어져 깊은 갈등이 생기게 됩니다. 우리는 일상에서 종종 상대의 기분 상태에 따라 혹은 자신의 기분 상태에 따라 서로 다른 자아상태로 대화하곤 합니다. 이런 상황에 처한 경우 교차교류의 관점에서 갈등의 원인을 파악해본다면 도움이 될 것입니다.

이면교류(ulterior transaction)는 드러나는 대화의 내용 이면에 다른 의도를 내포하는 경우입니다. 만일 귀가가 늦는 배우자에게 "오늘은 몇 시에 퇴근해요?"라고 묻는다면, 진짜 귀가 시간이 궁금했을 수도 있지만 그 이면에 '매일 늦게 오던데 오늘도 늦게 들어올 것인가?'라는 속마음이 담겨 있을 수 있습니다. 그러한 대화에서 상대가 "나도 몰라."라고 대답한다면 머릿속이 복잡해질 것입니다. 모른다는 답변이 정말 몰라서인지 말하기 싫다는 것인지 파악하기 위해 정확한 의미를 되묻지 않으면, 혼자 속상한 상태로 추측하고 판단할 뿐이겠지요. 이러한 대화

의사소통의 세 가지 유형

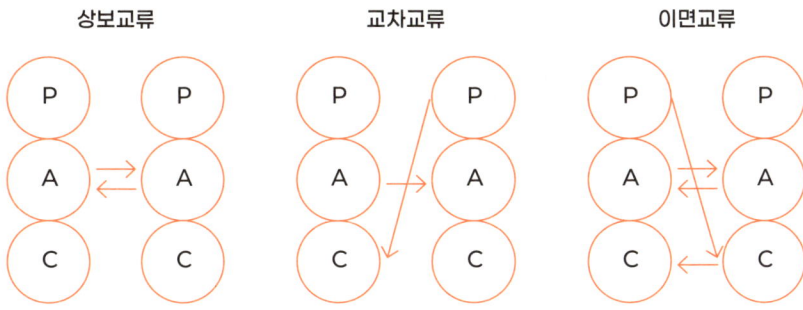

형태를 교류분석이론에서는 '게임'이라고 표현합니다. 이면교류의 방식으로 대화를 이끌어가는 사람은 대화 상황에서 상대의 당황스러운 대답 때문에 상처받았다고 생각하기 쉽습니다. 그 원인이 자신이 이면에 담아 보낸 게임의 메시지에 있다는 사실을 알지 못한 채 일방적으로 상처받는 것이지요.

에릭 번은 교류분석이론의 목표를 자율성, 즉 인생각본으로부터 자유로워지는 것이라고 생각했습니다. 이는 세 가지 자아상태에서 오염이나 배제 없이 자유롭게 반응해 C자아의 직관이나 감정을 활용하고, P자아 속에서 부모로부터 배운 것들을 재연해 현재에 적절하게 반응하는 것을 의미합니다. 다시 말해 아동기에 형성된 인생각본과 생활자세에 좌우되어 교차교류나 이면교류의 유형으로 대화하지 않고, '지금-여기'에 직접적으로 반응하는 A의 자아상태로 세상을 바라볼 수 있도록 자율성을 길러야 한다는 뜻입니다.

오늘 실천하는 마음의 기술

이번 장에서는 나와 매우 밀접한 관계의 타인으로부터 시작해 다수가 속한 집단 내에서 일어날 수 있는 심리적 변화까지 알아봤습니다. 어린 시절에 주 양육자와의 관계에서 형성된 애착이 우리가 성인이 된 이후의 인간관계에 영향을 미친다는 것은 분명한 사실입니다. 하지만 앞서 말씀드린 바와 같이 이러한 관계 패턴은 충분히 변화할 수 있습니다.

대인관계의 개선을 위해 우선 연습해볼 수 있는 것은 'CCTV 되기'입니다. 우리의 눈을 카메라로 생각하고 세상을 바라보는 것입니다. CCTV 속 세상은 그저 일어나는 일들을 보여줄 뿐이지 평가하거나 비난하지 않습니다. 예를 들어 금연을 약속한 사람을 본다면, CCTV는 "담배 끊기로 했는데 또 피우네." "몰래 피우는 장면 포착!" "작심삼일이네, 약해 빠진 의지." 이런 비난의 자막을 붙이지 않습니다. 담배 피우지 않으려고 사탕을 먹는 모습, 흡연장소를 피하려는 모습이 있지만 직장 상사의 스트레스 자극요인으로 인해 참지 못하고 담배를 다시 피우는 모습을 그대로 보여

줄 뿐이죠.

이 방식을 실제로 많은 분들과 연습해보면 사실 그 과정이 쉽지는 않습니다. 하지만 이 연습이 완벽하게 되는 순간, 부모-자녀, 부부 사이, 직장 동료 간 갈등이 완화되는 모습을 보입니다. 타인을 이렇게 바라보기 시작하면 자신도 이렇게 바라볼 수 있거든요. 그럼 나 자신이 변화하고 나의 말과 태도가 변화합니다. 그럼 더 나아가 나에게 의미 있는 타인도 변화하게 됩니다. 비난하거나 평가하는 잣대로 바라보는 것과 충분히 관찰한 후 객관적인 시선에서 보완할 것을 찾는 것은 분명한 차이가 있기 때문입니다.

우리가 갖고 있는 생각이 진실한 것처럼 보이지만 때로는 다수의 의견에 따라 동조한 것일 수도 있고 지나치게 자신에게 원인을 돌리는 내부 귀인에 머물러 스스로를 더욱 괴롭힐 수 있거든요. 나를 포함한 누구나 한쪽에 치우친 생각을 하고 그 시선으로 세상을 볼 수 있다는 사실을 수용하는 것이 관계를 개선시키는 첫 걸음이 될 것입니다.

많은 사람들이 목표를 세우고 실천하기 위해 노력하는 삶을 살아가고 있습니다. 하지만 목표한 지점에 모두 다 도달하는 것은 아니지요. 목표한 바를 이루는 과정에서 여러 번 위기가 찾아오기 마련입니다. 실제로 도달할 수 없는 잘못된 목표를 설정한 경우도 있고, 실천을 위한 방법이 비효율적일 수도 있습니다. 또한 자기통제력과 조절능력이 약해 약속한 과정을 이행하지 못하거나, 무신경한 자세나 부주의함 때문에 목표를 이루지 못하기도 합니다. 3장에서는 우리가 어떠한 힘에 의해 목표를 세우고 그 일을 향해 나아가는지, 그리고 그 실행을 위해 필요한 자세 등을 다룬 다양한 심리이론을 알아보겠습니다.

3장

자기관리의 기술: 성장을 이끌다

인본주의 심리학
긍정적 존중과 성장의 원리

하늘이 무너져 내리는 절망감을 경험해본 적이 있으신가요? 절망감은 품고 있던 희망과 기대가 좌절되고, 원하는 바를 이루지 못하는 경우에 일어날 수 있습니다. 계획했던 목표의 실현이 좌절되면 새로운 목표를 세우는 것조차 불가능한 상태에 이르게 되지요. 이러한 예로 자주 등장하는 것이 바로 스톡데일 패러독스(stockdale paradox)입니다. 이는 제임스 스톡데일(James Stockdale)이라는 미군 장교가 경영사상가 짐 콜린스(Jim Collins)와 나눈 대화에서 탄생한 용어로, 1965~1973년 스톡데일이 포로로 수용되었던 시절의 경험담에서 비롯되었습니다. 스톡데일은 베트남에서 무려 8년 동안 포로생활을 했는데요. 그는 자신의 경험을 회고하면서 "끝까지 살아남지 못한 사람들은 낙관주의자들이었다."라는 말을 했습니다. 낙관주의자들은 부활절이 되면, 추수감사절이 되면, 크리스마스가 되면, 해가 바뀌면 곧 풀려날 것이라는 막연한 희망을 가졌다가 좌절되어 생존 의욕을 잃은 반면, 그는 그러지 않았다는 것이지요.

이와 비슷한 이야기를 실존주의 심리학자 빅터 프랭클(Viktor Frankl)의 저서에서도 찾아볼 수 있는데요. 프랭클 박사는 책을 통해 나치의 강제수용소에서도 끝까지 삶의 의미를 잃지 않고 죽음조차 희망으로 승화시킨 자신의 경험을 가감 없이 풀어냅니다. 아우슈비츠 강제수용소에 수감되었던 시절의 일화를 보면, 집행유예 망상(delusion of reprieve)에 사로잡혀 절망하는 수감자들의 이야기가 언급됩니다. 이는 만사가 잘 풀릴 것이라는 막연한 환상을 갖는다는 뜻인데요. 사형선고를 받은 죄수가 처형 직전까지 집행유예를 받을 것이라는 기대를 가지는 것처럼 많은 수감자들이 비슷한 기대감을 품다가 좌절감을 느낀다는 것입니다. 새해가 될 때 석방될 것이라는 막연한 기대를 가지고 있다가 이것이 좌절되자, 절망감으로 인해 신체의 저항력이 떨어지고 건강이 악화되어 사망하는 경우가 급증했다고 합니다. 그의 저서에는 1944년 성탄절에서 1945년 새해에 이르는 일주일 사이에 사망률이 급증했다는 이야기가 나옵니다.

우리는 일상에서 흔히 낙관적인 자세를 강요받는 경우가 많습니다. "좋게 생각하자." "다 잘될 거야." 등의 말을 자주 듣곤 하지요. 하지만 이런 경우 대부분은 우리가 생각한 대로 일이 잘 풀리지 않으며 문제가 해결되지도 않습니다. 이렇게 희망과 다른 결과가 반복되어 실패를 경험할수록 무기력해지고, 더 이상 무언가를 꿈꾸지도 기대하지도 않게 됩니다. 희망 자체가 고문이 되기 때문입니다. 이러한 비합리적인 낙관주의를 '낙관성의 배신'이라고 합니다.

하지만 희망도, 낙관도, 긍정적 자세도 죄가 없습니다. 죄는 잘못된 목표 설정에 있습니다. 막연한 목표는 독이 될 수 있지만 실현 가능한 합리적인 목표는 그렇지 않습니다. 그리고 그 목표를 향한 자기실현을 위해 어떠한 노력을 했는지 명확히 할 필요가 있습니다. 앞서 언급한 스톡데일 장교 역시 끝까지 살아남은 이들은 하루하루 현실을 직시하고, 가능한 범위 내에서 문제해결을 위해 노력했던 사람들이라고 강조했습니다. 프랭클 박사 또한 미래에 대한 목표와 기대가 내면의 힘을 강화시켜 삶의 의지가 생겨난다고 이야기했지요. 강제수용소와 같은 극한의 환경에서도 인간의 존재를 구원해주는 것은 미래에 대한 기대였던 것입니다.

종종 우리는 무조건적으로 믿고 회피하려는 비합리적인 낙관주의 자세를 취하곤 합니다. 지금의 어려움이 대학을 가면, 취업을 하면, 결혼을 하면, 아이를 낳으면, 부자가 되면 해결될 것이라고 믿고 싶어 합니다. 하지만 명확한 목표가 없고, 그 목표에 맞는 실행이 없으면 만족감 없이 공허함만이 남을 것입니다. 이번 장을 통해 올바른 목표를 세우는 방법과 실행을 위해 필요한 자세 등을 다루는 다양한 심리이론을 알아봅시다.

칼 로저스의 인본주의 심리학

"자기실현이란 무엇인가?" 이 질문에 대답하기 위해서는 인간으로서 삶에서 어떠한 것들이 우리를 특별하게 만들고, 어떠한 책임을 가지는지 생각해볼 필요가 있습니다. 앞서 1장 '심리학의 다섯 가지 관점'에서 인본주의 심리학에 대해 잠깐 이야기했었는데요. 인본주의 심리학은 모든 인간을 잠재력을 가지고 발전할 수 있는 존재로 간주하는 관점입니다. 다만 이것을 깨닫지 못하기 때문에 심리적 어려움이 생길 수 있고, 이 과정을 도와 성장할 수 있도록 하는 것이 인본주의 심리학의 기본 목표이지요. 이 때문에 다수의 심리상담 관련 이론에서는 인본주의적 관점을 상담자의 기본 자세로 전제하기도 합니다.

인본주의 상담의 창시자 칼 로저스(Carl Rogers)는 '자기실현'이 자기의 유지 또는 향상을 위해 잠재능력을 발휘하는 경향성이라 정의했습니다. 이러한 경향성을 인간 본성의 일부라 믿었고, 자기실현을 하는 사람을 충분히 기능하는 사람(fully functioning person)이라고 했습니다. 충분히 기능하는 사람은 자신의 경험과 새로운 것을 경험하는 데 개방적이며, 어려운 현실에서 도피하기보다는 도전하고 고통을 감수하는 태도를 지녔다고 합니다. 이러한 유형의 사람이 되기 위해서는 특별한 재능보다 스스로 선택할 수 있는 삶을 살아가는 자세와 노력이 중요합니다.

인간은 자신에게 중요한 타인에게 사랑, 애정, 우정을 원하는 강한 동기를 가지는데요. 이를 긍정적 존중(positive regard)이라고 합니다. 이는 무조건적 긍정적 존중과 조건적 긍정적 존중 두 가지 방식으로 일어납니다. 전자는 조건 없이 주어지는 애정과 사랑을 말하고, 후자는 특정한 방식으로 행동할 때만 타인에게 사랑받고 수용되는 경우를 말합니다.

일상에서 무조건적 긍정적 존중과 조건적 긍정적 존중의 차이를 구분할 수 있을까요? 있다면 그 기준은 무엇일까요? 긍정적 존중을 받을 가치가 있는지를 판단하는 기준을 가치의 조건(condition of worth)이라 합니다. 명문대학에 입학하는 것, 악기를 잘 연주하는 것, 높은 연봉을 받는 것 등이 이러한 가치의 조건이 될 수 있습니다. 가치의 조건은 스스로 부여할 수도 있지만 의미 있는 타인, 가족 등의 압력에 의해 강요되는 경우가 많은데요. 그러한 조건에 맞게 행동하는 것을 조건적 자기존중이라 합니다. 부모의 기대에 부응하기 위해 진로를 결정하는 아이들, 자기가 하고 싶은 일보다 가업을 직업으로 선택하는 청년들, 가족을 위해 고단해도 높은 연봉을 주는 일을 선택하는 가장들, 자녀의 양육과 교육을 위해 사회 활동을 포기하는 여성들 등이 대표적인 사례입니다. 가치의 조건에 따른 삶을 살지 못한다는 것은 매우 힘든 일입니다. 가치의 조건이 강압적이고 내부적인 욕구와 전혀 다른 방식이어도 마찬가지입니다. 이 경우 진정한 의미의 자기실현은 매우 어렵다고 볼 수 있습니다.

라이언과 데시의 자기결정성이론

자기결정성이론(self-determination theory)은 리처드 라이언(Richard Ryan)과 에드워드 데시(Edward Deci)가 인본주의적 관점에서 제안한 이론으로, 인간의 생존을 위해 의식주가 필요하듯이 성장과 행복을 위해 마음과 정신에도 필수적인 요소가 있다고 주장한 이론입니다. 이들은 개인이 능동적으로 자신의 역량을 발휘하고, 자율적으로 삶을 주도하며, 사회 속에서 건강한 관계를 맺고자 하는 경향성을 인간의 필수 요소로 보았습니다.

자기결정성이론에서는 인간이 가진 기본적인 심리 욕구로 자율성(자기결정성), 유능성, 관계성 세 가지를 제시합니다. 자율성 욕구는 자신의 행동을 스스로 통제하는 것을 말하며, 유능성은 자신이 능력 있는 사람이라는 믿음을 갖고자 하는 욕구를 의미하며, 관계성 욕구는 타인과의 친밀한 관계를 추구하는 욕구를 말합니다.

자기실현과 관련해서 가장 주목해야 하는 심리 욕구는 자율성입니다. 때때로 우리는 외부의 통제로 인해 어떤 행동을 하게 될 때가 있습니다. 그런데 외부 통제에 의한 행동과 스스로 결정한 행동의 결과가 매우 다르다는 연구 결과가 보고되었습니다. 사람들은 어떤 일을 스스로 결정했을 때 더 오랫동안 흥미 있어 하는 반면, 외부 통제를 받으면 오히려 흥미가 줄어든다고 합니다. 물론 적절한 보상이 약속된다면 통제를 받더라도 내재적 동기가 증가할 수 있어 자율성이 증진되기도 합니다.

인본주의적 관점과 자기결정성이론에 따르면, 자기실현을 위해서는 우선 무조건적 긍정적 존중이 전제되어야 합니다. 어떠한 결정과 선택을 하더라도 '나는 가족이나 중요한 타인에게 온전히 존중받고 사랑받을 수 있다.'라고 생각할 만한 환경이 조성되어야 합니다. 또한 자율성, 즉 자신이 스스로 목표와 방법을 선택하는 것이 중요합니다. 자기결정성이론의 관점에서 학습의 과정을 본다면, 강요에 의해 공부를 해야 한다고 느끼는 순간 흥미가 더 떨어질 수 있습니다. 실제로 취미 이상으로 어떤 일에 깊게 몰입한 사람들은 스스로 목표와 방법을 세운 경우가 대부분입니다. 즉 자율성은 자기실현에서 가장 중요한 요인입니다.

동기란 무엇인가?

우리는 매일 어떠한 '행위'를 합니다. 그 행위는 계획에 따른 절차일 수도, 무의식적으로 일어나는 생리적 반응일 수도 있습니다. 그렇다면 우리가 어떠한 일을 하고 싶어 하고 실천하게 되는 과정에는 무엇이 주요하게 작용할까요? 특정 목표 행동을 유발하는 내적 요인을 심리학에서는 어떻게 정의할까요? 그 시작은 동기에서 찾을 수 있습니다.

동기(motivation)란 어떠한 목적을 위한 행동을 활성화시키는 내적 충동 상태입니다. 행동을 일으키고 유지하는 원인이지요. 동기는 행동의 출발점 역할을 하는 발생적 기능이 있고, 구체적으로 방향을 정하고 목표 달성을 촉진하는 방향적 기능이 있습니다. 또한 행동의 원동력이 되는 강화의 기능과 의식적이고 현실적인 특성을 갖고 있습니다.

내재적 동기 vs. 외재적 동기

동기는 근원에 따라 내재적 동기와 외재적 동기로 구분됩니다. 먼저 내재적 동기는 행동의 원인을 내적인 부분에서 찾는 것으로 개인의 흥미, 관심, 호기심, 신념 등 개인적 특성에 의해 행동이 나타나는 경우입니다. 외부의 보상과 관계없이 행동을 수행하면서 성취감을 얻을 수 있으며, 내재적 동기로 인해 과제 실현의 지속성을 얻을 수 있습니다. 일반적으로 외재적 동기에 비해 강도가 강합니다. 외재적 동기는 행동의 원인을 외부 요인에 두는 것으로 보상, 압력, 처벌, 사회적 명예 등 외부 자극에 의한 동기입니다. 성취에 있어서는 내재적 동기보다 부정적인 결과가 나타나기도 하는데요. 외적인 보상이 사라지면 행동에 대한 동기도 함께 사라질 수 있기 때문입니다. 또한 흥미가 있는 일에 외적 보상을 자주 주면 오히려 내재적 동기가 약화될 수 있어 주의를 기울여야 합니다.

그러나 외재적 동기가 항상 나쁘다고 볼 수는 없습니다. 외재적 동기가 내재적 동기로 이어질 수 있기 때문입니다. 외재적 동기로 인해 어떤 일을 시작했는데 성공을 경험하고 만족스러우면 내재적 동기가 생길 수도 있습니다. 예를 들어 마음에 드는 사람을 보려고 댄스동아리에 가입했는데 오히려 댄스에 흥미를 느껴 계속 동아리 활동을 이어나가는 경우가 있습니다. 외재적 동기가 내재적 동기를 촉진한 대표적인 사례이지요. 아이가 어떤 일에 흥미를 보이지 않아도 양육자가 일단 외적 보상을 조건으로 내걸어 경험시켜주는 이유이기도 합니다.

세 가지 동기이론

1. 성취동기이론

헨리 머레이(Henry Murray)는 어려운 일을 숙달하려 하고, 타인과 경쟁해서 이기려 하고, 장애물을 극복하려는 욕구를 성취욕구라 이름 지었습니다. 데이비드 맥클리랜드(David McClelland)와 동료들은 이러한 성취욕구를 달성하려는 동기를 성취동기라 정의했는데요. 맥클리랜드는 과거 주로 동물실험을 바탕으로 진행되었던 성취동기와 관련된 연구를 인간을 대상으로 한 동기연구로 전환했고, 이를 통해 개인의 성취동기를 증진하면 사회 경제 발전을 이룰 수 있다고 주장했습니다. 이것이 바로 성취동기이론(achievement motivation theory)입니다.

존 앳킨슨(John Atkinson)은 성취동기이론에 수학적 공식을 적용해 다음과 같이 정리했습니다.

성취 경향성 = 성공에 대한 접근 경향 − 실패를 기피하려는 경향

앳킨슨은 성공에 대한 접근 경향과 실패를 기피하려는 경향의 대립된 강도 차이, 즉 성취 경향성에 '기대'의 개념과 '가치'의 개념을 반영했습니다. 이러한 개념은 훗날 기대가치이론(동기=기대×가치)에 영향을 주기도 했습니다.

2. 학습된무기력이론

학습된무기력이론(learned helplessness theory)은 마틴 셀리그만(Martin Seligman)과 스티븐 마이어(Steven Maier)가 체계화한 것으로, 전기충격을 통해 개들에게 도피 행동을 학습시키는 실험을 진행하던 중 발견된 현상을 기초로 한 이론입니다. 똑같이 전기충격을 가해도, 전기충격 상황에 자주 노출되었던 개들은 자주 노출되지 않았던 개들에 비해 무기력하게 도피 행동을 포기하는 모습을 보였습니다. 이는 통제가 불가능할 것이라는 생각 때문이었는데요. 이러한 결과는 인간을 대상으로 한 실험에서도 검증되었습니다. 통제 불가능한 상황 속에서 반복적으로 실패를 경험하면 학습과 정서에 부정적인 영향을 미친다고 합니다. 적당한 강도의 스트레스는 긍정적으로 작용하기도 하지만, 실패가 심각하게 반복되어 스스로 통제할 수 없다고 느끼면 어려움을 극복할 최소한의 동기조차 상실하게 됩니다.

3. 출현동기이론

출현동기이론(Emergent Motivation Theory)은 몰입이론*으로 유명한 미하이 칙센트미하이(Mihaly Csikszentmihalyi)가 제안한 이론입니다. 그는 활동을 예상되는 목표나 보상에 의한 동기로 설명할 수 없으며, 행위가 진행되는 과정에서 나타나는 목표와 보상의 관점에서 설명해야 한다고 주장했습니다. 또한 목표와 보상이 행위 자체에서 흘러나온다는 의미에서 플로

---

* 개인의 수행능력과 풀어야 할 과제의 수준이 비슷하게 대등할 때 쉽게 몰입(플로)할 수 있다는 이론

플로 모형

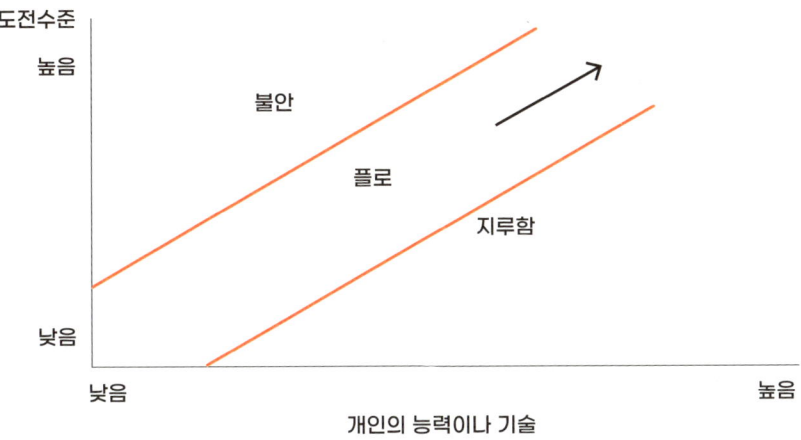

(flow, 몰입으로 번역되어 사용되기도 함)라는 용어를 제시했습니다.

플로는 활동 자체가 주는 즐거움 때문에 그 행위를 하려고 하는 것으로, 즉 완전히 몰입해 집중한 상태를 뜻합니다. 도전의 수준과 자신의 기술 수준이 적절한 조화를 이루면 활동에 완전히 집중하게 되고, 그 상태(몰입)가 지속된다는 것이지요. 칙센트미하이는 플로 모형을 통해 도전 수준이 너무 낮으면 지루함을 느끼고, 너무 높으면 불안함에 빠진다고 이야기합니다.

때때로 어떠한 외적 보상이 없는 경우에도 몰두하게 되는 일이 있습니다. 활동 자체가 목적이나 보상이 되는 활동이라 할 수 있는데요. 몰두하는 동안 시간이 빨리 가는 것처럼 느껴지고, 일순간 자의식을 상실하게 될 만큼 빠져듭니다. 마찬가지로 공부와 업무의 영역에서도 도전 수준과 능력 수준의 조화를 찾는다면 훨씬 효과적으로 몰입할 수 있을 것입니다.

목표를 지켜내는 힘
자기통제와 만족지연

자기통제는 목표 달성에 장애가 되는 행동을 억제하고 조절할 수 있는 능력을 말합니다. 이는 목표 성취를 위해 반드시 필요한 능력입니다.

목표 달성을 위한 자기통제력

어린 시절 자기통제는 대부분 양육자에 의해 이뤄지며, 아이는 이를 통해 발달과정에 따라 규준을 내면화해갑니다. 만 3세 이후에는 처벌에 의해 통제되었던 시기에서 벗어나 타인의 말을 무시하고 반항하는 모습을 보이는데요. 에릭슨의 심리사회적 발달이론에 따르면 3세 이후는 아이의 내면에서 자율성과 수치심이 갈등하는 시기입니다. 이 시기에 갖게 되는 자율성의 기준은 사회적 기준에 적합한 것이 아니라 '나'에게 맞는 것으로. 3세 중반이 지나 언어 발달이 진행되면 자기통제력도 함께 증가합니다. 그러나 모든 아이가 똑같은 발달과정을 겪는 것은 아닙니다. 아이의 기질과 부모의 반응성 등 다양한 변수의 영향을 받습니다. 특히 자기통제력은 나이가 들어도 쉽게 변하지 않는 안정적인 특질에 해당하며, 청소년기의 자아존중감과 밀접한 관련이 있습니다.

충동을 억제하는 만족지연

만족지연(delay of gratification)이란 미래에 더 큰 만족을 얻기 위해 현재의 즉각적이고 적은 보상에 대한 충동을 억제할 수 있는 능력입니다. 만 2세 무렵부터 발달하기 시작하며 이후에는 점차 개인차를 보이게 됩니다. 만 5세 무렵에는 언어가 자아 통제의 수단이 되어 작용하기 시작하지만, 학령기 전에는 만족지연에 어려움을 느낍니다. 10~12세 무렵이 되면 주의분산을 통해 만족지연이 가능해집니다. 청소년기에 이르러서야 사고와 규제가 효율적으로 작용하게 되며, 이때부터는 스스로 만족지연을 촉진할 수 있습니다.

만족지연에 대해 가장 잘 알려진 연구는 1960년대 월터 미셸(Walter Mischel)과 동료들이 수행한 '마시멜로 실험'입니다. 이 실험은 아동들에게 마시멜로 1개를 주고 실험자가 돌아올 때까지 기다리면 1개를 더 얻게 된다는 것을 일러주며 시작됩니다. 15분 동안 기다리는 과정에서 아동들은 각기 다른 만족지연 능력을 보였는데요. 추후 피험자들을 조사한 결과 유혹을 잘 견뎌낸 아동의 경우 학업 성적이 높고 스트레스에 효율적으로 대처하는 반면, 유혹을 잘 견디지 못한 아동의 경우 상대적으로 학업 성적이 낮고 스트레스에 취약했습니다.

즉각적인 보상을 포기하고 장기적인 목표를 이루기 위해 자기를 조절하는 능력은 어떠한 목표를 실현하는 데 매우 중요하게 작용합니다. 이러한 자기조절과 관련된 심리이론으로는 TOTE 모델과 자기괴리이론이 있습니다.

1. TOTE 모델

TOTE 모델은 목표 달성을 위한 과정에 필요한 행동의 기본 구조, 즉 기준이 되는 이상적인 모델과 현재 상태 사이의 괴리를 감소시키면 실행력을 높일 수 있다는 이론입니다. 이 구조는 테스트(test), 오퍼레이트(operate), 테스트(test), 엑시트(exit)의 앞글자를 따 TOTE 모델이라고 부르는데요. 이 모델은 에어컨 온도조절기의 구조를 예로 들어 설명할 수 있습니다.

온도조절기를 통해 실내온도를 설정하면 현재 방의 온도(현재 상태)와 설정된 온도(이상적인 모델)를 비교하고, 목표 온도에 맞추기 위해 장치가 작동합니다. TOTE 모델은 자기 조절을 이러한 관점에서 설명하고 있는데요. 첫 번째 테스트에서는 목표와 현재 상태의 차이를 비교해 기준에 부합하면 곧바로 엑시트(목표 달성)로 넘어가고, 그렇지 않으면 목표

TOTE 모델의 구조

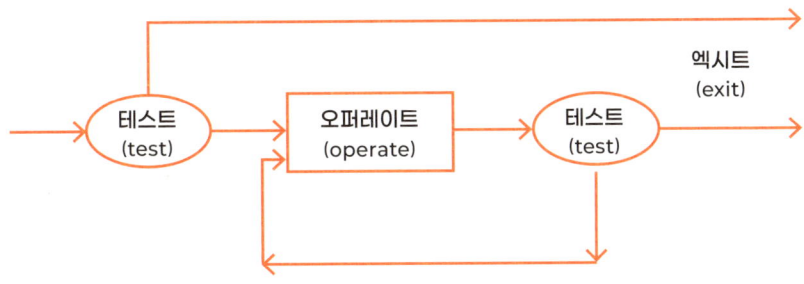

달성을 위한 행동(오퍼레이트)으로 넘어갑니다. 그리고 다시 두 번째 테스트를 통해 목표와 현재 상태의 차이를 비교해 엑시트 여부를 결정합니다. 즉 목표한 모습과 현재 자기의 모습 사이의 괴리를 줄이기 위해 행동이 작용하며, 목표까지 도달하는 속도가 빠를수록 정적 정서(행복, 즐거움, 희망 등 인생을 풍요롭게 만드는 느낌)가 커지게 됩니다. 또한 효과적인 목표 달성을 위해 온도 설정 기능처럼 목표의 기준(standard)이 명확해야 하며, 목표에 맞게 나아가고 있는지를 확인(monitoring)하고, 유혹에 저항하는 힘(strength)이 필요하다고 보았습니다. 이러한 세 가지 요소를 갖추지 못하면 자기 조절에 쉽게 실패할 수 있습니다.

2. 자기괴리이론

자기괴리이론(self-discrepancy theory)은 실제 자기, 이상적 자기, 당위적 자기의 개념을 제시합니다. 먼저 실제 자기는 현재 자기의 모습에 대한 개인의 평가와 신념이며, 이상적 자기는 개인이 추구하는 이상적인 목표 지점입니다. 마지막으로 당위적 자기는 사회적·도덕적 관점에서 꼭 이렇게 되어야 한다는 목표상을 의미합니다. 세 가지 자기의 모습이 상호 비교될 수 있는데요. 많은 사람들이 정적 정서를 추구하므로 실제 자기의 모습을 이상적 자기, 당위적 자기와 비교하고 평가하게 됩니다. 그 괴리가 크면 부적 정서(불안, 공포, 죄책감 등 부정적인 느낌)가 유발되기 때문에 이 괴리를 줄이기 위해 자기 조절을 한다는 것이 바로 자기괴리이론입니다. 자기괴리이론에서의 핵심은 자기에 대한 평가입니다. 실제 자기에 대한 평가는 주관적으로 이루어지므로 목표 달성을 위해서는 현재의 상태를 최대한 객관적으로 분석해야 합니다.

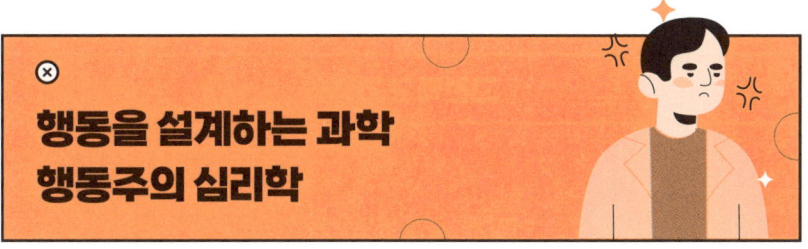

행동을 설계하는 과학 행동주의 심리학

어떤 분야를 학습하거나 기술을 익히는 과정에서 우리는 행동의 변화, 비율, 빈도 등으로 자기실현 여부를 측정하고 평가할 수 있는데요. 그럼 우리의 마음은 어떨까요? 마음도 측정과 평가가 가능할까요? 현대 심리학의 다섯 가지 관점 중에서 마음의 움직임과 변화를 행동의 변화와 연관 지어 과학적으로 연구하는 방식이 바로 행동주의적 관점입니다. 행동주의 심리학 이전에는 연구자의 방식으로 사람의 마음과 심리 상태를 관찰했지만, 행동주의 심리학 이후에는 관찰 가능한 '행동'을 통해 마음과 심리 상태를 연구했습니다. 즉 인간의 마음을 눈에 보이는 행동의 변화를 통해 과학적으로 연구하게 된 것입니다. 그럼 이제부터 행동주의 심리학의 핵심 개념을 차례대로 알아보겠습니다.

고전적 조건형성

우리의 몸과 생각은 어떻게 움직이는 것일까요? 밤이면 밤마다 식욕을 샘솟게 해 우리를 괴롭히는 먹방과, 소리만 들어도 저절로 침이 고이는 음식 CF 등을 떠올려봅시다. 이러한 자극에 노출되어 야식을 주문하거나 냉장고 앞에 서본 경험이 있을 것입니다. 이처럼 우리의 몸은 여러 자극들에 의해 저절로 반응하는 모습을 보이는데요. 이는 과거 과학시간에 배웠던 '파블로프의 개 실험'을 떠오르게 합니다.

러시아의 생리학자 이반 파블로프(Ivan Pavlov)는 개의 소화과정을 연구하던 중 음식을 입에 넣기 전부터 침이 분비되는 모습에 의문을 갖게 되었고, 자극과 반응의 관계를 연구하기 시작했습니다. 이것이 바로 '고전적 조건형성'의 모태입니다. 파블로프는 실험을 위해 개에게 종소리를 들려주고 몇 초 후 먹이를 주는 과정을 반복했습니다. 처음에 종소리를 들려주었을 때는 침 분비에 변화가 없었지만, 이 과정을 반복하자 나중에는 종소리만 들려주어도 침을 흘리게 되었지요. 먹이를 먹을 때마다 종소리라는 자극을 반복적으로 경험하면서 개가 종소리와 먹이와의 관계성을 '학습'하게 된 것입니다.

고전적 조건형성에서 알아야 할 중요한 용어로는 무조건 자극과 무조건 반응이 있습니다. 무조건 자극은 무조건 반응을 일으키는 요인으로, 예를 들어 개에게 주었던 먹이가 무조건 자극이라면 개가 침을 흘리는 것은 무조건 반응에 해당합니다. 종소리의 경우 개에게 자극을 주지

고전적 조건형성의 과정

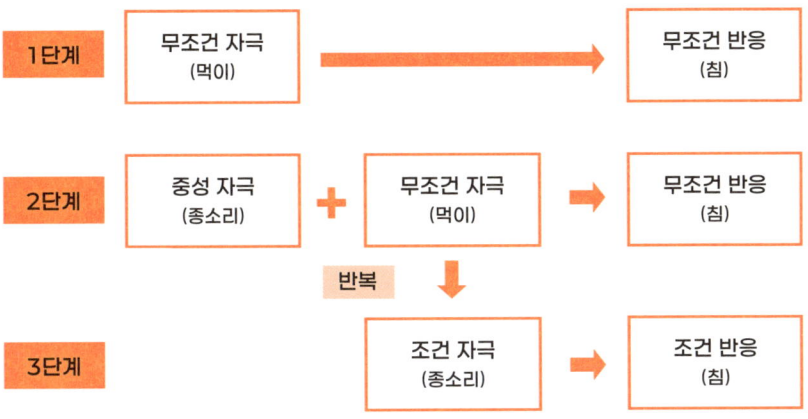

않았던 시기에는 중성 자극에 해당하지만, 종소리를 들려주고 먹이(무조건 자극)를 주는 행동에 반복적으로 노출되면 조건 자극이 됩니다. 즉 개에게 자극이 되는 종소리는 조건 자극, 종소리를 듣고 침을 흘리는 것은 조건 반응에 해당합니다.

이러한 고전적 조건형성은 학습 영역에서 많은 영향을 미쳤습니다. 교육 현장에서 무조건 반응을 일으키는 무조건 자극과 다른 자극이 연합될 때 조건형성이 효과적으로 일어난다는 점에 주목했기 때문입니다. 무조건 자극과 다른 자극을 연합시킴으로써 학습이 신속하고 효율적으로 이뤄진다고 본 것이지요. 무조건 자극과 조건 자극 간의 간격이 가까울수록, 연합하는 횟수가 많을수록 조건형성이 원활해진다고 합니다. 광고 회사에선 이러한 고전적 조건형성의 원리를 활용해 광고 전략을 수립하는데요. 제품을 홍보할 때 유명 연예인을 쓰는 이유는 모델의 좋은 이미지를 제품과 연합시키기 위해서입니다. 모델에 대한 좋은 감정이 제품에 대한 좋은 감정으로 이어지는 조건 반응이 나타나도록 하는 것이지요.

공포 반응에 대해서도 고전적 조건형성으로 설명이 가능합니다. 비윤리적이라는 비판을 받는 실험이지만, 초기 행동주의의 중요한 실험으로 평가받는 존 왓슨(John Watson)의 '리틀앨버트 실험'을 통해 우리는 특정 공포 반응 또한 조건형성될 수 있다는 사실을 알 수 있습니다. 왓슨은 실험을 위해 앨버트(가명)라는 어린아이에게 흰 쥐를 보여주고 함께 큰 소음을 들려주었습니다. 처음에는 흰 쥐를 보고 별다른 반응을 보이지 않았으나 실험이 반복되자 흰 쥐와 큰 소음이 연합되었고, 흰 쥐는 조건 자극이 되었습니다. 이후에는 큰 소음 없이 흰 쥐만 보여줘도 공포 반응이 일어나게 되었지요. 조건 자극이 형성되자 앨버트는 흰 쥐뿐만 아니라 흰 토끼 등 비슷한 동물을 접할 때도 공포 반응을 보였습니다. 이것이 바로 고전적 조건형성에서 나타나는 자극 일반화 현상입니다.

이러한 고전적 조건형성은 행동주의적 치료에 적용되기도 합니다. 파블로프의 실험에서 조건형성 이후 개는 종소리만 들려도 침 분비 반응을 보였지만, 시간이 흘러 먹이 없이 종소리만을 반복하자 더 이상 침 분비 반응을 보이지 않게 되었습니다. 이처럼 지속적으로 무조건 자극 없이 조건 자극만 제시되면 조건 반응이 더 이상 일어나지 않는데, 이러한 과정을 '소거'라고 합니다. 예를 들어 소거 과정을 통해 '흡연'이라는 행동을 수정한다고 가정해봅시다. 이때 담배는 조건 자극, 니코틴은 무조건 자극, 그리고 만족감과 즐거움은 조건 반응에 해당합니다. 이 과정에서 무조건 자극인 니코틴 없이 조건 자극만 제시한다면 조건 반응(만족감과 즐거움)이 일어나지 않겠지요. 이때 '역조건화'를 통해 금연에 도움을 줄 수 있습니다. 역조건화란 조건 자극을 원래의 무조건 자극이 아닌 다른 것과 연합시키는 방법인데요. 예를 들어 조건 자극인 담배와 니코틴 대신에 구토를 유발하는 물질을 제시하면서 반복 노출시키면, 이후 담배를 보면 구토하는 느낌이 들어 금연에 도움이 된다고 합니다.

조작적 조건형성

고전적 조건형성에서는 피험자가 자극에 따라 어떠한 관여를 하지 못하며 다소 수동적이기까지 합니다. 이에 반해 조작적 조건형성은 행동의 결과에 따라 조건이 형성된다고 보았으며, 고전적 조건형성에 비해 능동적이라고 할 수 있습니다. 조작적 조건형성에 영향을 미치는 것은 행동의 결과입니다. 예를 들어 어떠한 행동의 결과가 긍정적이라면 그 행동을 다시 할 가능성이 증가할 것이고, 어떠한 행동의 결과가 부정적이라면 그 행동을 다시 할 가능성이 줄어들 것입니다. 에드워드 손다이크(Edward Thorndike)는 이를 효과의 법칙(law of effect)이라고 정의했습니다.

행동주의학자들은 동물실험 연구를 통해 인간의 학습과정을 설명하려고 노력했습니다. 손다이크 또한 동물의 지능에 관심을 갖고 과학적으로 연구했는데요. '굶주린 고양이 실험'이 대표적입니다. 실험을 위해 굶주린 상태의 고양이를 문제 상자에 넣고 발이 닿지 않는 곳에 먹이를 잘 보이게 놓습니다. 고양이는 상자에서 나가기 위해 여러 가지 시도를 하다가, 결국 고리를 당기면 문이 열리고 먹이를 먹을 수 있다는 사실을 깨닫게 되지요. 탈출에 성공한 고양이를 다시 실험 상자에 넣고 같은 실험을 반복합니다. 이때 점진적 학습이 일어나 실험이 반복될수록 고양이가 탈출하는 시간은 단축됩니다. 이것이 바로 행동의 강도가 증가한 사례, 즉 효과의 법칙이 작용한 대표적인 예입니다.

강화와 조성

　버러스 스키너(Burrhus Skinner)는 조작적 조건형성을 체계적으로 연구한 미국의 심리학자입니다. 그는 실험을 위해 먹이가 나오는 지렛대를 설치한 스키너 상자(skinner box)를 고안해 그 안에 쥐를 가뒀습니다. 상자 안을 헤매던 쥐는 우연히 지렛대를 눌러 먹이를 먹게 되고, 이후 이 과정을 학습해 더욱 자주 지렛대를 누르는 모습을 보입니다. 이처럼 스키너는 '스키너 상자 실험'을 통해 행동의 강화를 이론화했습니다. '강화'란 이전의 행동을 반복하게 만드는 절차이며, 이때 강화를 촉진하는 것(보상의 의미를 가지는 것)을 '강화물'이라고 합니다. 스키너 상자에서 강화물은 지렛대를 누름으로써 얻게 되는 먹이이고, 강화는 먹이를 얻기 위해 지렛대를 누르는 과정을 반복하는 행위를 의미합니다.
　강화물의 작용에 따라 강화는 정적강화와 부적강화로 구분됩니다. 정적강화는 대상이 좋아하는 것을 강화물(성공, 칭찬, 특권, 선물 등)로 제공해 행동을 증가시키는 것이며, 부적강화는 대상이 싫어하는 것(청소, 벌점

등)을 제거함으로써 행동을 촉진하는 것입니다. 강화물 또한 특성에 따라 일차 강화물, 이차 강화물, 일반 강화물로 나눠집니다. 일차 강화물은 주로 선천적인 것으로, 강력한 효과를 가졌으나 가치가 빠르게 상실되어 학습을 위한 강화물로는 한계가 있습니다. 예를 들어 음식, 물, 더위나 추위에서 벗어나는 것 등이 대표적입니다. 이차 강화물은 다른 강화물과의 연합에 의존하며 효과가 종속적입니다. 예를 들어 칭찬, 인정, 미소, 긍정적 평가 등이 대표적입니다. 마지막으로 일반 강화물은 일반적인 상황에서 광범위하게 사용되는 것으로 돈이 대표적입니다.

강화란 결국 어떠한 행동을 하고, 그에 따른 보상에 의해 그 행동이 반복되는 것입니다. 이를 위해서는 최초의 행동이 존재해야겠지요. 그 행동이 일어나야지만 그에 대한 반응(강화)을 유도할 수 있기 때문입니다. 만일 스키너 상자에서 쥐가 지렛대를 누르는 행위 자체를 시도하지 않으면 어떻게 해야 할까요? 즉 최초의 행동이 일어나지 않으면 어떻게 해야 할까요?

이럴 때 목표 행동을 위해 행동단계를 분해해 점진적으로 강화가 일어나게 하는 방식을 '조성'이라고 합니다. 조성은 쉽게 말해 근접 행동, 유사 행동을 보여도 일단 보상을 하고, 이를 통해 다음 단계로 발전해나갈 수 있도록 촉진하는 것입니다. 아이에게 글자를 가르치는 과정에서 각 단계별로 칭찬이나 적절한 강화물을 주어 다음 단계의 난도로 발전할 수 있도록 도움을 주는 양육 방식이 조성의 적절한 예일 것입니다. 일련의 행동에 보상을 주어 각 단계에서 성취감을 느끼게 함으로써 다음 단계로 나아갈 수 있게 도움을 주는 것이지요.

자기실현을 위한 강화계획

그럼 행동의 빈도를 증가하게 만드는 강화를 자기실현에 적용하고 활용하기 위해서는 어떠한 계획이 필요할까요? 목표한 행동의 종류와 상황에 따라 효과적이고 적절한 강화계획에 대해 알아보겠습니다. 강화계획은 연속강화와 부분강화로 나뉩니다.

연속강화는 행동이 일어날 때마다 강화물을 주는 것으로, 새로운 행동을 빠르게 습득할 수 있어 학습을 처음 시작할 때 효과적입니다. 하지만 강화물 제공을 멈추면 연속강화에 의해 생성된 행동이 빠르게 사라질 수 있습니다. 이러한 단점을 보완하기 위해 부분강화를 고려할 필요가 있습니다.

부분강화는 행동 후에 강화물을 간헐적으로 주는 것으로 간헐적 강화라고도 합니다. 부분강화는 연속강화에 비해 강화물이 제공되지 않아도 형성된 행동이 오래 지속됩니다. 이러한 연속강화와 부분강화의 특성을 이용해 목표 행동에 대한 보상을 적절히 제공한다면 자기실현에도 큰 도움이 될 것입니다. 부분강화의 종류 중 실생활에 적용할 수 있는 네 가지는 고정간격강화, 변동간격강화, 고정비율강화, 변동비율강화입니다.

고정간격강화는 일정한 시간 후에 강화가 제공되는 것으로, 한 달에 1번 강화물이 제공되는 월급을 예로 들 수 있습니다. 이러한 강화는 강화물이 제공되는 시점이 일정하므로 가능한 한 행동을 미루다가 마감 직전에 행동을 처리할 수도 있고, 강화물이 제공된 시점 이후에 반응이 낮

강화계획의 종류

아질 수도 있습니다.

변동간격강화는 일정하지 않은 시간에 강화물이 주어지는 것으로, 불시에 성과를 측정하고 그 결과에 따라 보상하는 경우가 이에 해당합니다. 강화물을 받은 후 상황에 따라 언제든지 추가로 강화물을 다시 받을 수 있으므로, 강화 후 휴지 현상이 적고 안정적인 반응을 보입니다.

고정비율강화는 정해진 횟수로 강화물이 주어지는 것으로, 물건을 살 때 받는 적립스탬프와 아이들이 학교에서 받는 칭찬스티커가 대표적입니다. 이러한 강화도 고정간격강화와 마찬가지로 강화물을 받은 직후에는 다음 강화물을 받기까지 행동 휴지기를 겪을 수 있습니다.

변동비율강화는 일정하지 않은 횟수로 강화물이 주어지는 것으로, 처음부터 강화물을 받을 수도 있고 지속적으로 시도해도 받지 못할 수도 있습니다. 소개한 강화계획 중 가장 반응률과 기대감이 높아 휴지기가 거의 없습니다. 그러나 변동비율강화로 학습된 행동은 이후 교정이 어렵다는 단점이 있습니다. 예를 들어 도박에 중독되면 언제 다시 성공할지 모른다는 생각에 사로잡혀 도박을 끊지 못하게 되는데, 이러한 현상을 변동비율강화의 원리로 설명할 수 있습니다.

그렇다면 자기실현을 위해 조작적 조건형성의 원리를 어떻게 활용해야 할까요? 새롭게 학습을 시작하면 조성의 원리를 이용해 가능한 작은 단위로 학습할 내용을 나누어 제시하고, 단계별로 강화물을 제공해 성취감을 느끼게 도와줘야 합니다. 계획한 일을 달성하는 초기에는 즉각적인 피드백을 주고, 연속강화계획에 따라 성공적인 행동이 일어날 때마다 강화물을 줌으로써 효과를 촉진할 수 있습니다. 하지만 목표 행동이 어느 수준까지 도달하면 행동 특성에 맞게 비율과 간격을 조율해야 하므로, 다른 효과적인 강화계획으로 전략을 수정할 필요가 있습니다.

정적처벌과 부적처벌

처벌이란 무엇일까요? 우리가 흔히 떠올릴 수 있는 징벌의 의미와는 조금 다릅니다. 심리학에서는 처벌을 어떠한 행동의 빈도를 감소시키도록 하는 절차라고 정의합니다. 처벌이 이뤄지기 위해서는 행동에 대한 결과가 있어야 하고, 처벌의 과정을 통해 이전의 행동 빈도가 줄어들도록 유도해야 합니다. 강화물과 반대로 '처벌물'은 목표 행동의 빈도가 줄어들도록 하는 매개체라고 할 수 있습니다. 처벌물의 예로는 벌금, 체벌, 꾸중 등이 있으며, 처벌의 종류는 정적처벌과 부적처벌로 나눠집니다.

정적처벌은 어떠한 것을 더함으로써 이전 행동을 감소시키는 것으로, 주로 대상이 싫어하는 것을 부과해 목표 행동을 수정합니다. 예를 들어 꾸중, 체벌, 벌점, 벌금 등이 대표적입니다. 부적처벌은 주어진 것을 빼앗음으로써 행동을 감소하게 하는 것인데요. 게임을 좋아하는 아이에게 처벌로 게임 시간을 줄이거나, 문제행동을 하는 아이에게 자유를 빼앗아 벽을 보고 서 있도록 하는 것 등이 부적처벌의 한 예입니다.

그럼 효과적인 처벌의 방법은 무엇일까요? 우선 대상에게 문제행동과 처벌의 관계를 정확히 알려야 합니다. 처벌을 받는 이유를 명확히 알려야 하며, 행동과 처벌 사이의 시간 간격은 짧을수록 효율적입니다. 과잉 행동을 보이는 8~9세 어린이를 대상으로 즉각적인 꾸중과 2분 지연된 꾸중의 효과를 비교한 실험에 따르면 전자가 훨씬 효과적이었다고 합니다. 처벌은 약한 처벌로 시작해서 강도를 서서히 높이는 경우보다 자극이 강할수록 행동 감소 효과가 높았습니다. 하지만 처벌의 강도는 대상에 따라 상대적이기 때문에 주의를 기울어야 합니다.

그럼 처벌은 가장 강력하고 효과적인 교정방법일까요? 처벌로 모든 문제행동이 교정되지는 않습니다. 그 이유는 때때로 처벌과정에서 처벌물뿐만 아니라 강화물도 함께 얻기 때문입니다. 처벌과정에서 혹여 함께 강화물이 제공되고 있는 것은 아닌지 유심히 살펴야 하는 이유입니다. 예를 들어 아이가 부모에게 꾸중을 듣고 혼이 날 때 관심을 받고 있다고 느낀다면 문제행동은 줄어들지 않을 것입니다. 이러한 경우에는 처벌보다는 문제행동에 작용하는 강화를 파악하고, 강화물을 주지 않음으로써 문제행동을 소거시켜야 합니다. 또는 소거와 강화를 조합해 문제행동을 감소시킬 수 있는 '차별강화'를 활용할 수도 있습니다. 수정하고자 하는 행동을 소거하는 것을 목표로, 행동이 정해진 빈도 이하로 일어날 때 강화물을 주는 저비율차별강화(differential reinforcement of low rates)와 목표 행동이 일정 기간 동안 일어나지 않을 경우 강화물을 제공하는 무반응(다른 행동)차별강화(differential reinforcement of zero responding/other behavior)를 고려해야 합니다.

사회학습이론과 자기효능감이론

1. 사회학습이론

우리가 하는 행동들은 모두 경험을 통해 습득한 행동일까요? 아닙니다. 직접 폭력을 행사해본 경험이 없더라도 우리는 타인에게 폭력을 휘두르면 어떤 일이 벌어질지 잘 알고 있습니다. 더 큰 싸움으로 번지거나 벌금을 물거나 고소를 당하는 등 이후에 벌어질 일을 예상할 수 있기 때문입니다. 이처럼 우리가 모든 일을 다 일일이 경험하지 않아도 결과를 예상할 수 있는 이유는 다른 사람의 행동이나 주어진 상황을 관찰함으로써 학습이 이뤄지기 때문입니다. 이것이 바로 사회학습이론(social learning theory)의 핵심입니다.

사회학습이론과 관련된 연구로는 앨버트 반두라(Albert Bandura)의 '보보인형 실험'이 대표적입니다. 반두라는 아동을 세 그룹으로 나눠 첫 번째 그룹에는 보보인형을 때린 후 보상을 받는 장면을 보여주고, 두 번째 그룹에는 보보인형을 때리고 처벌을 받는 장면을 보여주고, 세 번째 그룹에는 보보인형을 때리고 보상과 처벌이 없는 장면을 보여줍니다. 이후 각 그룹 아이들의 폭력성을 측정한 결과 첫 번째 그룹은 공격성이 가장 높게 나타났고, 두 번째 그룹은 공격성이 가장 낮았으며, 세 번째 그룹은 중간 정도의 공격성을 보였습니다. 첫 번째 그룹은 보보인형을 직접 때리지는 않았지만 강화물을 받는 것을 간접적으로 경험하면서 '대리강화'가 작용했고, 두 번째 그룹은 처벌물을 받는 것을 간접적으로 경험하면서 '대리처벌'이 작용한 것이지요.

사회학습이론에서는 환경적으로 영향을 주는 요인과 개인의 인지적 과정이 함께 작용하면서 인간의 행동에 영향을 준다고 보았습니다. 특히 타인의 행동을 관찰하는 과정에서 학습이 이뤄지는 것을 '관찰학습'이라고 하는데요. 이 과정에서 관찰 대상의 행동에 강화가 일어나면 그 행동을 모방할 가능성이 커지고, 관찰 대상이 처벌을 받으면 그 행동을 모방할 가능성이 낮아집니다.

관찰학습은 4단계에 걸쳐 진행됩니다. 첫 번째는 주의집중단계로, 학습자가 학습할 대상에 관심을 갖고 집중하는 단계입니다. 두 번째는 파지단계로, 주의집중으로 얻은 행동이 언어화되거나 시각적으로 기억에 전이되는 단계입니다. 세 번째는 운동재생단계로, 기억된 행동을 학습자가 재생하는 단계입니다. 마지막 네 번째는 동기화단계로, 강화를 기대하며 동기를 갖게 되는 단계입니다. 관찰자는 바로 이 4단계에서 강화가 이뤄집니다.

우리는 보보인형 실험을 통해 대중매체가 아이들의 폭력성에 간접적으로 영향을 미칠 수 있다는 점에 주목해야 합니다. 미디어의 비도덕적인 콘텐츠는 아동뿐만 아니라 성인에게도 악영향을 미칠 수 있습니다. 대부분 범죄를 다루는 콘텐츠에는 대리처벌의 과정이 포함되어 있지만, 간혹 범죄 행위에 대해 강화를 부추기는 콘텐츠도 있어 세심한 주의가 필요합니다.

2. 자기효능감이론

자기효능감이론(self-efficacy theory)은 반두라에 의해 1977년 처음 소개되었는데요. 자기효능감은 자신이 어떤 일을 해낼 수 있는 능력이 있다고 생각하는 믿음을 뜻합니다. 쉽게 말해 어떤 일을 해내는 과정에 필요한 행동을 조직하고 완성할 수 있는 능력이 자신에게 있다고 믿는 것으로, 이는 학습자의 인지와 행동에 큰 영향을 미칩니다. 반두라는 과거의 성공 경험, 격려와 지지 등의 언어적 설득, 개인의 안정적인 심리 상태 등이 자기효능감에 영향을 미친다고 보았습니다.

자기효능감은 자기개념이나 자존감과 비교되는 다른 개념입니다. 자기개념이 자신에 대한 전반적인 지각이고 자존감이 자기 가치를 판단한 결과라면, 자기효능감은 자신의 능력에 대한 판단에 가깝습니다. 수행과 실천의 관점에서 자기효능감이 중요한 이유는 같은 능력을 가졌어도 자기효능감이 높으면 실제 수행 수준에 긍정적인 영향을 미치기 때문입니다. 자기효능감은 훈련을 통해 개선될 수 있기 때문에 교육 분야와 심리 분야에서 큰 관심을 받고 있습니다.

사고와 학습의 비밀 인지주의 심리학

　제2차 세계대전 이후 컴퓨터가 개발되고 '투입(input)-처리(processing)-출력(output)'의 수행과정을 인간의 인지과정에 적용하려는 연구가 본격화되었습니다. 눈에 보이지 않는 정신 구조에 대한 관심이 높아지면서 행동주의가 쇠퇴하고 인지주의가 등장하게 되는데요. 인지주의적 관점은 인간을 획득한 정보를 이해하고 변형할 수 있는 정신 활동, 즉 인지과정이 가능한 능동적인 존재로 보았습니다. 인간의 행동을 자극에 대한 반응이라고 생각했던 행동주의와 달리, 인지주의는 인간의 행동이 고도의 인지과정에서 비롯되었다고 주장했습니다.

　인지의 발달은 사고의 틀인 스키마의 확장을 통해 이뤄지는데요. 사고과정에서 세상에 대한 이해와 경험 사이에 불균형이 일어나면 동화

(assimilation) 또는 조절(accommodation)의 과정을 거쳐 사고의 균형 상태인 평형화(equilibration)를 추구하게 됩니다. 동화는 새로운 정보를 이전에 구성된 도식에 적용하는 현상을 말하며, 조절은 새로운 정보를 인식하기 위해 기존의 도식을 수정하는 것을 뜻합니다.

통찰이론과 인지발달이론

1. 통찰이론

초기 인지주의 심리학의 대표적인 이론으로는 볼프강 쾰러(Wolfgang Köhler)의 통찰이론이 있습니다. 통찰이론은 학습이 시행착오를 반복해 이뤄진다는 통념에 이견을 제기하는데요. 쾰러는 시행착오로 학습이 이뤄지는 것이 아니라 관련 없는 요인들이 갑자기 머릿속에서 재구성되어 문제가 해결된다고 생각했습니다. 즉 문제 장면에 대한 통찰(insight)로 학습이 이뤄진다고 보았습니다. 그는 제1차 세계대전 중 테네리페라는 섬에서 침팬지를 대상으로 연구를 진행했는데, 실험을 위해 손이 닿지 않는 곳에 바나나를 매달아놓고 주변에 사다리 등의 도구를 방치했습니다. 침팬지마다 차이는 있었지만 놀랍게도 마치 이전에 비슷한 경험이라도 한 것처럼 문제를 해결하는 모습을 보였는데요. 다양한 방법을 반복적으로 시도하고 시행착오 끝에 성공한 것이 아니라, 주변을 관찰하고 이용할 도구(사다리)를 찾아 문제를 해결한 것입니다. 경험과 학습 없이 문제를 해결한 침팬지들의 행동은 문제 상황 전체에 대한 통찰에서 비롯된 것이었지요. 이 실험을 통해 인간의 사고과정에서 다양한 인지 작용이 이뤄진다는 사실이 주목받기 시작했습니다.

2. 인지발달이론

인간의 인지능력은 어떻게 발달하는 것일까요? 이 부분을 오랫동안 연구한 학자는 피아제입니다. 피아제는 인지발달을 유기체 구조와 환경 자극의 통합의 결과로 보았고, 아이들이 생각하는 방식을 바탕으로 인지발달이론을 정립했습니다. 그는 인지발달 4단계가 나타나는 순서는 어느 아동에게나 일정하지만, 도달하는 연령은 사회문화적 환경에 따라 다를 수 있다고 가정했습니다.

1단계: 감각운동기(0~2세)

감각과 반사 행동을 통해 인지발달을 이루는 시기입니다. 흥미로운 활동을 단순 반복하기도 하고, 이 과정에서 의도적이고 목표 지향적인 행동이 나타나기도 합니다. 또한 이전에 획득한 생각의 틀을 기초로 새로운 틀을 형성하고, 새로운 상황을 맞닥뜨릴 때 사용하기 시작합니다. 8~12개월 무렵 '대상 영속성'이 생기게 되는데요. 이는 눈에 보이지 않아도 그 대상이 계속 존재하고 있음을 이해하는 것입니다. 대상 영속성이 생긴 이후에는 장난감을 숨겨도 그 대상이 존재함을 인식하기 때문에 장난감을 찾는 행동을 하며, 이 시기에 까꿍 놀이를 좋아하는 것도 대상 영속성과 관련이 있습니다. 반사 반응은 사물에 대한 순환 반응(동일한 행동이 연속적으로 반복해서 나타나는 것)으로 확대되고, 점차 통찰을 통해 상징적 문제해결 단계까지 발전해갑니다.

2단계: 전조작기(2~7세)

이 시기에는 초보적인 추론을 시도하기도 하고, 상징 능력을 보이기도 합니다. 조작 능력을 형성하기 이전의 단계인데요. 소꿉놀이, 병원놀이 등의 역할놀이를 즐겨 하는 모습을 통해 상징을 사용하는 능력이 발달했음을 알 수 있습니다. 보존 개념이 아직 결여된 상태이기 때문에 같은 양의 액체를 다른 용기에 담을 경우 용기의 모양에 따라 양이 변한다고 생각합니다. 또한 물활론적 사고를 가지기 때문에 인형이 생명을 가진 친구라고 생각할 수 있고, 물건에도 감정이 있다고 믿을 수 있습니다.

이 시기 아동의 조망수용능력을 알아보는 대표적인 실험으로는 '세 산 실험'이 있습니다. 동서남북 각각의 방향에서 바라볼 때 제각기 모습이 다른 세 산 모형을 테이블 위에 올려두었다고 가정해봅시다. 테이블의 한 위치에 아이를 앉게 하고 나머지 위치에 인형을 앉힙니다. 그리고 아이에게 "인형은 산이 어떻게 보일까?" 하고 질문을 던집니다. 전조작기 시기의 아이들은 자신이 보는 방향과 같은 모습을 인형도 보게 될 것이라고 생각하는데요. 이는 자기중심화 경향 때문입니다. 즉 전조작기에는 자신과 타인의 입장이 다를 수 있다는 사실을 인식하고 상대의 입장에서 상황을 고려하는 조망수용능력을 기대하기 어렵습니다.

3단계: 구체적 조작기(7~11세)

이 시기에는 사물에 대한 논리적인 사고와 인지적 조작이 가능합니다. 자기중심화 경향에서 벗어났기 때문에 문제의 여러 측면을 고려할 수 있습니다. 보존 개념을 획득하면서 용기의 모양이 변해도 외부로의 유출이 없으면 동일한 양이라는 생각을 할 수 있게 됩니다. 구체적 조작기 후반에 들어서면 비로소 전환적 추론 이상의 인과관계를 이해할 수 있으며, 수평·수직 개념이 서서히 발달하게 됩니다.

4단계: 형식적 조작기(11세 이후)

추상적 개념과 가설적 사건들에 대해 체계적이고 과학적으로 사고하는 단계로, 이 시기에는 연역적 추리와 귀납적 추론이 가능해집니다. 형식적 조작기 시기의 사고는 청소년기 정체감 형성에 중요한 역할을 하는데요. 초기 청소년기에는 사춘기의 불안정함으로 인해 일시적으로 전조작기와 같은 자아중심성이 나타나기도 합니다. 자신이 항상 다른 사람들의 관심 대상이라고 느끼는 가상청중(imagery audience) 현상이나, 자신의 경험은 독특해서 타인이 이해할 수 없을 것이라고 믿는 개인적 우화(personal fable) 현상이 나타나기도 합니다.

피아제의 인지발달이론은 인지발달 분야를 확립시켰고, 아동을 교육하는 양육자에게 많은 시사점을 주는 이론입니다. 보존 개념이 형성되기 이전의 아이에게 숫자의 개념을 교육하거나, 조망수용능력을 획득하기 이전의 아이에게 상대방의 입장을 생각해서 행동하라고 교육하는 것은 어쩌면 고통스러운 일일지도 모릅니다. 또한 사춘기를 겪는 자녀가 자아중심성 경향을 보인다고 해서 이기적이라고 비난해서는 안 되겠지요.

비고츠키의 인지발달이론

레프 비고츠키(Lev Vygotsky)는 인간이 사회적 존재라는 점을 강조했고, 아동의 발달에 있어서 타인, 특히 성숙한 사회구성원들과의 상호작용을 중시했습니다.

인간의 발달과정에는 혼자서 해결할 수 없지만 타인의 도움을 받으면 성공할 수 있는 근접발달영역(ZPD; Zone of Proximal Development)이 있으며, 이때 타인에게서 받는 조력을 비계 또는 스캐폴딩(scaffolding)이라고 정의했습니다. 비고츠키의 인지발달이론의 핵심은 타인의 도움을 받으면 개인의 근접발달영역만큼 더 성장할 수 있다는 것입니다. 하지만 도달할 수 있는 영역은 동일하지 않고 개인마다 차이가 있다고 보았습니다.

상호작용을 강조한 비고츠키는 언어와 문화가 인지발달에 매우 중요한 역할을 한다고 생각했습니다. 언어와 사고가 별도의 독립적인 기능을 하는 것처럼 보이지만, 이 두 가지가 연합해 인지의 발달이 일어난다고 생각했기 때문입니다. 또한 그는 근접발달영역을 잠재된 영역까지 성장시키기는 위해서는 특히 교사, 부모, 또래의 역할이 중요하다고 보았습

학생A와 B의 근접발달영역

니다. 혼자서 성취할 수 있는 영역은 한계가 있기 때문에 잠재영역까지 성장하려면 주변에서 올바른 방향으로 도움을 줘야 한다고 보았던 것이지요. 따라서 교사는 학생에게 발판이 될 수 있는 교육을 제공할 수 있어야 하며, 상보적 교수*활동으로 이를 촉진할 수 있다고 생각했습니다. 하지만 같은 교육을 제공한다고 해서 모두 같은 영역까지 도달할 수는 없으므로, 교육과정에서 학생의 잠재력을 고려해야 합니다.

---

* 1984년에 고안된 독해력 향상에 초점을 맞춘 교수법으로, 소집단 구성원들 간의 상호 협력을 통해 학습 활동이 이뤄집니다.

기억은 어떻게 남고, 왜 잊히는가

우리가 경험하는 사고와 행동은 '기억'에서 시작됩니다. 만일 기억의 과정이 없다면 인지하는 것 자체가 불가능하겠지요.

기억의 과정

기억은 정보를 받아들이고, 저장하고, 인출하는 능력입니다. 리처드 앳킨슨(Richard Atkinson)과 리처드 시프린(Richard Shiffrin)은 우리의 뇌에서 일어나는 이러한 복잡한 과정을 컴퓨터의 정보처리과정에 비유한 중다기억체계(multiple memory system)를 고안했습니다.

중다기억체계

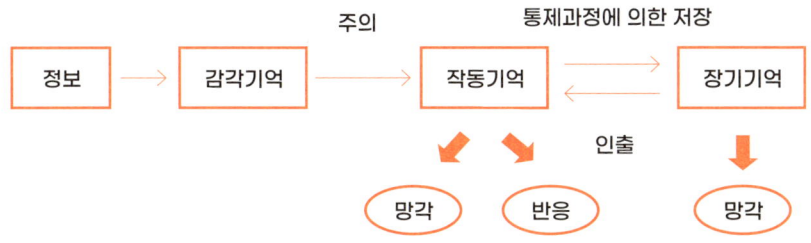

중다기억체계에 따르면 기억의 저장고는 감각기억, 작동(단기)기억, 장기기억 세 가지로 나뉩니다. 기억의 첫 과정은 감각기관을 이용해 정보화한 정보를 감각기억 창고에 저장하는 것입니다. 감각기억은 10초 미만의 짧은 기간 내에 소멸되는데요. 이 과정에서 많은 양의 정보는 유실되고 주의(attention)의 과정을 거친 정보들은 작동기억에 저장됩니다. 작동기억의 최대 지속시간은 20~30초이며, 감각기억보다는 지속 시간이 길지만 이 또한 매우 짧은 편입니다. 조지 밀러(George Miler)는 작동기억의 저장용량이 7±2개라고 밝히며, 이를 마법의 수 7(magic number 7)이라고 했습니다. 즉 5~9개의 자릿수를 작동기억에 저장할 수 있는 저장용량으로 본 것이지요.

이러한 정보들은 작동기억(정보를 일시적으로 저장하는 단기적 기억)으로 유지되거나, 다양한 통제과정을 거쳐 장기기억에 저장됩니다. 통제과정에서 의미적 부호화의 과정을 거치면 비로소 기억에 깊게 각인되는 것입니다. 이렇게 저장된 장기기억은 대뇌피질의 각기 다른 장소에 저장되는데, 장기기억의 저장용량은 무한에 가깝습니다. 저장된 정보를 찾아내

단기기억으로 인출하는 과정을 거쳐 반응이 일어나는 것을 '기억이 난다.'라고 표현하지요. 인출에 실패하면 정보는 망각되어 소실됩니다.

기억의 종류

1. 외현기억과 암묵기억

기억은 저장과 인출과정에서의 차이를 기준으로 외현기억(explicit memory)과 암묵기억(implicit memory)으로 나뉩니다. 외현기억은 의도적으로 의식 속에서 과거의 경험을 인출하는 것이고, 암묵기억은 의식이 아닌 무의식 속에서 꺼낸 기억입니다.

2. 의미기억과 일화기억

기억은 저장되는 정보의 차이로 의미기억(semantic memory system)과 일화기억(episodic memory system)으로 나뉩니다. 이 두 가지는 의식 속에서 경험을 인출하는 외현기억에 포함됩니다. 의미기억은 일반적인 지식과 관련된 기억으로 특정 시간과 공간에 따로 제약을 받지 않습니다. 일화기억은 특정 시간과 장소에서 개인이 겪었던 경험들의 집합으로, 어디서 무엇을 했는지 등에 대한 기억입니다.

3. 서술기억과 절차기억

기억은 저장된 기억을 인출해 반응하는 과정에서의 차이를 기준으로

서술기억(declarative memory)과 절차기억(procedural memory)으로 나뉩니다. 서술기억은 의도적으로 떠올리고 이를 표현할 수 있는 기억입니다. '자동차 바퀴는 몇 개다.'와 같은 의미기억과 '지난 주말 나는 차를 타고 누구와 어디에 갔다.'와 같은 일화기억이 이에 포함됩니다. 절차기억은 기술 조작과 같이 말로 표현하기 어려운 지식을 의미합니다. 어릴 때 배운 자전거 타는 법, 스케이트 타는 법, 신발 끈 묶는 법, 피아노 연주하는 법 등이 대표적입니다.

기억력을 높이는 방법

그렇다면 정보의 인출, 즉 기억력을 높이는 방법은 무엇일까요? 정보를 머릿속에 저장하는 다양한 전략을 통해 정보 인출의 효율을 높일 수 있습니다. 시연(rehearsal), 청킹(chunking), 정교화(elaboration), 조직화(organization), 심상(imagery), SQ4R이 가장 대표적인 전략입니다. 이러한 방법은 학습 효과를 높이는 데 특히 효과적입니다.

1. 시연

시연은 어떠한 정보를 반복적으로 사용하는 것으로, 정보를 머릿속에 유지하는 가장 기본적인 방법입니다. 의미가 없는 숫자의 나열인 전화번호, 비밀번호 등을 외울 때 기계적으로 반복해 부르면서 외우는 경우가 시연에 해당합니다.

2. 청킹

청킹은 작은 조각조각의 정보들을 더 큰 집단으로 묶어 결합하는 것입니다. 재부호화(recording)를 어떻게 하느냐에 따라 기억할 수 있는 단위가 달라질 수 있는데요. 숫자의 나열인 '01033337777'을 '010-3333-7777'로 나눠 기억하거나, '082023373377'을 '082-02-337-3377'로 나눠 기억하는 경우가 청킹에 해당합니다.

3. 정교화

정교화는 새로운 정보를 이미 알고 있는 과거의 정보와 연계해 또 다른 지식 정보로 확장해가는 것입니다. 숫자 '3515'를 외울 때 '3×5=15'로 연상해 외우는 방법이 정교화에 해당합니다.

4. 조직화

조직화는 항목들을 공통적인 속성에 따라 범주화하거나, 위계적 관계를 통해 연관성을 발견해 기억하는 방법입니다. 조직화된 도식은 정보의 손실이 적고 쉽게 인출됩니다.

5. 심상

심상은 감각적 경험을 시각적 영상으로 표상해 기억하는 방법입니다. 쉽게 말해 감각에 의해 획득한 정보를 마음속에서 재생하는 것으로, 사실이나 정보를 기억할 때 효과적으로 사용될 수 있습니다.

6. SQ4R

SQ4R은 개관하기(survey), 질문하기(question), 읽기(read), 숙고하기(reflect), 암송하기(recite), 복습하기(review) 일곱 가지 학습 전략을 순서에 따라 단계화한 것입니다. SQ4R은 암기의 효과를 비약적으로 높이고 기억력을 증진시켜주는 유용한 전략입니다. 먼저 개관하기는 하나의 주제에 대해 전체적인 내용을 살펴보는 것이고, 질문하기는 호기심을 가진 채 관련 내용을 학습하는 것입니다. 숙고하기는 읽은 내용을 다른 관련 내용과 연관 짓거나 심상을 이용해 정보를 깊이 새기는 과정이며, 암송하기는 학습한 내용을 떠올려 읊는 단계입니다. 복습하기는 마지막으로 배운 내용을 다시 한번 학습하는 것입니다. 이 과정은 적어도 6회 이상 반복하는 것이 효과적이라고 합니다.

망각은 어떻게 일어날까?

그렇다면 정보를 잊는 망각(forgetting)은 어떻게 일어나는 걸까요? 여기서 망각이란 노화, 부상, 질병에 의한 것이 아닌 정보가 자연스럽게 상실, 퇴화되는 것을 의미합니다. 먼저 작동기억의 경우 의식 수준에서 해당 정보가 더 이상 필요하지 않다고 판단되면 망각이 일어나는데요. 작동기억 속에 공간을 차지하고 있던 기억이 그 공간에서 밀려나는 것이라고 할 수 있습니다. 이러한 현상은 보통 해당 정보가 다른 정보로 바뀌는 대치(displacement), 기억의 흔적이 약해지는 쇠퇴(decay)

와 함께 일어납니다. 장기기억의 경우 정보가 손실되어 망각이 일어나기도 하지만, 정보를 인출하지 못해 망각이 일어나기도 합니다. 산출하려는 노력에도 불구하고 정확한 정보가 떠오르지 않아 혀끝에서 맴도는 설단현상(tip of the tongue phenomenon)이 대표적인 예입니다.

또한 간섭이론(interference theory)에 따르면 정보가 다른 정보에 의해 밀려나거나, 새로운 정보와 기억 속에 있던 정보가 경합을 벌이면서 망각이 일어난다고 합니다. 다른 정보가 끼어드는 이러한 간섭은 순행간섭과 역행간섭 두 가지 형태로 나타나는데요. 먼저 순행간섭은 이전에 학습된 정보가 새로운 정보와 지식의 습득을 방해하는 것이며, 역행간섭은 새로운 학습 정보가 이전에 학습한 지식의 유지를 방해하는 현상입니다.

독일의 심리학자 헤르만 에빙하우스(Hermann Ebbinghaus)는 최초로 망각을 과학적인 방법으로 연구했습니다. 그는 무의미한 철자를 피험자들에게 외우게 하고 그것을 기억해낼 수 있는 시간을 측정했는데요. 이를 정리한 에빙하우스의 망각곡선은 시간 경과에 따른 망각의 양을 측정한 것으로, 인간은 학습 후 1시간이 지나면 약 50%가량을 망각하게 된다고 합니다.

에빙하우스가 피험자들에게 의미 없는 철자를 암기하도록 했기 때문에 망각곡선이 더 가파르다고 지적할 수 있지만, 다른 후속 연구에서도 곡선의 형태는 비슷했습니다. 그래서 많은 학자들은 망각곡선을 학습에 적용해 망각이 절반 이상 진행되기 직전에 복습을 반복하면 기억력을 높일 수 있다고 조언합니다.

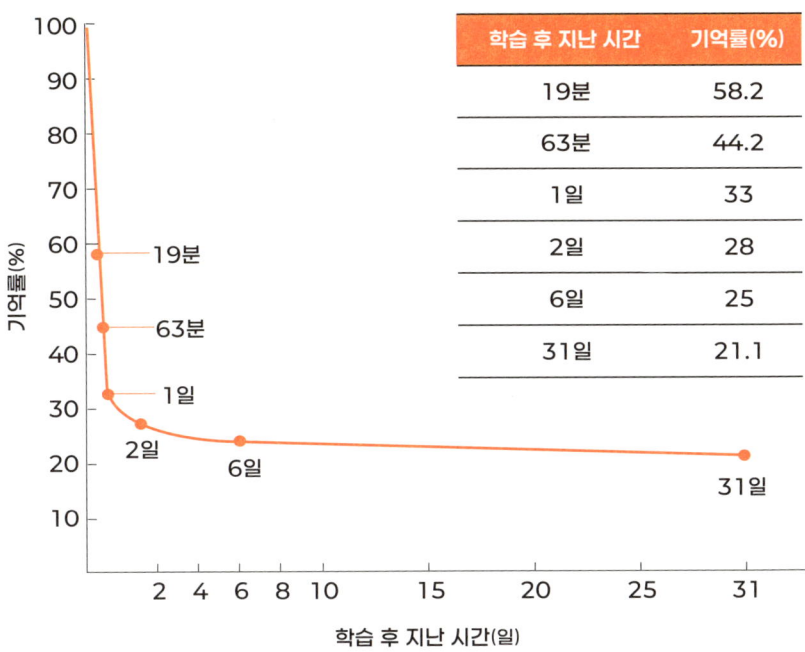

오늘 실천하는 마음의 기술

인생에서 극강의 만족감을 느끼는 순간은 언제입니까?

오래 준비했던 시험에 합격했을 때? 투자한 종목의 수익률이 우상향할 때? 식단 관리로 다이어트에 성공했을 때?

그 순간은 다르지만 많은 분들이 목표한 것을 이룰 때 성취감을 느낍니다. 그리고 그 성취감은 묘한 만족감을 주며 긍정적 중독을 만들어내죠. 즉 성공 경험의 달콤한 만족감이 다음에 일어날 행동을 유발하는 동기가 된다는 것입니다.

여러분은 어떠한 계획과 목표가 있나요?

그 목표를 달성한다면 어떠한 점이 좋을까요?

사람들이 인정해주고 칭찬해주는 것, 이러한 추상적인 형태는 좀 더 장기적인 목표를 이룰 때 우리가 느낄 수 있는 형태일 수 있습니다. 하지만 장기적인 목표를 세울 때도 단기적인 목표를 세우고 그것을 달성했을 때 경험하는 긍정적 보상을 얻을 수 있도록 하는 것이 좋습니다. 예를 들어 '운동을 주 5회 이상하기'를 목표로 세운다면, 일정 기간은 주 3회라는 중간 목표를 설정

하는 것이 좋습니다. 그리고 중간 목표를 달성한다면 주어지는 즉각적으로 주어지는 보상을 계획하는 것이 필요하지요.

보상의 형태는 개인에게 최대의 만족감을 느끼는 것이어야 하므로 각기 다를 수 있습니다. 사고 싶었던 굿즈를 살 수도 있고, 한나절간의 휴식일 수도 있습니다. 또는 저처럼 그동안 참아왔던 로제 떡볶이를 주문할 수도 있습니다.

강화의 원리는 어떠한 것을 학습하고 유지시키고자 할 때 가장 효과적인 방법입니다. 긍정적으로 반복되었으면 하는 행동에는 보상이 필요하고, 성공 경험이 지속된다면 그 행동은 분명히 강화되어 나타날 것입니다.

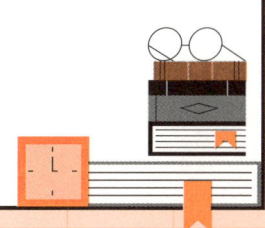

나이가 들면 우리들의 마음과 생각에도 많은 변화가 일어납니다. 나이가 들어간다는 것은 예전에는 몰랐던 것들을 알게 되어 전지전능해진다는 의미가 아닙니다. 지혜 또한 저절로 얻어지는 것은 아니지요. 과거에 그토록 중요했던 무언가의 가치가 세월이 흐르면서 퇴색될 수도 있고, 예전에는 하찮게 여겼던 무언가가 나이가 들면서 소중해질 수도 있습니다. 월급을 모아 산 명품이나 연봉이 기쁨을 주고 만족감을 주던 시기를 지나 자녀의 성품과 성적이 '나'에 대한 평가를 대변하는 시기에 접어들기도 합니다. 그리고 자녀가 내 품에서 떠나 다시 온전한 '나'의 삶으로 돌아오는 시기를 겪기도 하지요. 이처럼 나이가 들면서 우리는 삶의 의미가 변화하고 달라질 수 있음을 알게 됩니다. 4장에서는 나이듦과 관련된 심리이론들을 살펴보도록 하겠습니다.

4장
삶의 전환기를 건너는 기술: 균형과 조화를 이루다

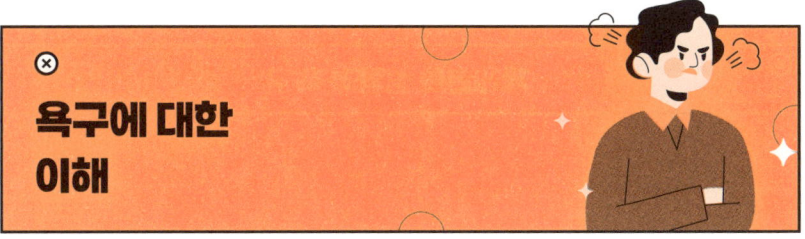

욕구에 대한 이해

　에릭슨은 심리사회적 발달이론을 통해 초기 성인기의 발달과업은 친밀감이며, 중년기의 발달과업은 생산성이라고 이야기합니다. 이처럼 나이가 들어도 우리의 어떠한 것을 성취하고 이루고자 하는 욕망은 계속됩니다. 누군가와 친밀한 관계를 유지하려는 욕구, 즉 남들에게 인정받을 만한 성과를 이루고자 하는 마음도 계속됩니다.

　욕구(need)란 생리적·심리적 결핍 상태에 불만족을 느끼는 내적 상태라고 할 수 있는데요. 사람들은 보편적으로 욕구를 가지고 있고, 개개인에 따라 자신만의 특정 욕구 수준이 따로 있다고 합니다. 개개인이 지닌 비교적 안정되고 뚜렷하게 구분되는 성향적 욕구로는 성취욕구, 권력욕구, 유친욕구, 친애욕구가 있습니다.

개개인의 성향적 욕구

1. 성취욕구

성취욕구는 일을 잘해내고 어려운 점을 극복해 만족을 경험하고자 하는 욕망입니다. 일반적으로 인간은 성공에 대해 긍정적 감정을 갖고, 실패에 대해서는 부정적 감정을 갖습니다. 성취욕구가 낮은 사람은 과제물을 선택하는 과정에서 난이도가 매우 쉽거나 매우 어려운 문제를 선택하는 모습을 보이는데요. 매우 쉬운 난이도의 경우 성공적인 결과를 얻기 쉽고, 매우 어려운 난이도의 경우 실패에 대한 부담이 없기 때문입니다. 하지만 성취욕구가 높은 사람은 중간 정도의 난이도를 선택하고, 자기 능력을 잘 파악하기 위해 되도록 많은 정보를 얻으려 합니다. 너무 쉬운 과제와 너무 어려운 과제는 스스로의 능력을 파악하는 데 한계가 있어 피하는 모습을 보이지요.

2. 권력욕구

권력욕구는 타인에게 영향력을 행사하고, 자신이 타인보다 더 강하다고 느끼고 싶어 하는 욕망입니다. 이러한 특성이 강한 사람들은 높은 지위를 추구하고, 자기중심적 경향이 있으며, 좋은 협상 결과를 도출하고, 타인과의 관계에 적극적인 태도를 보입니다. 또한 논쟁과 경쟁에서 지는 것을 싫어하며 인정과 존경을 추구합니다. 그럼 권력욕구는 사회화의 과정에서 긍정적인 기능을 하는 것일까요? 책임감과의 조합 여부에 따라 다르게 평가할 수 있는데요. 책임감이 있는 사람은 권력욕구를 양심적으로 추구하게 되고, 이는 사회적으로도 유용합니다. 하지만 책임감이 낮은 사람의 권력욕구는 타인에게 피해를 줄 수 있는 공격성, 알코올 오남용의 문제로 나타날 수 있습니다.

3. 유친욕구

유친욕구는 타인과 우호적인 관계를 맺고 상호작용하고자 하는 욕구입니다. 이는 타인을 지배하고자 하는 욕구라기보다 사회 안에 머무르고자 하는 욕구에 가깝습니다. 유친욕구가 높은 사람은 유친욕구가 낮은 사람에 비해 사회 활동에 더 많은 시간을 할애합니다. 또한 집단의 리더가 되기를 좋아하고, 사회적 활동을 활발히 하며, 비슷한 수준의 유친욕구를 가진 배우자를 만날 때 행복감을 느낍니다.

4. 친애욕구

친애욕구는 타인과 친밀감을 경험하고 싶은 욕구입니다. 유친욕구와 어느 정도 공통점이 있지만, 유친욕구의 범위를 넘어선 친밀감과 개방적 공유를 강조한다는 점에서 차이를 보입니다. 친애욕구가 높은 경우 큰 집단에서의 활동보다는 일대일 상호작용을 더 선호합니다. 한 연구에 따르면 30세에 친애욕구가 높았던 남성은 친애욕구가 낮았던 사람보다 47세에 자신의 결혼과 직업에 만족감이 더 높았고, 친애욕구가 높은 기혼여성이 친애욕구가 낮은 기혼여성보다 삶에 대한 만족감이 더 높은 것으로 보고되었습니다.

자신의 성향적 욕구가 한 가지로만 표현되는 것은 아니겠지요. 하지만 자신이 가진 성향적 욕구의 특성을 알고 있는 것만으로도 마음을 들여다보는 데 많은 도움이 될 수 있습니다. 만일 권력욕구가 큰 사람이 유친욕구가 낮다면 직장에서 타인의 평가와 상관없이 결정을 내리는 리더가 될 것입니다. 반대로 권력욕구가 큰 사람이 유친욕구까지 크다면 어떠한 결정을 내릴 때마다 주변 사람들의 눈치를 보게 될 것입니다. 리더로서 더 높은 평가를 받을 수도 있지만 마음이 편할 리 없겠지요.

매슬로의 욕구위계이론

에이브러햄 매슬로(Abraham Maslow)는 사람의 욕구가 피라미드와 같이 위계를 형성한다고 보았습니다. 이러한 위계는 긴급성과 강도에 따라 차이를 보이며, 하위 단계의 욕구가 충족될 경우 상위 단계의 욕구로 이동할 수 있는데요. 매슬로는 하위 단계에서 상위 단계로 욕구가 이동하는 과정을 인간 개인의 발달과정이라고 생각했습니다. 욕구위계는 연구 초기 5단계의 피라미드로 시작해 이후 상위 욕구가 추가되어 8단계까지 확장되어 알려져 있습니다.

욕구위계는 크게 결핍욕구와 성장욕구로 나뉘는데요. 피라미드 아래층에 위치한 결핍욕구는 차례대로 생리적 욕구, 안전 욕구, 소속감과 애정 욕구, 자아존중감 욕구입니다. 피라미드 위층에 위치한 성장욕구는 차례대로 인지적 욕구, 심미적 욕구, 자아실현 욕구, 자기초월 욕구입니

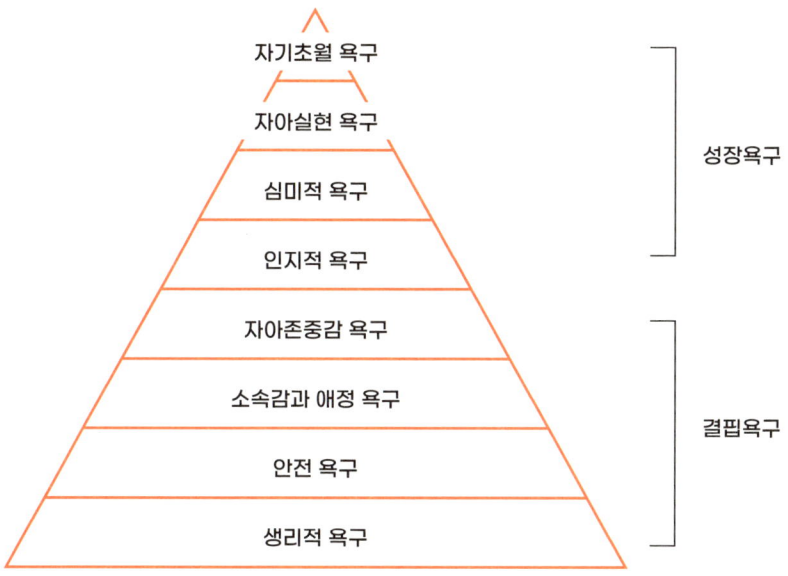

다. 결핍욕구의 최종 목표는 긴장의 이완이며, 충족되지 않으면 동기가 강해지고 충족되면 동기가 감소하게 됩니다. 즉 완전 충족이 가능한 욕구에 해당합니다. 하지만 성장욕구는 자율적인 충족과정이며, 완전 충족이 불가능한 욕구입니다.

첫 번째 단계인 생리적 욕구는 생존에 필요한 물, 음식, 공기 등을 필요로 하는 욕구를 말합니다. 두 번째 단계인 안전 욕구는 안락한 환경에 대한 욕구이며, 세 번째 단계인 소속감과 애정 욕구는 타인과의 상호작용을 통해 충족될 수 있습니다. 네 번째 단계인 자아존중감 욕구는 권력에 대한 욕구이자 타인에게 인정받고자 하는 욕구입니다. 다섯 번째 단계인 인지적 욕구는 새로운 것을 알고자 하는 욕구이며, 여섯 번째 단계인 심미적 욕구는 예술적인 아름다움을 추구하는 욕구입니다. 일곱 번째 단계인 자아실현 욕구는 스스로의 능력을 한계까지 확장하려는 경향성으로, 자기실현을 이루고자 하는 욕구입니다. 마지막 여덟 번째 단계인 자기초월 욕구는 자신을 넘어 타인과 공동체, 더 큰 가치나 존재와의 연결을 추구하는 욕구로, 인간의 궁극적 성장을 의미합니다.

매슬로는 하위 단계의 욕구가 충족될 경우 상위 단계의 욕구로 이동한다고 보았으나, 각 단계가 명확히 나눠진다고 보기 어렵다는 한계가 있습니다. 또한 개인의 특성에 따라 위계의 순서가 달라지거나, 욕구의 퇴행 현상이 벌어지는 등 다른 변수를 간과했다는 지적을 받기도 합니다.

듀발의 가족생활주기

　가족생활주기(family life cycle)는 시간의 흐름에 따라 가족이 생성되고 쇠퇴하는 과정에서의 변화와 발달을 나타낸 이론입니다. 에블린 듀발(Evelyn Duvall)은 가족생활주기를 통해 가족이 생성되는 순간부터 배우자가 사망하기까지의 시기를 8단계로 나눠 제시합니다.

1단계: 가족 생성기
　결혼으로 가족이 생성되고 첫 아이를 출산하기 전까지의 시기로, 아내와 남편의 역할을 정하고 적응하는 시기입니다. 듀발은 1단계를 결혼생활에 대한 만족도가 가장 높은 시기로 보았습니다. 이때 가족의 유대감은 부부에서 양가로 확장됩니다.

2단계: 자녀 출산기

첫 아이를 출산한 이후입니다. 부부가 부모의 역할을 학습하고 적응해 가는 시기이지요. 새로운 역할 변화에 대한 심리적 어려움과 경제적·물리적 어려움으로 인해 결혼 생활에 대한 만족도가 매우 낮은 시기입니다.

3단계: 취학 전 아동 양육기

첫 아이가 36개월에서 학교에 입학하기 전까지의 시기로, 부부 중심의 시간은 더욱 줄어들고 아이의 양육을 중심으로 가족생활이 진행되는 시기입니다.

4단계: 취학 아동 양육기

첫 아이가 초등학교에 다니는 시기로, 3단계보다 부모의 물리적인 시간 확보가 용이해집니다. 아이 또한 가족구성원의 역할을 다하게 되는 시기입니다.

5단계: 중고등학교 청소년 양육기

첫 아이가 성인이 되기 전까지의 시기로, 사춘기에 접어든 자녀와의 갈등이 유발될 수 있습니다. 부모-자녀의 관계가 가족의 중심 과제가 됩니다. 자녀의 독립을 준비하는 동시에 부부의 갱년기에 대한 대비가 필요한 시기입니다.

6단계: 성인 자녀기

아이가 성인이 되고 사회생활의 적응을 돕는 시기입니다. 자녀의 독립으로 심리적·물리적 안정이 이뤄지고, 부부의 만족감도 상승합니다.

7단계: 중년기

자녀가 독립해 떠나고 부모가 사회에서 은퇴하는 시기까지의 기간입니다. 이 시기의 가정을 빈 둥지에 비유하기도 하는데요. 부모가 겪는 심리적·사회적 상실감을 '빈 둥지 증후군'이라고 표현합니다.

8단계: 노년기

은퇴 후 사망까지의 시기로 가족생활주기의 마지막 단계입니다. 건강상의 어려움을 겪을 수 있고, 배우자의 상실로 인한 어려움과 경제적 어려움 등에 대처해야 하는 시기입니다.

현대적 관점에서 가족의 형태와 구성원은 매우 다양하기 때문에 결혼과 출산을 중심으로 한 가족생활주기가 모든 가정에 적용되지는 않을 것입니다. 자녀 중심에서 벗어나 부부 중심의 가족생활주기를 만들어가는 가정 또한 증가하고 있기 때문이지요. 하지만 시대가 변해도 시간의 흐름에 따른 변화의 양상, 즉 '나이듦'은 피할 수 없습니다. 배우자와 자녀가 없어도 갱년기와 은퇴를 맞이하는 중년기, 노년기는 반드시 찾아옵니다. 이 시기에는 스스로의 신체적 변화나 직업 환경의 변화로 인해 정서적 어려움을 겪을 수 있습니다.

올바른 양육을 위한 부모교육이론

　우리는 나이가 들면서 신체적인 기능의 변화, 심리적인 변화와 함께 사회적인 역할의 변화를 맞이합니다. 굳이 "부모가 되어봐야 어른이 된다."라는 옛 어른들의 말씀을 되새기지 않더라도, 자녀의 양육자에서 자녀의 교육자로 넘어가는 시기에 많은 변화를 겪게 되지요. 일차적인 욕구를 충족시켜주고 사랑을 주면 웃어주고 기쁨을 주던 '나'의 아이는 사춘기에 접어들면서 예상할 수 없는 독립적인 존재로 훌쩍 자라게 됩니다. 초혼 평균 연령이 증가하고 출산 연령이 올라가면서 자녀의 사춘기를 맞이하는 시기도 갈수록 늦어지고 있습니다.

　우리나라에 다양한 부모교육이론이 알려지게 된 시기는 전통적 엄부자모(嚴父慈母)의 가치관을 벗어나기 시작한 1960년대입니다. 크게 민주적 부모교육이론과 인본주의 부모교육이론으로 구분되는데요. 차례대로 알아보겠습니다.

민주적 부모교육이론

루돌프 드라이커스(Rudolf Dreikurs)는 아들러의 개인심리학을 이어받아 부모교육에 적용하고 발전시킨 심리학자입니다. 그는 인간을 사회적 존재로 정의했고, 자신의 생각을 스스로 통제할 수 있는 능력을 가진 긍정적인 존재로 보았습니다.

민주적 부모교육이론은 부모와 아이가 평등한 관계라는 점을 전제로 합니다. 부모는 자녀의 노력을 격려하고 자신감을 가지도록 하는 등 자녀를 독립된 개체로 존중해야 한다는 것이지요. 특히 드라이커스는 자녀의 양육에서 격려를 매우 중요한 요소로 보았는데, 격려가 식물에 있어 물과 같다고 비유하기도 했습니다.

돈 딩크마이어(Don Dinkmeyer)와 그레이 맥케이(Gary Mckay)는 흔히 혼재되어 쓰이는 칭찬과 격려를 명확히 구분할 필요가 있다고 보았습니다. 외적 평가, 부모가 정해놓은 기준을 달성했을 때 인정하는 것은 칭찬에 해당하며, 이러한 칭찬은 격려와 다른 개념이라고 강조합니다. 부모가 올바른 태도를 바탕으로 자녀의 노력을 인정해주는 격려의 자세를 가질 때 자녀의 긍정적인 행동이 강화된다는 것이지요. 이를 위해 조건이나 전제 없이 자녀를 수용하고, 자녀가 어려운 상황을 극복할 수 있으리라는 믿음과 기대를 표현해야 합니다. 즉 칭찬은 장점에 초점을 맞추지만 격려는 존재 자체에 초점을 맞춥니다. 또한 부모는 아이의 소거해야 할 부정적인 행동보다는 강화해야 할 긍정적인 행동에 주목하고, 결과에 대한 평가와 보상이 아닌, 과정의 노력을 인정해줘야 합니다.

드라이커스는 민주적인 교육을 위해 처벌과 보상보다는 '자연적-논리적 결과'에 따라야 한다고 주장했습니다. 처벌과 보상에 의한 교육은 결국 그 결과에 대한 책임을 부모가 지게 되며, 자녀 스스로 선택할 수 있는 기회를 제한하는 결과를 초래하기 때문입니다. 자연적 결과는 어떠한 조치를 취하지 않아도 자연스럽게 일어나는 일로, 극도로 위험하거나 타인에게 피해를 주지 않는 범위 내에서라면 아이가 스스로 부정적인 경험을 통해 교훈을 체득할 수 있도록 유도해야 합니다. 밥을 먹지 않겠다고 떼를 쓰면 체벌하는 것이 아니라, 배가 고파지는 것을 자연적으로 경험하게 해 스스로 밥을 찾도록 해야 한다는 것입니다. 논리적 결과는 자녀가 사회적 규칙을 지키지 않을 때 발생하는 부정적인 결과를 경험하게 하는 것입니다. 지각하면 벌점을 받는 학급의 규칙이 있다면, 지각을 실제로 할 경우 어떠한 결과가 벌어지는지 경험하게 함으로써 잘못을 깨우치게 할 수 있습니다.

가정에서 자연적-논리적 결과에 따른 교육을 실천하기 위해서는 우선 자녀와 신뢰를 바탕으로 우호적인 관계를 유지해야 합니다. 또한 규칙을 자녀 스스로 결정하게 함으로써 선택의 기회를 주고, 부모 역시 일관성 있는 태도로 함께 실천해나가야 합니다.

인본주의 부모교육이론

　인본주의 부모교육이론은 인본주의 심리학에 기초를 두고 있습니다. 인본주의 심리학의 최종 목표가 '충분히 기능하는 사람이 되는 것'이라면, 인본주의 부모교육이론의 최종 목표는 자녀가 충분히 기능하는 사람이 될 수 있도록 수용하는 자세를 지니는 것입니다. 자녀를 있는 그대로 수용함으로써 부모와 자녀 간의 바람직한 관계 형성과 의사소통이 가능해집니다. 아동 심리학자 하임 기너트(Haim Ginott)는 이스라엘 초등학교 교사 출신으로, 인본주의적 관점을 바탕으로 한 교육 원리와 부모의 역할을 강조했습니다.

　기너트는 자녀와의 대화에서 사건의 표면적인 부분에 집중하기보다는 자녀의 감정에 적절히 반응해야 하고, 특히 수용하는 자세가 우선되어야 한다고 보았습니다. 부모는 자녀의 잘못된 부분을 바로잡는 과정에서 행동 자체에 관해서만 이야기해야 하고, 상처를 줄 수 있는 인신공격으로 화를 표현하지 않아야 하며, 자녀가 감정을 표현할 수 있는 환경을 마련해줘야 합니다. 하지만 무조건적인 허용은 지양해야 합니다. 그는 자녀의 감정을 수용하되 행동에 대해서는 허용의 범위를 제시하는 것이 오히려 안정감을 줄 수 있다고 보았습니다.

청소년에 대한 이해

    매우 고전적인 농담이긴 하지만 '갱년기와 사춘기가 대결할 경우 누가 이길까?' '사춘기와 사십춘기가 한 집에서 동시에 일어날 경우 어떻게 해야 할까?' 등의 이야기를 통해 많은 부모님들이 아이의 사춘기를 걱정하고 있다는 사실을 알 수 있습니다. 사춘기를 '질풍노도의 시기'라고 부르는 이유는 그만큼 감정의 변화가 파도와 같고 불안정한 시기이기 때문이겠지요.

    사람의 뇌는 출생 시 고작 400g 전후일 뿐이지만 생후 1년이 되면 2배 이상 성장하고, 대뇌피질은 20대 중반까지 발달하는 것으로 알려져 있습니다. 특히 사춘기 시절인 12~16세에는 전두엽의 발달이 두드러진다고 합니다.

생물학적 두뇌의 성장

2008년 호주 멜버른대학교에서 만 11~13세 남학생 137명을 대상으로 한 연구 결과에 따르면, 10대의 공격성은 편도체에서 비롯된 것으로 나타났습니다. 즉 편도체를 제어하지 못해 감정조절에 어려움을 겪는다는 것인데요. 변연계의 일부인 편도체가 어떤 역할을 하길래 공격성에 영향을 미친다는 연구 결과가 나온 것일까요? 측두엽에 위치한 편도체는 주로 공포와 공격성을 처리하는 역할을 맡는다고 합니다. 성인은 편도체가 전두엽의 기능으로 충분히 조율되지만, 청소년기에는 전두엽의 발달이 완성되지 않아 편도체를 조율하는 데 어려움을 겪습니다. 그래서 매우 충동적이고 공격적인 성향, 즉 이성적 사고가 완성되지 않은 모습을 보이게 됩니다.

청소년들의 이성적 사고를 멈추게 하는 주요 요인으로는 '어머니의 잔소리'가 대표적이라고 합니다. 2015년 미국 피츠버그의대, UC버클리, 하버드대학교에서 공동으로 연구한 결과에 따르면, 청소년(만 9~17세) 32명에게 어머니의 잔소리 음성을 30초간 들려주고 뇌의 활성도를 측정했더니 부정적인 감정을 처리하는 부분이 활성화되었다고 합니다. 즉 잔소리가 청소년들의 비이성적인 사고를 촉진한다는 것입니다. 반면 상대의 관점을 이해하는 영역의 활성도는 떨어지는 모습을 보였습니다.

청소년기 자아중심성

심리학자 데이비드 엘킨드(David Elkind)는 청소년기에 특징적으로 나타나는 인지적 경향성을 청소년기 자아중심성(adolescent egocentrism)이라고 정의했습니다. 아이가 사춘기에 접어든 시기에는 크게 두 가지 특성을 보이는데요. 앞서 피아제의 인지발달이론에서 잠시 언급했던 가상청중과 개인적 우화입니다.

가상청중은 모든 사람들이 자신의 외모와 행동 등에 주목하고 있다고 인식하는 특성입니다. 타인에 대한 관심이 증가하면서 남이 평가하는 '나'의 모습에 집중하게 되고, 자신이 늘 누군가에게 평가받는다고 생각하게 됩니다. 사실 길에서 넘어지는 사람을 보더라도 그 장면을 오랫동안 기억하는 사람은 없을 것입니다. 하지만 이 시기의 아이들은 창피한 경험을 하면 그곳에 다시는 가지 않을 만큼 큰 사건으로 생각하는 경우가 많습니다.

개인적 우화는 자신이 특별한 존재이고, 자신이 남들과는 다른 경험을 하고 있다고 믿는 특성을 의미합니다. 그러므로 자신의 마음과 고민도 다른 사람들은 이해할 수 없다고 생각하는데요. 이 시기에는 부모나 어른들이 "나 때는 말이야."라는 식으로 접근하면 매우 큰 거부감을 느끼게 됩니다. 이러한 생각이 과도해지면 위험한 행동을 하더라도 자신은 특별한 존재이므로 피해를 입지 않을 것이라는 착각을 하게 되는데, 이는 비행으로 이어질 수 있으므로 유의해야 합니다.

진로발달이론과 직업선택이론

    제4차 산업혁명이 도래하면서 직업의 세계가 급변할 것이라는 예상과 함께 '더 이상 평생 직장은 없다.'라는 인식이 팽배해지고 있습니다. 2023년 통계청 경제활동인구조사에 따르면, 우리나라 근로자들이 주된 일자리에서 퇴직하는 평균 연령은 약 49세로, 법정 정년인 60세보다 훨씬 이른 것으로 나타났습니다. 또한 기대수명이 늘어나면서 은퇴 이후 20년가량 이어지는 노년의 삶에 대한 걱정이 커지고 있지요.

    호주의 비영리 교육단체 호주청년재단(FYA)의 연구에 따르면, 15세인 호주 청소년들이 성인이 되면 평생 5개 직업을 갖고, 평균 17개 회사에 이직할 것으로 예측된다고 합니다. 따라서 진로를 선택할 때 이러한 기준을 염두에 두고 심사숙고해야 한다는 것입니다. 우리나라에서도 최근 은퇴를 앞두고 새로운 직업을 찾아 제2의 인생을 시작하는 사람들이 늘고 있는데요. 은퇴 전의 사회적 지위에 고착되지 않고, 자신의 신체적 능력에 맞는 새로운 직업을 찾는 경우가 늘고 있다고 합니다.

이처럼 직업에 대한 인식이 변화되면서 한국의 청소년들 역시 자신의 적성을 탐색하려는 노력을 거듭하고 있습니다. 지금까지 성적이나 능력에 맞춰 직업을 선택했다면, 앞으로는 '나'와 내 적성에 맞춰 직업을 선택하는 시대가 찾아올 것입니다. 미래의 첫 직업을 준비하는 자녀 세대뿐만 아니라 은퇴를 준비하는 부모 세대에게도 진로탐색의 과정은 매우 의미 있는 시간이 될 것입니다.

슈퍼의 진로발달이론

도널드 슈퍼(Donald Super)는 과거 진로발달이론의 한계를 보완해 전 생애-생애공간이론(life-span life-space theory)을 발표했는데요. 이는 진로발달이론 중 가장 포괄적이고 종합적인 이론으로 평가받고 있습니다. 그는 진로가 일생 전체에 걸쳐 발달해간다고 생각했고, 어린 시절부터 신체적 성장과 함께 직업에 대한 지식, 태도, 기능이 성장한다고 보았습니다. 성장과정에서 여러 특징들이 조합되면서 다양한 직업에 맞는 특성을 갖추게 되는데, 슈퍼는 이 과정을 5단계로 나눴습니다.

1단계: 성장기(출생~14세)

성장기(growth stage)는 아이가 학교, 가정 등 자신이 속한 곳에서 스스로와 동일시할 모델을 찾고, 자기개념을 발달시키는 시기입니다. 이 시기에는 욕구와 환상이 진로발달에 영향을 미치며, 점차 사회화를 경험하면서 현실 검증력이 생기고, 자신의 능력과 흥미를 진로에 반영시키게 됩니다. 하위 단계는 세 가지로 구분합니다.

- **1-1. 환상기(0~4세)**: 호기심을 통해 직업에 대한 환상을 가지게 되고, 욕구가 중요한 가치로 작용합니다.
- **1-2. 흥미기(11~12세)**: 진로를 설정하는 데 자신의 취향이 결정적 역할을 하며, 흥미가 크게 작용합니다.
- **1-3. 능력기(13~14세)**: 직업 정보, 현실적 요건, 자신의 능력을 함께 고려해 진로를 고민합니다.

2단계: 탐색기(15~24세)

탐색기(exploration stage)는 자신의 욕구, 능력, 흥미, 가치, 현실적 환경, 직업에 대한 이해 등을 고려해 직업을 탐색하고 잠정적으로 진로를 정하는 단계입니다. 미래에 대한 계획이 중요한 발달과업으로 작용하는 시기이며, 하위 단계는 세 가지로 구분합니다.

- **2-1. 결정화기(15~17세)**: 이전에 획득한 직업에 대한 정보와 자신의 정보를 바탕으로 잠정적인 진로의 방향을 고민하는 시기입니다.

2-2. 구체화기(18~21세): 발달의 과정상 자아개념이 확립되고, 이를 바탕으로 직업의식을 갖추게 됩니다. 적합한 직업을 선택할 수 있는 의사결정 능력이 필요한 시기입니다.

2-3. 실행기(22~24세): 자신이 선택한 직업을 위한 행동을 수행해나가는 시기입니다. 이 시기에는 선택한 분야가 자신에게 적합한지 시험하는 과정을 경험합니다.

3단계: 확립기(25~44세)

확립기(establishment stage)는 자신에게 맞는 분야를 발견하고, 생활의 안정을 위해 직업적으로 영구적인 지위 확보를 위해 노력하는 시기입니다. 하위 단계는 두 가지로 구분합니다.

3-1. 정착 및 공고화기(25~30세): 자신이 선택한 진로의 방향이 자기개념과 일치하는지를 평가하고, 부적절할 경우 더 적합한 직업을 찾아 변화를 겪는 시기입니다.

3-2. 발전기(31~44세): 진로의 유형이 명확해지고, 자신에게 적합한 직업을 찾아 안정화시키는 시기입니다. 직업 내에서 만족, 소속감, 지위를 상승시키기 위해 노력합니다.

4단계: 유지기(45~64세)

유지기(maintenance stage)는 직업적으로 자신의 지위를 확고히 하고 유지하기 위해 발달과업을 수행하는 시기입니다. 가장 안정적으로 직업

생활을 영위하는 시기입니다. 만일 새로운 직업을 선택하게 된다면 이전 단계로 되돌아가서 다시 '탐색기-확립기-유지기'의 과정을 반복합니다.

5단계: 쇠퇴기(65세 이후)

쇠퇴기(decline stage)는 신체적·정신적 힘이 감소하면서 직업 활동에 대한 흥미가 떨어지는 시기입니다. 직업 활동보다는 은퇴 후 생활에 더 많은 관심을 갖게 됩니다.

각 단계의 시작과 끝나는 시점은 유동적이며, 연령에 따른 구분보다는 성격이나 환경에 따른 개인차가 더 크게 작용할 수 있습니다. 현대에는 은퇴 연령이 점점 늦어지고, 직업이 확립되는 시기 역시 늦어지고 있기 때문에 슈퍼가 제시하는 5단계가 완벽히 일치하지는 않습니다. 다만 유지기에 새로운 직업을 찾으면 연령에 관계없이 '탐색기-확립기-유지기'를 반복할 수 있다는 점과 전 생애에 걸쳐 직업발달이 이뤄진다는 점에서 의의가 있습니다.

홀랜드의 직업선택이론

존 홀랜드(John Holland)는 개인의 성격이 여섯 가지 흥미 유형으로 표출되며, 이와 적합한 성격의 직업을 찾으면 인성적 특성을 자유롭게 표출할 수 있어 성공적인 직업 생활을 영위한다고 보았습니다. 흥미는

홀랜드의 직업 흥미 육각형 모형

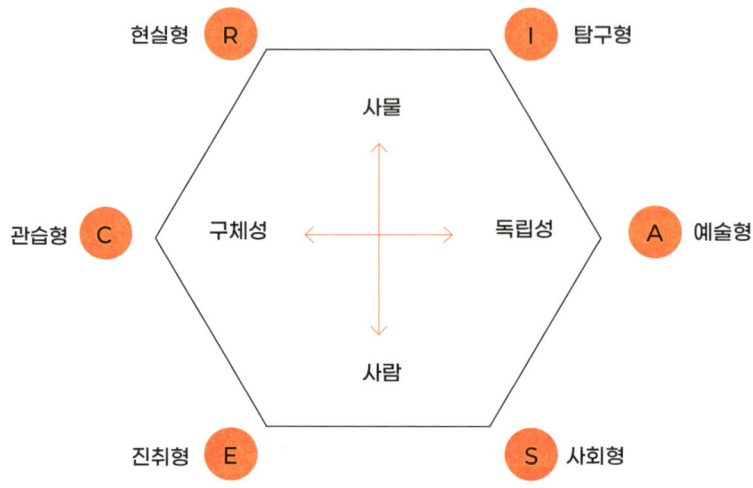

어떤 사람이나 사물, 활동에 대해 가지는 긍정적 느낌을 의미하는데요. 그는 흥미 있는 일을 할 때 일의 성과가 크게 증가한다고 생각했습니다. 따라서 행복한 삶을 위한 가장 중요한 전제조건은 흥미 있는 일을 직업으로 선택하는 것입니다.

1. 현실형

현실형(realistic)은 성실하며 지구력이 있고 직선적인 편입니다. 분명하고 체계적인 것을 좋아하며, 만들거나 고치는 직업에 흥미를 느낍니다. 관련 직업으로는 엔지니어, 기술자, 조종사, 운전사, 농부, 운동선수 등이 있습니다.

2. 탐구형

탐구형(investigative)은 호기심이 많고 독립적인 경향을 보이며 분석적이고 합리적인 편입니다. 내성적인 특성이 있을 수 있고, 사회적인 활동에 관심이 적고, 탐구 활동에 흥미를 느낍니다. 관련 직업으로는 과학자, 인류학자, 지질학자, 의사 등이 있습니다.

3. 예술형

예술형(artistic)은 창의적이고, 독창적이고, 개성이 강하고, 사고가 자유로운 경향이 있습니다. 일상적인 활동보다는 변화와 다양성을 발휘하는 부분에 흥미를 느낍니다. 관련 직업으로는 예술가, 작가, 배우, 미술가, 디자이너 등이 있습니다.

4. 사회형

사회형(social)은 대인관계를 유지하는 능력이 좋으며 감성적인 경향이 있습니다. 조직적인 활동보다는 사람들과 어울리는 것을 좋아하고, 남을 돕거나 가르치는 일에 흥미를 느낍니다. 관련 직업으로는 사회복지사, 교육자, 상담사, 간호사 등이 있습니다.

5. 진취형

진취형(enterprising)은 타인을 이끌어가는 리더십이 있고, 외향적이고 설득적인 경향이 있습니다. 체계적이고 과학적인 부분보다는 다른 사람에게 영향을 미치는 것을 좋아하며, 관련 직업으로는 정치가, 사업가, 판사, 판매사원, 관리자 등이 있습니다.

6. 관습형

관습형(conventional)은 책임감이 있고 계획성이 있으며 세밀한 경향이 있습니다. 정해진 계획에 따라 정리·조직하는 일을 좋아하고, 체계적인 작업에 흥미를 느낍니다. 관련 직업으로는 은행원, 행정관료, 경제전문가, 세무사, 감사원 등이 있습니다.

홀랜드의 직업선택이론은 리아섹(RIASEC)이라고도 불리는데요. 홀랜드는 흥미 유형 사이의 관계와 특징을 다섯 가지로 정리했습니다.

1. 일관성

각각의 특성 중 육각형에서 인접한 유형일수록 성격적 일관성이 높다고 볼 수 있습니다. 예를 들어 'A'인 예술형과 'S'인 사회형은 육각형에서 근접하기 때문에 일관성이 높습니다. 반면 'I'인 탐구형과 'E'인 진취형은 가장 일관성이 낮은 것으로 볼 수 있습니다.

2. 변별성

개인의 성격적 특성이 한 가지 특성 유형과 매우 유사하게 나온다면 다른 유형과는 일치하지 않는 것을 의미합니다. 만일 사회형과 가장 유사하다는 결과가 나왔다면 다른 유형에는 흥미가 높게 나오지 않을 것입니다. 특히 반대에 위치한 현실형과는 괴리가 클 것입니다.

3. 정체성

자신의 목표, 가치, 흥미, 능력 등이 명확하게 인식될수록 진로 정체성이 높습니다. 정체성이 높을수록 자신의 진로 방향을 분명히 알고 일관성 있는 선택을 할 수 있고, 정체성이 낮을 경우 진로 선택에서 혼란이나 우유부단함을 경험하기 쉽습니다.

4. 일치성

개인의 성격 유형과 직업 환경이 얼마나 조화를 이루는지를 나타냅니다. 예를 들어 예술형인 사람이 관습형의 환경에서 일하고 있다면 자신의 흥미와 환경이 맞지 않아 일치성이 낮다고 볼 수 있습니다.

5. 계측성

육각형에서 각각의 유형 사이의 거리를 통해 특성의 일관성을 확인할 수 있습니다. 인접 유형일수록 흥미 특성이 유사하고 멀리 떨어질수록 차이가 크다고 할 수 있지요. 이를 통해 개인의 흥미 구조 내 일관성과 차이를 시각적으로 이해할 수 있습니다.

홀랜드의 직업선택이론을 바탕으로 한 검사 도구는 직업선호도검사, 직업흥미검사 등이 있는데요. 고용노동부 워크넷(www.work.go.kr)을 통해 진로탐색과 관련된 다양한 검사를 받아볼 수 있습니다.

은퇴의 발달과정

시대가 변하면서 은퇴(retirement)에 대한 생각과 기준도 자연스럽게 변화하고 있는데요. 과거에는 직업적 정체감이 상실되고, 일터에서 완전히 고립되는 경우를 의미했습니다. 하지만 최근에는 은퇴 후에도 관련된 일을 시간제로 이어가거나, 새로운 분야에 도전하는 경우를 쉽게 찾아볼 수 있습니다. 은퇴는 더 이상 고립과 철회가 아닌 삶의 발달과정의 일환으로 여겨집니다.

로버트 애칠리(Robert Atchley)는 은퇴의 단계를 발달의 과정으로 구분했는데요. 우리는 보통 다음의 여덟 가지 은퇴 단계를 밟게 됩니다.

1. 원격단계

원격단계(remote phase)는 은퇴 준비를 아직 시작하지 않은 단계로, 구체적인 계획이나 목표를 갖추지 못한 시기입니다.

2. 근접단계

근접단계(near phase)는 은퇴가 가까워지면서 구체적인 정보를 수집하고 계획을 세우는 시기입니다.

3. 밀월단계

밀월단계(honeymoon phase)는 은퇴 직후의 기간을 말하며, 이전에 하고 싶었으나 실행하지 못했던 일을 하며 시간을 보내는 시기입니다. 여행을 떠나거나, 출근에 대한 부담 없이 늦잠을 자거나, 운동을 하거나, 취미생활을 즐깁니다.

4. 각성/환멸단계

각성/환멸단계(disenchantment phase)는 은퇴의 문제점이 나타나기 시작하는 시기로, 상실감을 느낄 수 있습니다. 은퇴 후 여유 시간에 대한 환상이 사라지고, 목표 의식이 사라졌다는 생각에 좌절감과 외로움을 느끼기도 합니다.

5. 적응/재지향단계

적응/재지향단계(reorientation phase)는 은퇴 이후의 생활에 적응하고, 현실적 대안을 생각하고, 이에 맞춰 삶을 다시 설계하는 시기입니다. 직업 활동을 대신해 여가를 즐기고, 일상의 삶을 회복합니다.

6. 안정단계

안정단계(stability phase)는 현실에 적응하고, 은퇴 이후에 필요한 영역에 재적응을 성공해 다시 안정적인 상태로 접어드는 시기입니다.

7. 종결단계

종결단계(termination phase)는 자립적 기능이 쇠퇴해 은퇴의 역할이 상실되고, 타인의 보살핌이 필요한 시기입니다.

우리나라의 평균 은퇴 연령은 50세 중반부터 60세 중반 사이라고 합니다. 대부분 이 시기에 생애의 주된 일자리(career job)를 떠나게 되는데요. 은퇴 시기와 연금이 지급되는 시기는 10년 이상 차이가 나기 때문에 이 기간 동안 경제적 어려움을 겪을 수 있습니다. 이러한 이유로 많은 은퇴자들이 가교 취업(brige employment)을 하게 되고, 이를 통해 경제적 윤택함과 심리적 안녕감을 추구합니다.

정서심리학이란 무엇인가?

　내 일만 잘하면 되던 시절이 있었습니다. 부모님의 잔소리도 적당히 흘려듣고, 직장 상사의 호통도 회사 문을 나서는 순간 훌훌 잊고, 친구들과의 갈등도 그냥 참고 넘어가거나 인연을 끊는 등 스스로 감정과 관계를 잘 조절할 수 있다고 믿었던 시절이 있었습니다. 그러나 나이가 들면 쉽게 해결할 수 없는 문제들과 보다 자주 마주하게 됩니다. 직장에서의 위치가 변하면서 자신의 감정만 주장할 수 없게 되고, 윗사람과 아랫사람의 눈치를 동시에 보며 자신의 기분대로만 행동할 수 없게 되지요. 가정에서 겪는 다양한 갈등을 처리하기 어려울 수도 있고, 과거에 나를 이끌어주고 의지가 되었던 부모님의 신체적·심리적 변화를 경험하기도 합니다.

스스로의 감정을 누구보다 잘 헤아리고 있다고 믿고 있어도, 나이가 들면서 이해할 수 없는 감정의 파도를 접하게 됩니다. 이러한 정서는 도대체 무엇일까요? 필자와 비슷한 의문을 품은 많은 심리학자들은 다양한 관점에서 '정서'에 대한 정의를 내리기 위해 연구를 지속해왔습니다. 그 결과 인간의 정서를 연구하는 정서심리학(psychology of emotion)이 탄생하게 됩니다.

제임스 - 랑게이론의 초기와 후기

미국의 심리학자 윌리엄 제임스(William James)와 덴마크의 심리학자 칼 랑게(Carl Lange)는 거의 비슷한 시기에 정서에 대한 이론을 발표하는데요. 이후 이 이론은 제임스-랑게이론(James-Lange theory)으로 알려지게 됩니다. 이들은 특정 상황에서 신체가 반응하는 방식에 붙이는 이름이 정서라고 생각했습니다.

제임스-랑게이론이 등장하기 이전에는 어떠한 사건이 일어나고, 그에 대한 감정을 느끼고, 그 결과 행동하게 된다고 믿었습니다. 즉 슬픈 경험을 하거나 슬픈 이야기를 들음으로써 슬픈 감정을 느껴서 눈물을 흘린다고 보았던 것이지요. 초기 제임스-랑게이론에서는 어떠한 사건을 겪으면 생리적 변화가 일어나고, 행동으로 이어지며, 이를 통해 정서를 느낀다고 보았습니다. 예를 들어 곰을 만나면 신체에 반응이 일어나 도망가게 되고, 도망치는 행동을 보고 공포라는 정서가 일어난다는 것입니다.

문제는 우리 몸에서 일어나는 반응과 행동이 사건마다 모두 동일하지는 않다는 점입니다. 실제로 곰을 마주친 순간, 곰과 나 사이에 동물원 울타리가 있다면 몸에서 반응이 일어나 도망가는 행동으로 이어지지는 않을 것입니다. 이러한 부분을 설명하기 위해 후기 제임스-랑게이론에는 '인지적 과정'을 추가하는데요. 어떠한 사건을 겪으면 우리는 아주 짧은 순간 인지적 평가를 통해 생리적 변화와 행동을 결정한다는 것입니다. 즉 생리적 반응과 행동을 통해 최종적으로 정서를 느끼게 됩니다. 정서에 대한 견해를 정리하면 다음과 같습니다.

정서에 대한 과거의 견해: 사건 → 느낌 → 행동

초기 제임스-랑게이론: 사건 → 생리적 변화와 행동 → 느낌

후기 제임스-랑게이론: 사건 → 인지/평가 → 생리적 변화와 행동 → 느낌

생물학적 접근에서의 정서

제임스 파페즈(James Papez)와 조셉 르두(Joseph LeDoux)는 생물학적 연구를 통해 정서와 관련된 이론을 발표합니다. 차례대로 살펴보겠습니다.

1. 파페즈 회로

파페즈는 뇌의 구조상 정서 경험과 행동 조절을 위한 회로가 있고, 자극의 흐름이 이동하는 통로가 있다고 보았는데요. 여기에 파페즈 회로

(Papez Circuit)라고 이름 붙였습니다. 이는 이성적인 판단을 하는 대뇌피질 영역과 감정적으로 정서를 처리하는 변연계의 영역이 서로 연결되어 파페즈 회로를 구성한다는 이론입니다.

파페즈 회로가 작용하면서 정서가 대뇌피질의 이성적 판단에 영향을 미치게 되는데요. 감정은 대상피질을 통해 유입되고, 시상하부를 통해 표현됩니다. 대뇌피질은 이 과정에서 이성적인 판단을 내리는 역할을 하는데, 파페즈는 이때 부정적인 사고가 증폭될 수도 있다고 보았습니다. 참고로 정서를 주관하는 변연계는 포유류의 경우 뇌의 중심부에 위치하며, 파충류의 경우 뇌의 대부분을 차지한다고 합니다.

페페즈 회로의 흐름

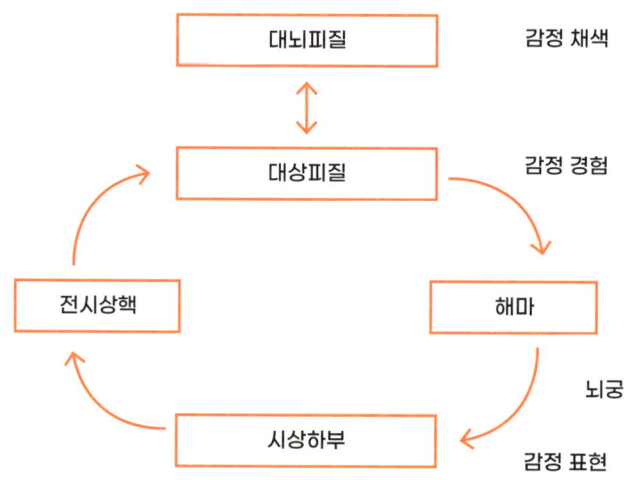

자료: 『신경과학: 뇌의 탐구』(마크 베어 등 지음, 바이오메디북, 2018)

2. 느끼는 뇌

조셉 르두는 파페즈의 연구에서 한 발짝 더 나아가 정서의 변화에 따른 뇌의 변화를 연구했습니다. 그는 뇌가 정서 자극에 어떻게 반응하고, 정서에 대한 기억이 어떻게 생성되는지를 연구했습니다. 이를 느끼는 뇌(emotional brain)라고 하는데요. 르두는 정서를 관할하는 변연계의 편도체와 이성적인 뇌에 해당하는 신피질 사이에 정서 자극을 중재하기 위한 하위의 뇌(시상) 사이에 신경회로가 존재한다고 보았습니다. 이 때문에 느끼는 뇌(정서의 뇌)와 이성의 뇌(cognitive brain)가 밀접한 관계가 있다고 보았지요.

정서 자극에서 반응에 이르는 흐름

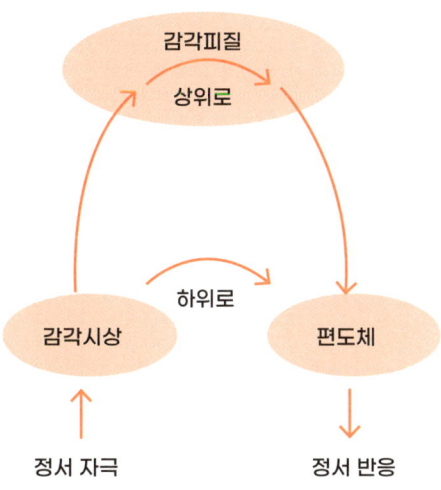

자료: Joseph LeDoux, 'The emotional brain: The mysterious underpinnings of emotional life.'

정서 자극에서 반응에 이르는 흐름을 살펴보면, 일단 외부의 정서 자극은 감각시상에 의해 접수됩니다. 일부는 하위로를 통해 편도체로 직접 이동하고, 일부는 상위로를 통해 감각피질로 전달되는데요. 르두는 이 과정에서 하위로를 통한 자극은 무의식적으로 빠른 속도로 처리되어 거친 정서 반응으로 나타나고, 상위로를 통한 자극은 이성적인 반응으로 나타난다고 보았습니다. 이때 편도체는 다양한 정서를 통제하기 위한 핵심기관의 역할을 합니다.

이상심리학이란 무엇인가?

이상심리학(abnormal psychology)은 인간의 이상행동과 정신적 장애를 다루는 심리학의 한 분야입니다. 이상행동은 부적응적인 개인의 심리와 행동적인 특성을 말하며, 정신적 장애는 이상행동이 패턴을 가지고 반복되는 등 부적응적인 모습을 보이는 것을 뜻합니다. 그렇다면 정상과 이상의 기준은 무엇일까요?

첫 번째, 주관적 불편감 여부입니다. 이는 스스로 느끼고 호소하는 고통으로 우울, 불안, 무력감 등의 감정으로 표현됩니다. 주관적 불편감은 사회적 부적응과도 관련이 높습니다. 물론 이러한 심리적 고통을 호소한다고 해서 정상 범위에서 벗어난다고 단정할 수는 없지요. 환경적 사건도 함께 반영되어야 합니다. 반면 극심한 부적응 증상을 보이는 조현병 내담자의 경우 오히려 주관적 불편감을 느끼지 않는 사례도 있어 주의가 필요합니다.

두 번째, 통계적 기준입니다. 평균과 표준편차로 정상과 이상을 분류하는 것인데요. 2표준편차(표준편차에 2를 곱한 값) 수치를 통해 범주를 분류합니다. 지능의 경우 2표준편차 평균 100을 기준으로 70 이하를 지적장애 분류군으로 고려하지만, 상위 2표준편차인 130 이상의 경우 영재로 분류합니다. 이때 영재는 이상 수준으로 판단하기 어려우므로 예외의 상황에 해당합니다.

세 번째, 적응적 기능 저하입니다. 이는 주의력 저하, 폭력 행동, 지나치게 높은 불안 등을 말하는데요. 실생활 기능을 저하시키는 인지, 정서, 행동은 이상 수준으로 간주합니다. 주관적으로 고통을 호소하고, 통계적으로도 낮은 빈도에 해당한다고 해도 실제 생활의 기능이 저하되지 않으면 비정상으로 간주하지 않습니다. 따라서 적응적 기능 저하의 기준은 매우 중요합니다. 하지만 적응과 부적응의 경계가 모호하다는 한계가 있습니다.

네 번째, 문화적 기준으로 특정 문화 규범에서 어긋나는 경우입니다. 이때 시대적·사회적 상대성을 충분히 고려해 판단할 필요가 있습니다. 예를 들어 우리나라에선 아이가 어른을 부를 때 호칭이 아닌 이름으로 부르면 예의가 없다고 평가할 수 있으나, 미국에선 친근한 사이라면 존칭 없이 이름을 부른다고 해도 이상의 범주로 구분하지 않습니다. 즉 문화적 기준이 시대와 상황에 따라 변할 수 있고, 절대적인 기준을 찾기 어렵다는 점을 충분히 고려해야 합니다.

정신장애 진단 및 통계편람

정신장애를 진단할 때는 미국정신의학협회(APA)에서 발행한 정신장애 진단 및 통계편람(DSM; Diagnostic and Statistical Manual of Mental Disorder)을 주로 이용하는데요. 이는 몇 가지 진단 중 일정 수를 충족하면 장애로 분류하는 체계를 바탕으로 합니다. 다섯 번째 개정판인 'DSM-5'는 지나치게 작은 차이로 진단을 세분화해 진단이 공존하거나 진단의 수가 너무 많다는 한계점이 있음에도 불구하고, 전 세계적으로 가장 널리 사용되고 있습니다. 다른 질환에 비해 진단 기준이 모호할 때도 있고, 환자의 자각 증세 외에 행동 방식이나 생활 습관을 함께 고려해야 할 때도 있습니다. 동일한 질환에도 각기 다른 증상이 다양하게 나타날 수 있고, 다른 질병임에도 공통적으로 나타나는 증상이 다수 존재하기 때문에 매우 세심한 주의가 요구됩니다.

심리학 분야에서는 정신장애에 대해 약물치료를 하고 있지는 않지만, 증상의 호전을 위해 상담치료를 하는 경우가 많습니다. 경미한 증상을 보이더라도 증세가 심각해지거나 물리적 위협, 자해 등 위험한 상황이 예상될 경우 빠르게 조치를 취해야 합니다. 따라서 상담자는 내담자의 안전을 위해서라도 정신장애의 기준을 정확히 알고 있어야 합니다. 정신장애에 따른 진단 기준과 원인은 다음과 같습니다.

첫 번째, 조현병

정신분열증(schizophrenia)은 용어에 대한 부정적인 편견으로 인해 조현병으로 명칭이 변경되었는데요. 조현병은 조율되지 않은 현악기처럼 혼란스러운 상태를 의미하는 말로, 완치가 매우 어렵고 증상도 심각한 정신장애입니다.

1. 증상 및 진단 기준

주요 증상으로는 혼자서 부적절하게 웃는 정동이 있으며, 경직된 표정을 짓거나 망상, 환각으로 인해 집중력이 떨어지기도 합니다. 사고기능의 장애로 인해 현실 검증력이 떨어지고, 위생 상태가 좋지 않은 경우가 많습니다. 일반적으로 10대 후반에서 30대 초중반에 발병하는데요. 시기가 빠를수록 예후가 좋지 않다고 볼 수 있습니다.

망상, 환각, 와해된 언어, 심하게 와해된 행동, 긴장증적 행동, 음성증상 중 2개 이상의 증상을 보일 시 조현병 진단이 고려됩니다(망상, 환각, 와해된 언어 중 한 가지는 반드시 포함되어야 합니다). 이러한 증상이 1개월 이상 지속되거나, 장애의 징후가 6개월 이상 지속된다면 조현병 진단을 고려할 수 있습니다.

망상(delusion)은 세상과 자신에 대해 갖는 잘못되고 비합리적인 믿음을 뜻합니다. 사회적으로 받아들여질 수 없는 믿음인 경우가 많아 현실 적응에 어려움을 겪게 되는데요. 예를 들어 국가에서 자신을 감시하고 있다고 믿는 등 특정 기관이나 타인에게 피해를 받고 있다는 피해망상이 대표적입니다. 자신이 신의 계시를 받은 것처럼 특별한 능력을 가졌다고 주장하는 과대망상, 대중매체에 나오는 일반적인 일이 자신과 관련 있다고 믿는 관계망상, 자신의 몸에 심각한 질병이 있다고 믿는 신체망상 등도 있습니다.

환각(hallucination)은 비현실적이고 왜곡된 지각을 말하는데요. 외부에서 별다른 자극이 없는데 특정 소리를 듣거나(환청), 물체를 보거나(환시), 특정 냄새를 맡거나(환후), 특정 맛을 느끼거나(환미), 촉각적으로 느끼는 것(환촉) 등이 대표적입니다. 환시와 환청이 가장 흔하게 나타납니다. 조현병 환자의 경우 옆에서 자신에게 어떠한 지시를 하는 목소리가 들린다고 주장하기도 하고, 환상 속의 사람이 보인다며 대화를 시도하기도 합니다.

와해된 언어(disorganized speech)는 비논리적이고 지리멸렬해 혼란스러운 언어를 의미합니다. 대화의 주제를 알 수 없을 정도로 횡설수설하거나, 대화의 일부만 이해할 수 있을 정도로 주제에서 자주 벗어나는 모습을 보입니다.

심하게 와해된 행동(grossly disorganized behavior)은 상황에 맞지 않는 부적절한 행동을 뜻합니다. 겨울에 여름옷을 입고 다니거나, 나이가 많은 사람에게 반말을 하거나, 조용하고 엄숙한 장소에서 큰소리로 떠드는 등 사회적인 관습을 거스르는 행동을 의미합니다.

긴장증적 행동(catatonic behavior)은 근육이 경직되어 굳은 것처럼 특정한 자세를 유지하는 것을 말합니다. 괴이한 자세로 오랫동안 움직이지 않으며, 자세를 변화시키려고 하면 저항하며 그 자세를 유지하려 합니다.

앞서 소개한 증상들은 조현병 환자들에게만 나타나는 양성증상(positive symptoms)이며, 음성증상(negative symptoms)은 환경에 적응하기 위한 필수적인 능력이 결핍된 경우를 의미합니다. 눈맞춤과 언어 등 정서 표현이 감소하거나, 욕구가 나타나지 않거나, 사회적인 활동에 무관심해지는 증상이 대표적입니다.

2. 원인

조현병의 원인은 생물학적·사회심리적 관점에서 다양하게 연구되어 왔습니다. 신경전달물질인 도파민의 생성을 유도하는 약물을 투입할 경우 조현병과 유사한 증상이 나타난다는 연구 결과를 바탕으로, 도파민이 정신분열증과 관련이 있다는 추론이 가능해졌습니다. 조현병 환자들은 도파민 수용기가 지나치게 많거나 과민하다고 합니다.

또한 조현병이 발병한 환자의 가족들을 관찰한 결과, 대개 갈등이 많고 분노 감정을 과도하게 표현하는 경향이 있었습니다. 이러한 성향의 가족은 조현병이 발발되고 악화되는 데 영향을 미치는 요인으로 꼽힙니다.

조현병의 원인을 개인의 취약성과 환경적 영향에서 찾는 '취약성-스트레스 모델'도 눈여겨봐야 합니다. 두 가지 조건(개인의 취약성, 환경적 영향)이 모두 성립될 경우 조현병이 발병할 가능성이 높은데요. 모든 조현병 환자에게서 같은 조건이 발견되는 것은 아니지만 유전적으로 병력이 있거나, 뇌실의 확장 또는 대뇌피질의 축소 등 뇌에 구조적 문제가 있거나, 신경전달물질의 불균형 등 취약한 특성을 가진 상태에서 환경적 스트레스까지 더해지면 조현병에 취약해질 수 있습니다. 특히 대인관계에 관심이 없고 감정 표현이 서툰 성격을 타고났는데, 부모가 아이에게 이 중구속 메시지를 주입해 억압하는 양육 태도를 보이면 상황을 더 악화시킬 수 있습니다.

3. 치료

주로 양적증상을 완화시키는 다양한 약물치료를 하게 됩니다. 약물을 이용해 증상을 개선시키고, 정신재활을 통해 일상의 대처기능을 개선하는 시도를 병행합니다.

두 번째, 우울증

우리는 일상에서 종종 '우울하다.'라는 말을 사용합니다. 이러한 우울감은 실패나 욕구 불충족 등 부정적 상황에서 느낄 수 있는 당연한 감정이고, 누구나 느낄 수 있는 감정입니다. 하지만 이러한 감정이 우울증(depressive disorder)으로 악화되고 일상에 영향을 줄 정도가 된다면, 단순한 마음의 감기라고 치부하고 방치해선 안 됩니다. 우울증은 전문가의 정확한 진단과 치료가 필요한 질병입니다.

우울증의 평생 발병률은 여성 10~20%, 남성 5~10%로 정신건강 문제 중 가장 흔한 유형으로 알려져 있습니다. 흔히 '마음의 감기'라고 불릴 만큼 누구나 경험할 수 있는 심리적 어려움입니다. 또한 우울증 경험자 중 50~60%가 재발을 경험하며, 2번 발병한 환자가 3번 발병할 확률은 70~80%이고, 3번 발병한 환자가 4번 발병할 확률은 90%라고 알려져 있습니다. 완치를 위해서는 무엇보다 재발 방지가 매우 중요하지요.

1. 증상 및 진단 기준

우울증은 여러 가지 종류가 있지만 가장 대표적인 주요우울장애(major depressive disorder)의 증상을 살펴보도록 하겠습니다. 다음의 증상 중 1과 2를 포함해 다섯 가지 이상의 증상이 거의 매일 2주 이상 지속될 경우 진단을 고려할 수 있습니다.

1. 하루 대부분의 시간 동안 우울하다.
2. 하루 대부분의 시간 동안 일상 활동에 흥미나 즐거움이 줄어드는 기분을 경험한다.
3. 의도하지 않게 체중이 현저하게 증가하거나 감소한다(현저함의 기준은 일반적으로 자기 체중의 5%).
4. 거의 매일 불면 또는 과다 수면을 경험한다.
5. 거의 매일 정신운동성 초조 또는 지체를 경험한다.
6. 거의 매일 피로함을 느낀다.
7. 거의 매일 무가치함을 느끼거나 과도한 죄책감을 느낀다.
8. 거의 매일 사고력이나 집중력 감소를 느끼거나 우유부단함을 경험한다.
9. 죽음에 대한 생각을 반복적으로 하거나 자살에 대한 생각 또는 자살 시도, 계획 등을 한다.

2. 원인

생물학적 관점에서는 신경전달물질인 세로토닌의 수준이 낮으면 우울증이 발병할 가능성이 높아진다고 합니다. 전전두엽이나 시상하부의 기능이 저하된 경우에도 발병 가능성이 높아질 수 있습니다.

아론 벡(Aron Beck)은 인지이론을 통해 우울증에 걸리는 사람들의 특징을 설명했는데요. 인지삼제(cognitive triad)라는 독특한 사고 패턴을 가진 이들이 우울증에 취약하다고 합니다. 인지삼제란 자기 자신, 자신의 미래, 환경에 대한 부정적인 생각이 삶 속에 습관화되어 자리 잡고 있다는 뜻입니다. 또한 편향된 인지도식을 가지고 판단하며, 인지적 오류에 따라 부정적으로 사고하고 비논리적으로 해석하게 됩니다.

마틴 셀리그만은 학습된 무기력 이론을 통해 우울증이 발병하는 과정을 설명합니다. 통제가 불가능한 상황을 지속적으로 경험하면 스스로 어려운 상황을 벗어날 수 없다는 무기력을 학습하게 되는 것처럼, 부정적인 사건을 지속적으로 경험하면 자신이 삶을 통제할 수 없다는 무력감에 빠져 우울증이 발생할 수 있다는 것입니다.

귀인이론에서 발전한 우울증의 귀인이론에 따르면, 우울한 기분을 자주 느끼는 사람들은 실패를 경험할 경우 원인을 내부적인 요인에서 찾는다고 합니다. 즉 실패의 이유가 자신의 능력 부족에 있고, 실패의 요인이 안정적(변화의 여지가 없는)이기 때문에 노력으로 극복하기 어렵다고 인식하는 것이지요. 반대로 긍정적인 결과에 대해서는 그 이유를 외부적인 요인에서 찾아 운이 좋았기 때문이라고 생각합니다. 성공의 요인이 불안정적(변화 가능성이 큰)이기 때문에 결과는 언제든 바뀔 수 있고, 다음번에는 실패할 가능성이 크다고 생각합니다.

3. 치료

우울증 치료는 약물치료와 재발 방지를 위한 인지행동치료가 병행됩니다. 약물치료에는 세로토닌 재흡수 억제제가 활용되며 이에 대한 환자의 반응성은 60~70%라고 합니다. 약물치료를 중단할 경우 재발할 가능성이 있어 일정 기간 약물 복용을 권장하기도 합니다. 인지행동치료를 위해서는 자동적 사고의 과정을 탐색해 비합리적인 신념을 확인해야 합니다. 이들이 주로 가지고 있는 핵심 믿음을 찾아내어 반박해 수정할 수 있도록 하는 것이지요. 우울감을 느끼는 사람들은 자신을 무능하게 생각하고, 열심히 해도 원하는 것을 이룰 수 없다는 핵심 믿음을 바탕으로 세상을 바라보는 경우가 많은데요. 이런 경우 부정적 사건을 떠올리고, 당시의 부정적 감정을 탐색하면서 자동적 사고를 탐색하게 됩니다.

우울증은 명백한 스트레스 상황에 의한 외인성 우울증과 유전적 요인, 호르몬 등의 생물학적 요인에 의한 내인성 우울증으로 나뉩니다. 효율적인 치료를 위해서는 우울증의 유형을 파악해야 합니다. 또한 재발 방지를 위해 가족과 주변 지인들의 지지 역시 반드시 필요합니다. 우울증은 정신적 측면에서 유발되므로 예방이 가장 중요합니다.

세 번째, 외상 후 스트레스 장애

외상 후 스트레스 장애(PTSD: Post-Traumatic Stress Disorder)에서 외상, 즉 트라우마(trauma)는 심각한 신체적 손상이나 생명에 위협이 가해지는 사건을 겪은 후 입은 심리적 상처를 말합니다. 외상은 지진·산사태 등의 자연적 재해, 건물 붕괴·교통사고 등의 기술적 재해, 강간·살인·폭행 등의 폭력 범죄, 가족의 사망으로 인한 관계 상실 등을 통해 생기는데요. 외상의 유형에 따라 유병률의 편차가 크고, 여성이 남성보다 높은 것으로 나타납니다. 주요 우울장애와 함께 발생할 수 있으며, 외상 경험 후 3개월 이내에 회복되는 경우가 많으나 일부는 수년간 지속되는 것으로 보고됩니다.

1. 증상 및 진단 기준

제시된 다섯 가지 증상의 세부 기준을 한 가지 이상씩 충족하는 장애가 1개월 이상 지속되면 진단을 고려할 수 있습니다. 이로 인해 사회적·직업적 중요 기능에 손상이 있어야 하며, 약물이나 신체적 질병에 의한 것이 아니어야 합니다.

1. 외상 사건을 한 가지 이상 경험해야 합니다. 예를 들어 외상 사건을 직접 경험하거나, 타인에게 일어나는 것을 목격하거나, 가족이나 가까운 사람에게 일어난 것을 알게 되거나, 외상 사건의 혐오스러운 내용에 반복적·극단적으로 노

출되어야 합니다.

2. 외상 사건과 관련된 침투적 증상이 한 가지 이상 나타나야 합니다. 외상 사건에 대한 고통스러운 기억이 반복적으로 떠오르거나, 외상 사건에 대한 고통스러운 꿈이 반복되거나, 외상 사건이 실제로 일어난 것같이 느끼고 행동하거나, 외상 사건과 유사하거나 상징적인 단서에 노출될 때 강렬할 고통을 느끼거나, 외상 사건과 유사하거나 상징적인 단서에 대해 뚜렷한 생리적 반응을 보여야 합니다.

3. 외상 사건과 관련된 회피 자극이 한 가지 이상 나타나야 합니다. 외상 사건과 관련된 기억, 감정, 생각을 회피하려는 모습을 보이거나, 이를 유발하는 외적 단서를 회피하려 해야 합니다.

4. 외상 사건에 대한 인지, 감정의 부정적 변화가 다음의 증상 중 두 가지 이상 나타나야 합니다. 외상 사건의 중요한 측면을 기억하지 못하거나, 자신과 타인, 세상에 대한 과장되고 부정적인 신념과 기대가 반복되거나, 외상 사건의 원인과 결과를 왜곡해 인지하고 자신과 타인을 책망하거나, 부정적인 정서 상태가 지속되거나, 중요한 활동에 대한 관심과 참여가 감소하거나, 타인에 대한 거리감과 소외감을 경험하거나, 긍정적 정서를 지속적으로 느끼지 못해야 합니다.

5. 다음과 같은 외상 사건과 관련된 각성과 반응성의 변화 중 두 가지 이상이 현저하게 나타나야 합니다. 자극이 없거나 사소한 자극에 짜증스러운 행동을 보이거나 분노가 폭발해야 합니다. 혹은 무모하거나 자기 파괴적인 행동을 하거나, 과도하게 경계하거나, 과도하게 놀라는 반응을 보이거나, 집중력이 저하되거나, 수면장애가 발생해야 합니다.

2. 원인

외상 후 스트레스 장애의 원인은 다음의 세 가지가 있습니다.

1. 외상 전 요인으로 가족력, 아동기의 외상 경험 등이 있습니다. 또한 의존적이고 불안정한 성향을 가졌거나 외부 귀인 양식을 지닌 경우 발병 가능성이 큽니다.
2. 외상 중 요인으로 외상의 심각성 등이 있습니다. 인지적 평가가 부정적일수록 발병 가능성이 큽니다.
3. 외상 후 요인으로 가족과 사회의 지지, 다양한 스트레스 등이 영향을 줄 수 있습니다.

3. 치료

지속적 노출법(PE: Prolonged Exposure)을 통해 외상 경험 관련 자극에 점진적으로 노출함으로써 둔감화를 이루고, 긴장 이완을 위한 호흡법을 통해 심리적 안정을 유도하기도 합니다. 인지처리치료(CPT: Cognitive Processing Therapy)를 통해 외상 경험에 대한 잘못된 신념을 탐색하고 수정하도록 하며, 자책과 죄의식을 유발하는 부정적 사고를 변화시키도록 합니다. 또한 긍정심리학적 접근으로 자기 연민의 과정을 통해 자신을 적극적으로 돌보는 태도를 갖도록 격려하고, 외상 후 성장(post-traumatic growth)을 경험할 수 있도록 유도합니다.

네 번째, 공황장애

공황장애(panic disorder)는 최근에 대중매체를 통해 많이 알려진 장애로, 환자는 예고 없이 죽을 것 같은 공포가 나타나는 아주 심각한 불안 상태를 경험합니다. 갑작스럽게 강력한 공포가 빠른 시간에 최고조에 달하고 빠르게 사라지는 공황발작이 반복적으로 발생하면 진단을 고려할 수 있습니다. 공황발작이 일어날 경우 추가 발작에 대한 두려움 때문에 낯선 상황을 회피하는 경향이 있고, 공황장애의 약 30~50%는 광장공포증을 동반합니다. 공황장애가 만성화되면 우울증이 동반 발병할 확률도 높다고 합니다.

1. 증상 및 진단 기준

다음의 13개 증상 중 4개 이상이 나타나는 경우 공황장애의 진단을 고려합니다.

1. 심장박동 증가(심계항진)
2. 진땀 흘림
3. 몸과 손발 떨림
4. 숨이 막히는 느낌
5. 질식감
6. 가슴 통증, 답답함

7. 메스꺼움, 복통

8. 어지럽고 기절할 것 같은 느낌

9. 오한, 얼굴에 열감을 느낌

10. 감각 이상(마비감 등)

11. 비현실감, 이인감

12. 자제력 상실에 대한 두려움

13. 죽음에 대한 두려움

2. 원인

생물학적 관점에서는 공황발작의 원인을 호흡과 관련된 기능의 취약성에서 찾습니다. 혈액 속의 이산화탄소 수준이 높아지면 과잉호흡을 하게 되는데요. 이를 사전에 예민하게 감지해 과도하게 호흡함으로써 공황장애가 발생한다는 것입니다.

데이비드 클라크(David Clark)는 인지적 관점을 바탕으로 신체의 감각을 위험 상황으로 잘못 인지하는 데 원인이 있다고 생각했습니다. 심장박동, 호흡 변화에 예민하게 반응하고, 이를 심각한 위협으로 지각해 죽을지도 모른다는 공포감을 느낀다는 것입니다. 신체 변화를 실제보다 더 극단적으로 해석하게 되는 악순환이 지속되어 공황장애가 발생한다고 본 것이지요.

3. 치료

공황장애치료는 항우울제나 세로토닌 재흡수 억제를 위한 약물치료가 대표적이며, 심리치료가 병행됩니다. 심리치료는 인지행동치료가 효과가 높은 것으로 알려져 있습니다. 복식호흡과 긴장이완훈련을 하며 신체감각을 올바르게 인지하도록 하고, 공황 상황에 점진적으로 노출해 불안을 통제하는 기술을 학습할 수 있도록 유도합니다.

다섯 번째, 강박장애

강박장애(obsessive compulsive disorder) 환자는 강박사고를 반복하거나, 행동으로 나타나는 강박 행동을 반복적으로 보입니다. 강박사고는 의도하지 않은 생각이 지속적으로 떠오르는 것을 말하며, 강박 행동은 강박사고를 누르기 위해 반복하는 행동을 말합니다.

1. 증상 및 진단 기준

강박사고 또는 강박 행동을 반복할 때 진단을 고려합니다. 두 가지 증상을 모두 보이는 경우도 있습니다. 강박사고로 인해 고통을 느끼고, 이러한 생각을 억압하기 위해 강박 행동이 나타나게 되는데요. 대표적인 강박 행동으로는 확인 반복, 손 씻기 반복 등이 있고, 정신적인 활동으로는 숫자 세기 반복, 마음속으로 특정한 단어 반복 등이 있습니다.

강박사고나 강박 행동에 많은 시간을 소모하거나, 사회적·직업적 영역의 기능이 손상되거나, 고통을 현저하게 유발하는 경우 진단을 고려할 수 있습니다.

2. 원인

생물학적 관점에서는 강박의 원인이 전두엽 또는 기저핵의 손상이나 세로토닌과 관련이 있다고 보았습니다. 정신분석적 관점에서는 항문기에 억압된 욕구가 재활성화되어 그에 대한 방어기제로 나타난다고 보았습니다. 인지행동적 관점에서는 강박의 원인을 우연히 떠오른 위협적인 상상에 대해 과도한 책임을 느끼고, 그러한 사고를 억제하려고 하는 데 있다고 보았습니다. 생각하지 않으려고 하면 할수록 더 위협적인 상상이 반복되고, 이를 해소하기 위해 강박 행동을 하게 된다는 것이지요. 일시적으로 불안을 해소할 수 있기 때문에 강박 행동은 더욱 강화됩니다.

대니얼 웨그너(Daniel Wegner)는 '흰곰효과'를 통해 사고를 억제할수록 그러한 사고가 더 강화될 수 있다고 이야기합니다. 정신 통제의 역설 효과라고도 하는데요. 우리가 살아가면서 흰곰에 대한 생각을 얼마나 자주 할까요? 북극에서 시원하게 탄산음료를 마시는 광고의 한 장면이 떠오를 수도 있고, 어쩌면 1년에 한 번도 생각하지 않을지도 모릅니다. 그런데 갑자기 누군가가 "1분 동안 흰곰에 대해 절대 생각하지 마세요."라고 말한다면 어떨까요? 오히려 더 많은 흰곰이 머릿속에서 분명하게 떠오를 것입니다. 이처럼 강박적 사고도 생각하지 않으려고 하면 할수록 더욱 강화됩니다.

3. 치료

강박장애의 치료는 약물치료, 행동치료, 인지치료로 진행됩니다. 행동치료로는 노출 및 반응방지법(ERP: Exposure and Response Prevention)이 효과적이라고 알려져 있습니다. 이는 두려워하는 자극과 사고에 노출시키고 강박 행동을 하지 못하게 함으로써 연결고리를 끊는 방법인데요. 강박 행동을 하지 않아도 두려운 일이 생기지 않는다는 것을 학습하게 되면 강박사고에 둔감해질 수 있기 때문입니다.

인지치료는 반복적으로 떠오르는 강박사고에 대해 환자가 과도하게 책임감을 느끼고 있다는 사실을 인지시키는 방식입니다. 인지치료는 강박사고가 누구나 느낄 수 있는 보편적인 사고임을 깨닫게 하지요. 또한 사고를 통제해야 한다는 의무감을 느끼게 하는 자동적 사고를 찾고, 변화할 수 있도록 유도합니다.

여섯 번째, 성격장애

성격장애는 지속적이고 일관된 성격적인 부분에서 부적응적인 모습을 보일 경우 진단을 고려합니다. 성격장애 진단을 받은 환자는 보통 자신이 속한 사회의 문화적인 기준을 심각하게 벗어나는 모습을 보이는데요. 인지, 정동(정서 반응의 범위와 강도), 대인관계, 충동 조절의 영역에서 증상이 드러나야 하고, 삶의 중요한 영역에서 고통을 느끼고 기능장애를 초래해야 하며, 발병은 적어도 청소년기나 성인기 초기부터 시작되어야 합니다.

성격장애는 특성에 따라 A군, B군, C군으로 구분되는데요. A군의 특징은 사회적 고립과 기이함이며 편집성·분열성·분열형 성격장애가 이에 속합니다. B군은 정서적인 면이 극적으로 표출되는 특징을 보이고 반사회성·연극성·자기애성·경계성 성격장애가 이에 속합니다. C군의 특징은 불안과 두려움이며 강박성·의존성·회피성 성격장애로 구분됩니다. 대표적으로 A군의 편집성 성격장애, B군의 반사회성 성격장애, C군의 의존성 성격장애를 알아보도록 하겠습니다.

1. 편집성 성격장애

1. 증상 및 진단 기준

편집성 성격장애의 핵심 욕구는 신뢰와 인정입니다. 이러한 욕구가 충족되지 않으면 타인을 불신하고 원망하는 모습을 보이게 됩니다. 타인과 친밀한 관계를 맺기 어렵고, 갈등이 자주 발생하며, 타인을 믿지 못하므로 모든 문제를 혼자 처리하려 합니다. 그러나 자신에 대한 비난은 사소한 것도 참지 못하는 특성을 보이고, 낯선 상황에서는 매우 신중한 모습을 보입니다. 편집성 성격장애는 다음의 7개 항목 중 4개 이상 충족될 경우 진단을 고려할 수 있습니다.

1. 근거가 확실하지 않은 상태에서 타인이 자신에게 피해를 주고 있다고 의심합니다.
2. 친구나 동료의 성실성, 신용을 부당하게 의심합니다.
3. 타인에게 마음을 열고 이야기하는 것을 꺼립니다.
4. 타인이 하는 말이나 사건에서 자신을 비하하는 의미를 찾으려 합니다.
5. 원한이 쌓인 것을 쉽게 해결하지 못합니다.

6. 타인에게 갑작스럽게 화를 냅니다.

7. 이유 없이 배우자나 대상자의 정절을 지속적으로 의심합니다.

2. 원인

양육 환경의 영향으로 세상에 대한 불신을 갖게 될 수 있습니다. 또한 타인의 비판에 특히 예민해서 날카로운 모습을 보일 수 있습니다.

3. 치료

내담자와 신뢰를 형성하기 위해 상담자는 개방적이고 솔직한 자세가 필요합니다. 특히 상담 초기에는 내담자에 대한 분석이나 비판은 주의해야 합니다. 내담자가 보이는 적대감과 의심을 수용하는 자세가 필요하며, 비합리적인 사고에 대한 탐색을 통해 사고를 수정할 수 있도록 도와야 합니다.

2. 반사회성 성격장애

1. 증상 및 진단 기준

반사회성 성격장애의 핵심 욕구는 타인과 환경에 대한 통제입니다. 이러한 부분은 타인의 권리를 침해하는 모습으로 나타나 정해진 규칙과 법을 어길 수 있으며, 무책임하고 폭력적인 행동을 보일 수 있습니다. 자신을 과대평가해 오만한 태도를 보이거나, 말이 과장되고 자기주장을 강하게 하는 모습을 보입니다.

반사회성 성격장애가 곧바로 나타나는 경우는 적은데요. 보통 15세 이전에 품행장애의 특성을 보이다 반사회성 성격장애로 이어지는 경우가 많습니다. 품행장애의 주된 증상은 공격성과 비행입니다. 사람이나 동물에 대한 공격, 재산 파괴, 사기 또는 절도, 중대한 규칙 위반 등의 특징을 보입니다. 해당 증상이 1년 이상 지속되어 사회적·학업적 기능에 문제가 발생할 경우 진단을 고려합니다. 다음 7개 항목 중 3개 이상을 충족할 경우 반사회성 성격장애 진단이 내려질 수 있습니다. 해당 진단은 18세 이상을 대상으로 합니다.

1. 법으로 정한 규범을 준수하지 않고 구속될 행동을 반복합니다.
2. 개인의 이익 또는 쾌락을 위해 거짓말을 반복적으로 하거나 사기 행동을 합니다.
3. 충동성을 보이고 계획을 세우지 못합니다.
4. 육체적 싸움과 폭력의 사용이 잦습니다.
5. 자신이나 타인의 안전을 무시하는 무모한 모습을 보입니다.
6. 직업을 가지지 못하거나 부채를 해결하지 못하는 무책임성이 나타납니다.
7. 타인에게 상처를 입히거나 학대 또는 절도 행위를 한 후에도 자책하지 않습니다.

2. 원인

생물학적 관점에서는 반사회성 성격장애가 환경적 영향보다는 유전적 영향을 더 많이 받는다고 보고 있습니다. 학자들은 이란성보다 일란성 쌍생아일 경우 범죄 행위 일치율이 훨씬 높았고, 입양아 역시 친부모의 반사회적인 모습의 영향을 많이 받는다는 점을 근거로 들었는데요. 반사회성 성격장애 환자들은 자율신경계와 중추신경계의 각성이 저하되어 있어 자극적인 경험을 추구하게 된다고 합니다.

물론 환경적인 요인도 무시할 수는 없습니다. 어린 시절 양육 환경에서 부모와 불안정한 관계를 맺거나, 학대받은 경험이 있거나, 부모가 지배적이거나 방임하는 태도를 보일 경우 반사회적인 성향이 커질 수 있습니다.

3. 치료

반사회성 성격장애는 근본적인 치료가 매우 어렵고, 환자가 치료를 위해 상담에 직접 참여하는 경우도 드뭅니다. 예방을 위해 부모교육과 청소년 복지에 대한 지원이 필요합니다.

3. 의존성 성격장애

1. 증상 및 진단 기준

의존성 성격장애의 핵심 욕구는 타인의 보호와 사랑입니다. 특정한 대상에게 전적으로 의지하고, 대인관계는 소수의 사람에게 집중되어 있습니다. 의존하는 사람에게 절대적인 복종의 자세를 보이므로 겉모습은 매우 순응적이며, 스스로를 과소평가하고 부정적인 태도를 보입니다. 다음의 항목 중 5개 이상을 충족할 경우 진단을 고려할 수 있습니다.

1. 일상적인 일을 스스로 결정하지 못합니다.
2. 인생의 중요한 부분에 대한 결정도 타인에게 의지합니다.
3. 의지하고 있는 사람에게 반대의 주장을 하지 못합니다.

4. 혼자서 일을 시작하거나 수행하기 어렵습니다.

5. 불쾌한 일이라도 지지와 보살핌을 받기 위해 수행합니다.

6. 혼자 있으면 불편하고 무기력해집니다.

7. 누군가와 친밀한 관계가 끝나면 자신을 보호해줄 다른 사람을 즉시 찾기 위해 노력합니다.

8. 자신을 스스로 돌봐야 하는 상황에 처하는 것에 대한 두려움이 지나칩니다.

2. 원인

의존성 성격장애의 원인을 환경적 요인에서 살펴보면, 어린 시절부터 허약했거나 다른 이유로 부모의 과잉보호를 받은 경우가 대표적입니다. 이로 인해 자율성이 통제되는 경험을 하면 수행과 결정에 대한 자율성이 결핍될 수 있습니다. 또한 이들의 신념 체계에는 '나는 무력하고 부적절한 사람이다.' '나는 혼자서 세상에 대처할 수 없다.'라는 비합리적인 흑백논리가 공통적으로 발견됩니다.

3. 치료

상담자는 내담자의 내부적 갈등의 원인을 찾고, 이를 직면하게 해서 독립적인 자세를 갖출 수 있도록 돕는 방향으로 접근할 수 있습니다.

일곱 번째, 자폐 범주성 장애

과거 전반적 발달장애의 하위 유형이었던 자폐성 장애와 아스퍼거 증후군은 DSM-5에서는 자폐 범주성 장애(austism spectrum disorder)에 포함되었습니다. 자폐성 장애와 아스퍼거 증후군은 명확히 구분하기 어려우나, 아스퍼거 증후군은 자폐성 장애에 비해 의사소통기능, 적응기능, 대인관계기능이 상대적으로 양호한 모습을 보입니다.

최근에는 자폐에 대한 기준이 광범위해지고 진단방법이 향상되면서 대중의 인식이 개선되고 있습니다. 자폐 범주성 장애의 진단은 지속적으로 증가하고 있으며, 이에 대한 조기 치료와 특수교육이 활발하게 이뤄지고 있습니다.

1. 증상 및 진단 기준

자폐 범주성 장애 환자는 다음과 같이 의사소통과 상호작용에 지속적인 결함을 보입니다.

1. 사회적·정서적 상호작용의 결함: 타인과 대화를 주고받는 데 어려움이 있고, 감정 공유에 어려움을 겪으며, 상호작용에 반응하지 않습니다.
2. 비언어적 의사소통 행동의 결함: 눈맞춤이 어렵고, 몸동작이 서툴고, 심할 경우 얼굴 표정의 변화가 없거나 비언어적 의사소통을 하지 못합니다.
3. 대인관계의 발전과 유지의 결함: 친구를 사귀기 어렵거나 친구를 사귀는 데 관

심이 없습니다.

다음과 같이 행동, 흥미, 활동에 제한적이고 반복적인 패턴이 나타납니다.

1. 반복적인 동작이나 언어 사용: 단순 동작을 반복하거나, 타인의 말을 따라 하거나, 기이한 어구를 사용합니다.
2. 동일한 것에 대한 고집, 완고한 집착, 언어-비언어적 의식화된 패턴: 경직된 사고로 매일 같은 행동을 하는 모습을 보일 수 있습니다.
3. 매우 제한적이고 고정된 흥미: 특이한 물건에 강한 집착을 보일 수 있습니다.
4. 감각적 자극에 대한 과도 또는 과소 반응, 환경에 대한 감각적 측면에 비정상적인 관심: 고통이나 온도에 무감각하거나, 특정한 재질에 혐오 반응 또는 지나친 관심을 보일 수 있습니다.

위 증상들이 어린 아동기에 나타나거나, 삶의 중요한 영역에 심각한 손상을 초래할 경우 진단을 고려합니다.

2. 원인

자폐 범주성 장애의 원인은 아직까지 명확하지 않은 상황입니다. 다만 비전형적인 두뇌 발달과 두뇌 구조 이상을 원인으로 보는 시각이 많습니다. 신경전달물질 세로토닌의 과다 분비와 유전적인 영향에도 가능성을 두고 있습니다.

3. 치료

조기에 집중적인 치료를 진행할 경우 긍정적인 효과를 기대할 수 있습니다. 약물치료와 함께 장애 특성을 고려해 의사소통 기술과 사회적 기술을 향상시킬 수 있는 행동치료를 병행합니다. 또한 특수교육을 통해 자기 점검을 행동계약화하고, 자기 강화를 할 수 있는 훈련을 통해 장애가 없는 아동과 잘 어울릴 수 있도록 유도합니다.

여덟 번째, 주의력 결핍 과잉행동 장애

주의력 결핍 과잉행동 장애(ADHD : Attention Deficit Hyperactivity Disorder)는 최근 학교 현장에서 많은 관심을 받고 있습니다. 유병률은 아동의 3~5% 정도로 여아보다 남아에게 더 많이 나타납니다. 또래 아동보다 자주, 지속적으로 부주의하고 과잉행동과 충동성을 보이는데요. 과제에 따른 주의력 편차가 크기 때문에 학습이 아닌 다른 영역에서는 매우 높은 집중력을 보일 수 있습니다. 학업 성취가 저조한 경우가 많고, 연령이 증가함에 따라 과잉행동이 개선되기도 합니다. 그러나 부주의와 충동성은 오래 지속되며 일부 증상은 성인기까지 이어질 수 있습니다.

1. 증상 및 진단 기준

증상은 크게 부주의와 과잉행동으로 나뉩니다. 증상은 12세 이전에 2개 이상의 장소(집과 학교 등)에서 나타나야 합니다. 관련 증상으로 인해 사회적·학업적·직업적 기능이 현저하게 저하되었다면 진단을 고려할 수 있습니다.

부주의는 다음의 증상 중 여섯 가지 이상이 6개월 이상 지속될 때 해당합니다.

1. 세부적인 면에 주의를 기울이지 못하고 학교와 직장에서 부주의한 실수를 보입니다.
2. 일이나 놀이에 지속적으로 집중하지 못합니다.
3. 타인의 말을 지속적으로 경청하지 못합니다.
4. 학업, 직업 수행을 완수하지 못합니다.
5. 과업과 활동을 체계적으로 하지 못합니다.
6. 정신적 노력이 필요한 과업에 참여하는 것을 싫어하고 피합니다.
7. 과제나 활동에 필요한 물건을 잃어버립니다.
8. 외부 자극에 쉽게 산만해집니다.
9. 일상적인 활동을 잊어버립니다.

과잉행동, 충동성은 다음의 증상 중 여섯 가지 이상이 6개월 이상 지속될 때 해당합니다.

1. 가만히 있지 못하고 손과 발을 지나치게 움직입니다.
2. 가만히 앉아 있어야 하는 교실이나 다른 장소에서 차분하게 있지 못합니다.
3. 공공장소에서 지나치게 뛰어다닙니다.

4. 여가를 편안하게 즐기거나 놀지 못합니다.

5. 마치 모터가 달린 것처럼 지나치게 움직입니다.

6. 말을 지나치게 많이 합니다.

7. 질문이 끝나기 전에 대답을 합니다.

8. 차례를 기다리지 못합니다.

9. 다른 사람이 하는 일을 자주 방해합니다.

2. 원인

생물학적 관점에 따르면 주의력 결핍 과잉행동 장애의 원인은 유전적 기질의 영향력에 있습니다. 노르에피네프린, 도파민과 같은 신경전달물질에 의한 기능장애로 보기도 하지요. 실제로 환자의 형제 또한 30% 가량의 발병률을 보인다고 합니다. 환경적 관점에서는 가정 내 부모의 비일관적이고 비판적인 양육 태도를 원인으로 보기도 하는데요. 기질적으로 부정석이고 거부감이 높은 아이에게 부모가 지시적이고 비판적인 태도를 보일 경우 과잉행동과 충동성을 야기할 수 있기 때문입니다.

주로 학교에 입학한 후 이러한 주의력 결핍 과잉행동 장애의 증상이 발견되는 이유는 교사의 태도와 너무 높거나 낮은 성취 기대, 또래의 잘못된 행동 모방 등 다양한 요인이 작용하기 때문입니다. 주의력 결핍 과잉행동 장애는 특히 정서장애, 행동장애, 학습장애가 함께 발병할 가능성이 크기 때문에 아이가 관련 증상을 보인다면 주의 깊게 관찰해야 합니다.

3. 치료

중추신경계 자극제 약물치료로 증상이 호전되는 결과가 나타나기도 합니다. 대개 약물치료는 효과가 비교적 좋은 것으로 알려져 있습니다. 문제행동에 대한 일관성 있는 처벌, 아동의 사고와 문제해결능력을 단계적으로 향상시키기 위한 교육을 병행하기도 합니다.

아홉 번째, 신경인지장애

신경인지장애(neurocognitive disorder)는 인지기능의 장애가 지속되는 것으로, DSM-5로 개정되기 이전에는 치매의 범주에 해당되었습니다. 쉽게 말해 퇴행성 신경계 뇌 질환으로 인한 장애를 뜻합니다.

진행 정도에 따라 주요 신경인지장애와 경도 신경인지장애로 구분되며, 주요 신경인지장애의 경우 일상생활을 독자적으로 하기 어려운 정도까지 진행된 상태를 말합니다. 알츠하이머병의 발병 비율이 가장 높으며 뇌혈관 질환, 파킨슨 질환 등으로 구분됩니다.

1. 증상

인지적 영역에서 과거에 비해 심각한 손상이 한 가지 이상 나타날 경우 진단을 고려합니다.

1. 복합적 주의
2. 실행기능
3. 학습 및 기억
4. 언어기능
5. 지각 및 운동기능
6. 사회적 인지

인지적 결함으로 인해 일상생활이 어렵거나, 이러한 결함이 다른 질병에 의한 것이 아닐 경우 진단을 고려할 수 있습니다.

2. 원인

신경인지장애는 대표적인 퇴행성 질환입니다. 노화의 과정에서 생기는 알츠하이머 질환, 뇌혈관 질환, 파킨슨 질환에 의해 발병하거나, 충격에 의한 뇌 손상 또는 감염에 의해 발병하기도 합니다.

3. 치료

약물에 의한 치료 또는 인지적 기능을 촉진시킬 수 있는 활동을 진행합니다. 규칙적인 생활과 적절한 운동이 권장되며, 대인관계를 유지하는 것도 도움이 될 수 있습니다.

Mind in Focus

오늘 실천하는 마음의 기술

여러분은 가족생활주기 중 어느 단계를 지나고 있나요? 가족의 구성원과 형태가 바뀌기도 하고 직업적인 영역에서 진로를 변경해야 하는 시기를 마주하기도 합니다. 이 과정에서 우리는 나의 욕구와 타인의 욕구가 상충되는 경험을 하게 됩니다. 직장을 더 다니고 싶은데 은퇴를 준비해야 하기도 하고, 자녀가 좀 더 안정적인 직업을 가졌으면 하는 마음이 들지만 그 마음대로 되지 않는 경우도 있지요. 이러한 욕구가 늘 충족되지 않는다는 사실을 알고 있음에도, 막상 좌절을 겪으면 부정적인 감정이 듭니다.

나의 욕구를 알아차릴 수 있는 것은 '나'입니다. 때때로 타인이 내가 원하는 것을 알아서 해줬으면 할 때가 있지요. 그럴 경우 욕구가 충족되었을 때도, 욕구가 좌절되었을 때도 느껴지는 감정의 주체가 내가 되기 어렵습니다. 그렇기 때문에 내가 원하는 것을 명확히 알아차리는 연습이 필요합니다.

중년이 되어 역할이 많아질수록 이런 욕구를 생각하는 것

조차 사치처럼 느껴질 수 있습니다. 아이 학원을 보내야 하는데 나를 위해 쇼핑을 하고 싶다고 생각하는 것조차, 독박육아에 힘쓰고 있는 아내가 기다리고 있는데 나홀로 여행을 꿈꾼다는 것조차 죄책감이 들 수 있습니다. 하지만 나의 욕구는 말 그대로 바람입니다. 충족하는 것과 별개로 꿈꿀 수 있지요.

욕구의 목록을 만들고 절충 방안을 세울 수 있습니다. 또한 가족 구성원끼리 욕구를 절충할 수 있지요. 나의 욕구와 타인의 욕구에 균형을 이루고, 욕구의 충족과 다른 방식으로 승화하는 방안을 찾아가는 과정이 인생 전환기의 우리에게 필요합니다.

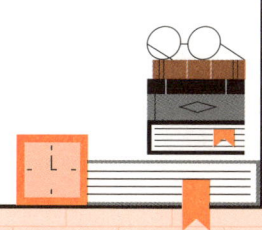

요가를 배우기 시작했습니다. 새로운 동작을 배우는 날이면 새삼 '내 몸에 이런 부분에도 근육이 있었고 그 쓰임이 이렇구나.' 하는 생각이 들었습니다. '겉으로 보이는 내 몸에도 내가 몰랐던 움직임들이 있는데, 하물며 눈에 보이지 않는 마음은 어떨까?' 하는 생각도 들었지요. 근육의 움직임으로 우리 몸의 연결고리를 알아내듯이, 우리는 감정의 움직임과 자극점을 통해 마음의 연결고리를 찾아야 합니다. 요가에서 반복을 통해 잘 되지 않는 동작에 익숙해지듯이, 마음의 과제도 그 미묘한 움직임을 관찰하고 반복함으로써 충분히 숙달할 수 있습니다.

5장

나이듦의 기술:
수용하고 성장하다

셀리그만의 긍정심리학

    긍정심리학은 1998년 마틴 셀리그만에 의해 처음 언급되었습니다. 그는 인간의 나쁜 부분을 연구하고 바꾸는 노력을 통해 좋은 점을 향상시킬 수 있다고 생각했는데요. 긍정심리학은 심리학의 한 영역이라기보다 심리학에 대한 일반적인 조망에 가깝습니다. 그는 긍정심리학의 개념을 제시하며, 심리학이 질병이론적 관점에서 벗어나 인간의 잠재력과 강점에 초점을 맞춰야 한다고 주장했습니다.

    '잘 사는 것'은 어떤 것일까요? 아마도 많은 사람들이 '행복한 삶을 사는 것'이라고 대답할 것입니다. 그럼 행복이란 무엇일까요? 행복을 묻는 질문에는 제각기 다른 답변을 내놓기 마련입니다. 심리학에서는 이처럼 다양한 의미의 행복(well-being)을 학술적으로 연구하기 위해 행복을 '웰빙'으로 표기하거나, '안녕감'이라는 용어로 나타내기도 합니다. 행복에 대한 관점은 크게 쾌락주의적 행복과 자기실현적 행복으로 구분됩니다.

행복에 대한 두 가지 관점

쾌락주의적 관점(hedonic approach)은 고대 그리스 시대의 쾌락주의 철학보다 더 넓은 관점에서 행복을 바라보고 있습니다. 즉 육체적·물질적 즐거움 이상을 추구하는 것이지요. 이러한 관점을 가진 학자들은 주관적 안녕감(subjective well-being)으로 행복을 정의합니다. 주관적 안녕감은 삶에 대한 만족감, 긍정적 정서, 부정적 정서 세 가지 기준으로 측정됩니다. 삶에 대한 만족감과 긍정적 정서(행복, 기쁨과 같은 정적 정서)의 빈도나 강도는 높을수록 좋으며, 부정적 정서(슬픔, 걱정과 같은 부적 정서)의 빈도나 강도는 낮을수록 좋습니다. 긍정적·부정적 정서는 파나스(PANAS: Positive Affect and Negative Affect Schedule) 척도를 통해 측정됩니다.

행복에 대한 두 번째 관점은 자기실현적 관점(eudaimonic approach)입니다. 행복이 자기를 실현하는 과정에서 나온다는 관점으로, 이는 인본주의적 관점인 매슬로의 욕구위계이론과 로저스의 충분히 기능하는 삶과 궤를 같이합니다. 이러한 관점을 가진 학자들은 심리적 안녕감으로 행복을 정의하며, 다음의 여섯 가지를 기준으로 하는 심리적 안녕감 척도(psychological well-being sales)를 통해 행복을 측정하고자 했습니다.

1. 자기 수용

2. 개인적 성장

3. 삶의 목표

4. 환경의 통제

5. 자율성

6. 타인과의 긍정적 인간관계

여섯 가지 기준을 차례대로 알아보겠습니다. 자기 수용은 자신에 대한 긍정적 태도와 수용하는 자세를 의미하며, 개인적 성장은 자기계발과 새로운 도전 등에 대한 개방성이라 할 수 있습니다. 삶의 목표는 자신의 삶이 의미와 목적이 있다는 느낌을 말하고, 환경의 통제는 외부 환경을 잘 통제할 수 있다는 믿음을 뜻합니다. 자율성은 자기 주도성을 보장받는 환경에서 높게 나타나며, 타인과의 긍정적 인간관계는 공감과 친밀감에 대한 역량이 높을수록 높게 나타납니다.

한편 행복에 대한 두 가지 관점은 개인적 차원에만 머무르기 때문에 새로운 관점이 필요하다는 주장도 대두됩니다. 인간은 개인의 만족뿐만 아니라 사회적 번영을 함께 이룰 때 행복을 느끼게 되는데요. 이러한 관점이 반영된 행복의 기준이 바로 정신적 웰빙(mental well-being)입니다. 쉽게 말해 기존의 두 가지 관점에 '사회적 웰빙' 요소를 추가해 행복을 측정해야 한다는 것인데요. 사회적 웰빙의 요소로는 사회적 수용, 사회적 실현, 사회적 기여, 사회적 통합, 스스로 사회적 응집력이 있습니다. 이를 통해 자신이 타인의 다양성을 인정하고 긍정적인 태도를 보이는지,

타인의 잠재력을 신뢰하고 배려하며 인정하는지, 공동체 내에서 동질성과 안락감을 느끼는지 등을 다각적으로 측정할 수 있습니다.

행복을 정의하고 설명하는 방식은 다양합니다. 하지만 행복을 의미하는 웰빙은 외부적인 평가에 의한 것이 아닌, 자신의 주관적 경험을 바탕으로 한다는 점과 개인의 강점을 계발하고 발휘하면서 이룰 수 있다는 점에서 공통된 모습을 보입니다.

나이와 행복

삶의 과정에서 어떤 시기에 가장 행복하다고 느낄까요? 대다수의 사람들은 사춘기 시절과 노년기를 행복하지 않을 것이라고 예상하곤 합니다. 특히 노년기의 행복을 부정적으로 바라보는 시선이 많은데요. 한 연구 결과에 따르면 청년들에게 자신의 노년기에 대한 만족도를 예상하게 했더니 실제 노년기에 접어든 사람들의 만족도 수준보다 훨씬 낮은 결과가 나왔다고 합니다.

나이가 든다고 해서 주관적 안녕감과 자아존중감 수준이 감소하지 않는다는 연구 결과도 있습니다. 흔히 나이가 들면 부정적 정서가 커질 것이라는 오해를 하는데, 신체적 기능이 떨어진다고 해서 부정적 정서가 커지는 것은 아닙니다. 개인차는 있겠지만 정서의 균형은 나이가 들수록 안정적인 상태에 접어들게 됩니다. 청년층의 감정은 다소 극단적인 반면, 노인은 정서 변화의 폭이 작고 안정적인 모습을 보이기 때문입니다.

회복탄력성의 중요성

탄력성(resilience)은 어떠한 물질의 유연성과 신축성을 의미하는 말로, 늘어나거나 압축된 상태에서 원래의 상태로 되돌아오는 능력을 의미하는 용어입니다. 긍정심리학의 관점에 따르면 탄력성은 우리가 겪는 어려운 상황을 잘 극복해 이전의 수준으로 정신기능이 되돌아오는 것을 의미하는데요. 이러한 기능에 대해 회복(recovery)이라는 용어를 탄력성이라는 표현과 결합해 쓰는 이유는, 원래의 상태로 되돌아가는 수준이 아니라 그 이상의 성장한 상태를 추구하기 때문입니다.

회복탄력성에 대한 대표적인 연구로는 '하와이 카우아이섬 실험'이 있습니다. 카우아이섬은 가난, 범죄, 가족 내 갈등, 질병 등 열악한 환경에 시달리고 있었는데요. 심리학자 에미 워너(Emmy Werner)는 무려 30년 이상 이 섬에 대한 역학조사를 진행했습니다. 워너는 이곳에서 태어난 아이들이 대부분 위험에 노출되어 일탈적인 삶을 살 것이라고 가정했습니다. 하지만 같은 환경에서 성장했음에도 불구하고 1/3은 건강하고 성공적인 삶을 꾸렸다고 합니다. 성공한 이들의 공통적인 특징은 고통의 순간, 부모 대신 응원해준 조력자(조부모, 교사, 마을 사람 등)가 있었다는 점인데요. 조력자를 통해 어려운 상황을 극복할 수 있는 회복탄력성을 발휘할 수 있었기 때문입니다.

환경적인 어려움이 개인에게 미치는 영향력은 무시할 수 없을 것입니다. 하지만 위로해주고 지지해주는 주변인의 영향력은 회복탄력성에 지대한 영향을 미칩니다. 심리학자 캐롤 리프(Carol Ryff)는 성인기, 노년기의 회복탄력성에 대해 연구했는데, 그 결과 성공적인 노화에 회복탄력성이 가장 중요한 요소로 작용한다는 사실을 밝혀냈습니다. 또한 그녀는 회복탄력성에 가장 큰 영향을 미치는 요소로 앞서 자기실현적 행복에서 언급한 심리적 안녕감을 꼽았습니다. 결국 자기 자신에 대한 긍정적인 태도의 자기 수용, 지속적인 발달과 새로운 경험에 대해 열려 있는 개인적 성장 여부, 목표와 신념을 가지는 삶, 빠르게 변화하는 환경에 적응하는 능력, 독립적이고 자율적으로 결정할 수 있는 자율성, 다른 사람과의 긍정적인 상호작용이 개인의 행복과 위기를 극복하는 회복탄력성에 모두 영향을 미친다는 것입니다.

성공적인 노화란 무엇인가?

노화(aging)는 일반적으로 일차적 노화, 이차적 노화, 삼차적 노화로 구분됩니다. 일차적 노화는 전 생애에 걸쳐 모든 사람들이 겪는 과정으로, 시간의 흐름에 따른 불가피한 변화입니다. 정상적 노화(normal aging)라고도 하며, 출생과 동시에 점진적으로 진행되지만 성인 중기에 이르러서야 식별이 가능한 징후들이 나타납니다. 또한 신체의 모든 부분이 동일한 속도로 노화를 겪는 것은 아닙니다.

이차적 노화는 질병, 약물 오남용 등을 통해 일어나는 노화를 의미합니다. 최근에는 일차적 노화와 이차적 노화의 구분이 명확하지 않고 혼재되어 일어나는 경우가 많습니다. 과거 연령에 따른 일차적이고 정상적인 노화로 평가되었던 주름살도, 최근에는 자외선으로 인한 이차적 노화로 평가받고 있습니다.

　삼차적 노화는 삶의 최종 단계에 겪는 급격한 변화로, 사망 직전에 주로 겪는 노화입니다. 질병 저항력이 급감하고, 삶에 대한 의지를 상실하고, 수면시간이 하루의 대부분을 차지하게 됩니다.

노화로 인한 변화

　노화가 진행된다는 것은 많은 변화를 의미합니다. 우선 생물학적·생리적 변화를 살펴보면 감각의 변화가 두드러지게 나타납니다. 원근감각(dismal sense)인 시각과 청각은 감퇴 속도가 빠른 반면, 근접감각(proximal sense)인 촉각, 미각, 후각, 통각, 균형감각은 감퇴 속도가 다소 늦지만 점차 쇠퇴합니다. 인간의 생존적 가치가 담긴 중요한 감각인 후각과 미각은 노화로 인한 변화가 비교적 작은 편입니다.

　또한 뇌 신경조직이 퇴화되어 중앙정보처리 속도가 느려지기 때문에 지각의 변화도 일어납니다. 빠르게 지나가는 자극을 처리하는 역동적 시지각(dynamic visual perception)이 쇠퇴하고, 운전 시 필요한 주의양분능력(divided attention)이 서서히 감퇴합니다. 수면 패턴의 변화도 함께 일어나는데요. 서파수면(잠의 단계 중 깊은 수면에 해당하는 3~4단계의 수면)이 감소하고 렘수면(잠의 단계 중 빠른 안구 운동이 일어나는 기간)이 증가해 신체 회복에 어려움을 느낍니다.

　인지적인 측면에서는 기억력이 감퇴하고, 인출 실패로 인해 망각이 늘어납니다. 하지만 삶과 관련된 일화적 기억은 노화에 큰 영향을 받지 않으며, 이러한 자전적 기억은 개인의 정체감 유지와 정서 유지에 긍정적인 역할을 합니다. 성격적인 부분에서는 신체에 대한 민감성을 지니게 됩니다. 전문가적인 능숙함을 지녔던 장년기를 지나 노년기에 이르면 우울의 경향이 증가하고, 경직성이 증가하며, 친근한 사물에 대한 애착심이 증가합니다. 또한 의존성이 증가하거나 내향성이 증가할 수 있습니다.

성공적인 노화

성공적인 노화(successful aging)란 개념은 1986년 미국 노년학회 연례회의에서 공식적으로 사용되기 시작했습니다. 명확하게 합의된 정의는 규정하기 어렵지만 '건강한 정신을 바탕으로 질병이 없는 상태'라고 할 수 있습니다. 또한 능동적이고 유능한 인지적·신체적 기능을 유지하고 있어야 하며, 생산적 활동을 유지하고, 타인과 활발한 교류를 할 수 있는 개방적인 태도를 갖추고 있어야 합니다.

그렇다면 어떻게 하면 성공적인 노화가 가능할까요? 이 역시 주관적 안녕감이 중요하게 작용합니다. 앞서 긍정심리학에서 연령이 증가함에 따라 주관적 안녕감과 긍정적 정서가 증가한다고 언급했었는데요. 주관적 안녕감과 관련된 다른 연구 결과를 보면, 노인 집단은 성인 집단에 비해 긍정적 정서가 더 많이 나타나고 여성 노인이 남성 노인보다 더 높은 긍정성을 보인다고 합니다. 또한 외향성을 지닌 남성은 전 생애에 걸쳐 더 높은 긍정성을 보이며, 결혼한 남성 노인이 결혼한 젊은 남성보다 더 적은 부정적 정서를 보였다고 합니다.

또한 발달심리학자들은 통제력(control)을 성공적인 노화의 요인으로 제시하기도 합니다. 통제력은 일차적 통제력(primary control)과 이차적 통제력(secondary control)으로 구분되는데요. 일차적 통제력은 자신이 원하는 욕구를 충족시키기 위해 주변 환경을 적극적으로 변화시키는 것이며, 이차적 통제력은 환경을 변화시키기보다는 자신을 환경에 맞추는 것을 의미합니다. 성인기 후기에 이르면 자녀와 배우자 그리고 인간관계에서 자신이 원하는 방식으로 환경을 변화시키는 일차적 통제력을 점차 상실하게 됩니다. 일차적 통제력은 출생 후 성인기 초기에 최고점에 도달하고, 성인기 후기부터 급격히 감소합니다. 그러나 이차적 통제력은 출생 이후 지속적으로 증가하는 모습을 보이며, 일차적 통제력이 감소하는 시기에 보상기제로 작용해 더욱 활성화되는 모습을 보입니다.

성공적인 노화를 위해서는 이러한 일차적 통제력과 이차적 통제력 간의 균형을 유지하도록 노력해야 합니다. 특정한 영역에서 능력을 발휘하면 일차적 통제력을 증가시킬 수 있어 꾸준한 관리와 노력이 필요합니다. 일차적 통제력은 신체기능이 뒷받침되어야 하므로 인지적·사회적 영역에서 정상적 기능을 유지할 수 있도록 노력해야 할 것입니다. 또한 성공적인 노화를 위해 성인기 후기에 나타날 수 있는 다양한 실패 경험을 긍정적으로 다룰 수 있는 자세 또한 필요합니다.

이처럼 성공적인 노화는 다양한 변화에 대한 심리적 적응과 관련이 있습니다. 이와 관련된 심리이론들을 살펴보겠습니다.

1. 사회유리이론

사회유리이론(disengagement theory)은 사회로부터 서서히 심리적 에너지를 거두는 것, 즉 사회에서의 위치와 공적 역할을 줄이는 것이 정상적이며 성공적인 노화라는 이론입니다. 이처럼 노년기에는 신체적·인지적 감퇴와 내향성 증가로 인해 사회에서 스스로 유리(遊離)되는 것을 원하게 된다고 합니다.

2. 활동이론

활동이론(activity theory)은 은퇴로 사회적 활동이 끊어진다 해도 능력이 있는 한 지속적이고 적절한 활동을 계속하는 편이 행복감을 높여준다는 이론입니다. 지속적인 활동에는 경제적인 소득을 위한 활동 외에 여가 활동이나 사교적 모임 활동, 신체적 이동 등도 포함됩니다.

3. 지속이론

지속이론(continuity theory) 죽음을 맞이할 때까지 자신이 하던 활동을 이어가는 것이 성공적인 노화라는 주장입니다. 이전에 수행했던 역할과 유사한 경험을 지속하는 것이 성공적인 노화에 도움이 된다고 합니다.

4. 사회정서적 선택이론

사회정서적 선택이론(socioemotional selectivity theory)은 나이가 들면 점점 무의미한 사회적 관계를 줄이고, 친족 집단 위주로 관계를 유지하

정서곡선과 지식곡선의 변화

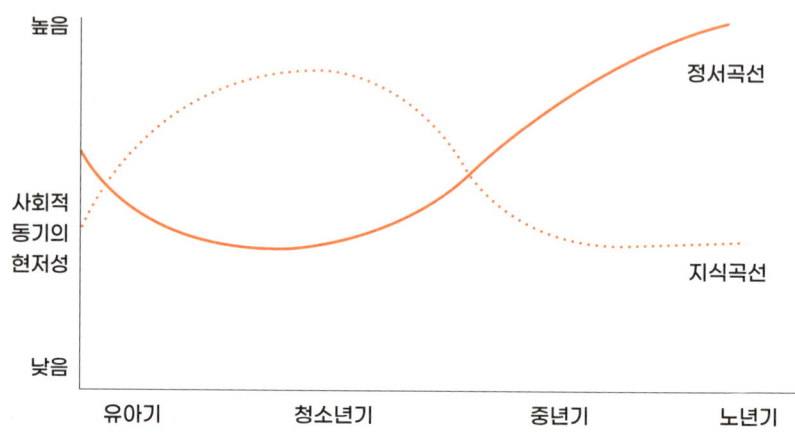

자료: Laura Carstensen, Derek Isaacowitz, Susan Charles, 'Taking time seriously: theory of socioemotional selectivity.'

는 현상을 의미합니다. 심리학자 로라 카스텐슨(Laura Carstensen)은 남겨진 삶의 시간에 대한 개인의 지각이 삶의 목표에 영향력을 미친다고 생각했습니다. 그녀는 대학생과 노인을 비교하며, 진로를 고민하고 미래에 대한 활동에 초점을 맞춘 대학생에 비해 노인이 보다 현실적인 목표에 집중할 수 있다고 주장했습니다. 삶의 시간이 얼마 남지 않았다고 느끼는 경우 미래보다는 현실적인 목표에 집중하기 때문입니다.

생애의 흐름에 따른 정서곡선과 지식곡선의 변화를 보면, 성인기에는 삶을 위한 지식과 기술을 얻는 데 집중하는 모습을 보입니다. 반면 현재의 삶을 유지시키는 정서적 목표에 대한 관심은 낮은 시기이지요. 정서적 만족은 노년기부터 중요해집니다. 노년기에는 미래를 위해 일상의 정서적 만족을 포기하지 않습니다. 카스텐슨은 똑같이 갈등을 겪어도 중년의 부부보다는 노년의 부부가 정서 조절을 잘하는 모습을 보이며, 이 과정에서 친밀도도 상승한다고 보았습니다. 또한 노년기에는 일회적인 관계보다는 배우자, 자녀, 손주, 매우 가까운 친구 등 오래된 관계에 더 많은 노력과 시간을 쏟는다고 합니다.

누구나 노화의 과정을 겪습니다. 이러한 과정에서 기능적 쇠퇴뿐만 아니라 정서에도 많은 변화가 일어나게 되지요. 성공적인 노화를 위해서는 개인의 노력도 중요하지만, 노인을 부정적으로 바라보는 사회적인 고정관념과 인식을 함께 해결해야 할 것입니다. 고정관념이 팽배한 사회에서는 노인 스스로가 자신을 무기력하게 느끼는 사회적와해증후군(social breakdown syndrome)이 일어날 수 있습니다.

스트레스에 대한 이해

　스트레스는 '팽팽하다'라는 의미의 라틴어 스트린제레(stringere)에서 유래한 용어로, 이 어원을 통해 스트레스가 어떠한 종류의 긴장감을 유발하는지 짐작할 수 있습니다. 스트레스에 대한 정의는 세 가지로 구분됩니다. 첫 번째는 스트레스가 외부의 자극(사건, 시험, 대출, 마감, 전쟁 등)에서부터 비롯되었다고 보는 것이고, 두 번째는 자극에 대한 생리적인 반응으로 보는 것이고, 세 번째는 개인과 환경의 관계에서 비롯되었다고 보는 것입니다.

　보통 사회학은 스트레스를 자극으로 보는 첫 번째 관점을 지지하며, 의학은 스트레스를 반응으로 보는 두 번째 관점을 지지합니다. 스트레스가 상호 관계에서 비롯되었다고 보는 마지막 관점은 주로 심리학에서 찾아볼 수 있습니다. 이처럼 스트레스는 한 가지 요인으로만 정의할 수 없으며 환경적·생물학적·심리적 관점이 서로 연계되어 있습니다.

스트레스와 관련된 이론들

내분비학자 한스 셀리에(Hans Selye)는 반응지향이론(response-oriented theory)을 통해 스트레스의 과정을 생물학적 관점에서의 변화라고 주장합니다. 그는 스트레스원(stressor)이라는 자극에 대한 반응으로 스트레스를 설명했는데요. 쥐를 대상으로 한 실험에서 자극의 종류에 관계없이 쥐가 유사한 생리적 변화를 보인다는 사실을 발견했고, 이를 일반적응증후군(GAS; General Adaptation Syndrome)이라고 정의했습니다. 일반적응증후군은 다음의 세 가지 단계로 진행됩니다.

1. **경보반응단계**: 응급 상황에 대처하는 생리적 반응으로 볼 수 있습니다. 뇌 시상하부에서 위협을 감지하고 뇌하수체를 자극해 스트레스 호르몬을 방출합니다. 교감신경이 활성화되고 부교감신경이 억제되어 심장 박동과 혈압이 증가하고, 땀샘이 활성화되며, 위장기관의 활동이 감소합니다. 셀리에는 이를 투쟁 혹은 도피(fight or flight)에 대한 신체 방어체계를 구축하는 과정으로 보았습니다.
2. **저항단계**: 스트레스원을 방어하거나 적응할 수 있도록 돕는 단계로, 따로 신체적 반응을 보이지 않아 스트레스 지속 여부를 파악하기 어려울 수 있습니다. 개

인의 적응능력에 따라 지속 시간은 달라질 수 있고, 이 과정이 지속되면 신경계와 내분비계에 변화가 일어나 질병이 될 수 있습니다.

3. 소진단계: 에너지가 고갈된 상태입니다. 이때 부교감신경이 지나치게 활성화되고, 면역체계가 약화되어 질병에 쉽게 걸릴 수 있습니다.

스트레스에 대한 또 다른 이론으로는 사회적 관점에서 비롯된 자극을 스트레스의 주요 요인으로 본 자극지향이론(stimulus-oriented theory)이 있습니다. 이는 환경적 요구가 스트레스에 직접적인 요인이라는 관점인데요. 사회재적응평정척도(social readjustment rating scale)를 통해 결혼, 취업, 이사, 실직, 승진 등 개인이 실제 경험하는 현실에서 비롯된 스트레스를 파악할 수 있습니다. 사회재적응평정척도는 현실에서 경험하는 변화가 클 경우 긍정적이거나 부정적인 것과 관계없이 스트레스가 크다는 점을 전제로 합니다. 6개월~1년간 경험한 사건에 대한 척도상의 생활 변화 난위를 합함으로써 스트레스 강도를 측정할 수 있다.

가장 큰 스트레스 요인은 배우자의 사망이었으며, 결혼과 임신 등의 긍정적인 생활 사건도 스트레스 요인으로 작용했습니다. 합산 결과가 200점을 초과하면 보통의 위기에 해당하고, 300점을 초과하면 심각한 위기로 평가할 수 있습니다. 하지만 각각의 사건이 개인에게 동일한 강도의 스트레스로 작용한다고 보기 어렵고, 긍정적 사건과 부정적 사건의 영향력을 동일하게 평가했다는 점은 한계로 작용합니다.

스트레스를 자극과 반응의 상호작용으로 접근하는 관점의 이론도 있습니다. 이는 스트레스에 대한 개인의 지각과 평가를 중요시하는 심리학적 관점으로, 생활 사건이 스트레스에 대한 직접적인 원인이라기보다는 이에 대한 인지적 평가를 원인이라고 생각하는 이론입니다. 사람들은 어떠한 상황에 대한 평가를 할 때 1차 평가(promary appraisal), 2차 평가(secondary appraisal), 재평가(reappraisal)의 과정을 거친다고 합니다.

'최초'의 평가인 1차 평가는 상황을 바라볼 때 '나에게 어떤 의미가 있는지'에 중점을 두고 판단합니다. 2차 평가에서는 '내가 무엇을 할 수 있는지'에 초점을 맞추며, 재평가는 새로운 정보가 추가되고 평가가 변화하는 것을 의미합니다. 재평가를 통해 과거에 긍정적이었던 사건이 스트레스로 평가되기도 하고, 과거에 부정적이었던 사건이 긍정적으로 작용해 스트레스가 감소할 수도 있습니다. 이후에는 개인이 가진 대처자원에 따라 스트레스 여부가 결정됩니다. 개인이 가진 대처자원으로는 건강, 긍정적 신념, 문제해결력, 사회적 기술, 물질적인 자원 등이 있습니다.

스트레스 성격 유형

스트레스와 성격 유형을 연관 지은 흥미로운 결과도 있습니다. 심장 전문의 메이어 프리드먼(Meyer Friedman)은 어느 날 우연히 병원 대기실 소파를 수선하면서 자신을 찾아온 환자들이 다른 병원의 환자들과 다른 모습을 보인다는 사실을 알게 됩니다. 자신의 병원 환자들은 다른 병원의 환자들과 달리 소파에 편히 앉지 못하고 소파 끝에 걸터앉아 손잡이를 문지르는 등 불안한 모습을 보였기 때문입니다. 그는 이렇게 불안한 모습을 보이는 사람들을 A 유형으로 구분했는데요. A 유형에 속하는 사람들은 화를 쉽게 내고, 인내심이 약하고, 각성 상태가 높고, 경쟁적이고, 적대적이라는 공통점이 있었습니다. A 유형은 스트레스에 취약한 모습을 보였는데요. 만성스트레스 상태에 이를 시 교감신경계가 각성되면서 점진적으로 혈관이 손상되고, 심혈과 내벽에 반점이 축적되어 관상동맥 심장질환으로 확대될 가능성이 증가했습니다. 또한 A 유형과 대응하는 집단을 B 유형이라고 정의했는데요. 이들은 낙관적이고 긍정적인 특성을 보이나 동기가 부족하고 적극성과 책임감이 낮은 모습을 보였습니다.

프리드먼은 사람의 특성에 따라 취약할 수 있는 질병이 다르다고 주장했습니다. 이후 캘리포니아대학교 리디아 테모쇼크(Lydia Temoshok) 연구팀은 추가로 C 유형을 발표합니다. C 유형의 이름은 암(cancer)에서 유래했는데요. C 유형은 감정을 잘 표현하지 않고 화를 참는 사람들로, 희생하고 협조적인 유형이지만 스트레스 환경에 무기력한 모습을 보인다고 합니다. 스트레스를 잘 풀지 못하기 때문에 스트레스 호르몬인 코르티솔이 과도하게 나오고, 이것이 면역체계를 파괴해 암에 걸릴 확률이 다른 유형보다 무려 4배 이상 높다고 합니다.

D 유형은 벨기에 앤트워프대학교 요한 데놀레트(Johan Denollet) 연구팀의 발표로 알려졌는데요. D 유형의 이름은 심리적 고통(distress)에서 유래했습니다. D 유형의 사람들은 냉소적이며, 분노와 감정을 잘 표현하지 않고, 말수가 적은 편이라고 합니다. 사회적으로 자주 소외감을 느끼거나 어려움을 겪어 호르몬 변화가 급격히 발생하기 때문에 동맥경화나 당뇨 등에 취약합니다. 또한 만성적으로 정서적 고통을 보이며, 관상

동맥 심혈관 질환에 특히 취약한 모습을 보입니다.

스트레스 대처 행동

그렇다면 스트레스에 효과적으로 대처할 수 있는 방법은 무엇일까요? 보통 개인의 특성에 따라 자신에게 맞는 방법을 찾습니다. 공격적으로 정면으로 부딪쳐 풀어내거나, 현실을 도피해 게임에 몰두하거나, 무척 매운 음식을 먹는 등 방법은 다양합니다. 대처 방식은 크게 문제중심대처와 정서중심대처로 구분됩니다. 문제중심대처는 문제를 직접 해결하려는 것으로, 스트레스의 원인과 직면하는 자세에 해당합니다. 관련 정보를 수집하고, 대안을 찾고, 해결하는 직접적 전략입니다. 반면 정서중심대처는 상황을 직접 개선하기보다는 스트레스로 유발된 정서를 조절하는 데 초점을 두는 것으로, 간접적 전략에 해당합니다.

이 두 가지 대처방법 중 무엇이 더 효과적일까요? 문제를 해결하고자 하는 문제중심대처가 더 좋다고 생각할 수 있지만 해답은 없습니다. 예를 들어 연인 사이에 다툼이 벌어졌다고 가정해봅시다. 두 사람의 성향, 다툼의 이유, 환경적인 변수 등에 따라 효과적인 대처방법은 달라질 것입니다. 물론 갈등의 원인을 찾고 해결책을 찾아가는 문제중심대처가 필요한 경우도 있지만, 그러한 접근이 오히려 둘 사이의 관계를 더 악화시킬지도 모릅니다. 그럴 때는 스트레스 상황에서 잠시 벗어나 마음의 상태를 점검해보는 정서중심대처로 접근할 필요가 있습니다.

애도의 과정과 이해

의미 있는 타인의 죽음은 받아들이기 매우 고통스러운 일입니다. 애도(grief)는 사별을 수용하는 과정으로, 사랑하는 사람을 상실한 후 나타나는 절망, 슬픔, 불안, 외로움과 같은 정서 상태를 의미합니다. 이러한 상태는 한 가지 감정으로 표현하기 어려우며, 인간의 내면은 상실의 아픔을 겪은 이후 매우 복잡한 과정을 거쳐 서서히 변화합니다.

사랑하는 사람을 잃으면 처음에는 다시 살아 돌아오기를 소망하면서 그리워하기도 하고, 사망한 사람이 생전에 사용했던 물건에 집착하기도 합니다. 상실의 아픔으로 인해 공황 상태를 겪기도 하고, 격렬한 울음을 터트리기도 하며, 무력감과 패배감으로 절망에 빠지기도 합니다. 시간이 지나면서 상실에 대한 공격적인 반응은 줄어들 수 있지만 우울감 등은 더욱 증가하기도 합니다. 이러한 상실감은 '극복'이 아닌 일상 속에서 '적응'하는 방식으로 접근해야 합니다.

죽음에 대한 이해

죽음은 다루기 쉽지 않지만 피할 수 없는 주제이기도 합니다. 죽음은 연령에 따라 다르게 인지하는데요. 삶과 죽음의 의미를 인지하는 능력은 정서발달과 관련이 있습니다.

아동기에는 죽음을 잠에 들거나, 멀리 떠나는 일시적 분리라고 생각하는 단계(3~5세)에서 점차 원상회복이 불가능하고 누구나 경험할 수 있다는 사실을 깨닫는 단계(9~10세)까지 성장합니다. 청소년기에는 형식적 사고의 발달로 죽음에 대한 명확한 개념을 가지며, 동시에 죽음에 대한 관심과 불안이 생겨납니다. 또한 이 시기에는 '어떻게 살아야 하는가?'에 대한 방향성을 고민하게 됩니다.

성인기에는 죽음에 대한 방어나 불안이 덜하며, 중년기에 접어들면서 주변 인물들의 죽음을 경험할 경우 자신의 죽음을 더욱 깊게 생각하게 됩니다. 죽음에 대한 중년기의 인식은 삶의 양식을 변화시키는 원동력이 되기도 하지요. 노년기에는 인생을 회고하며 죽음에 대해 생각하지만, 이는 불안보다는 수용하는 느낌에 가깝습니다.

죽음을 받아들이는 과정

엘리자베스 퀴블러로스(Elisabeth Kubler-Ross)는 죽음에 대한 연구로 일생을 보낸 정신의학자입니다. 그녀는 불치병 환자 200명을 대상으로 한 연구를 통해 죽음에 이르는 단계를 구분했는데요. 연구에 한계가 있음에도 불구하고 죽음의 과정을 정리한 최초의 모델로 평가받으면서, 오늘날 자신의 죽음이나 타인의 죽음을 받아들이는 과정에 광범위하게 사용되고 있습니다.

죽음에 이르는 과정의 첫 번째 단계는 '부정'입니다. 죽음을 현실적으로 받아들이지 못하는 방어적 자세로, 절망과 고통으로부터 일시적으로 도피하는 경향을 보입니다. 두 번째 단계는 '분노'입니다. 자신에게 다가온 상실에 대해 분노를 느끼고, 애착 대상과의 분리 상황을 거부하고 저항하는 과정입니다. 세 번째 단계는 '타협'입니다. 죽음을 받아들이고 회복하는 의미의 타협이 아닌 신 같은 대상과 타협하려는 자세라 할 수 있습니다. 죽음을 인정하지만 애원하는 단계로 볼 수 있습니다. 네 번째 단계는 '우울'입니다. 죽음을 되돌릴 수 없음을 받아들이고, 깊은 슬픔에 빠져 정서적으로 혼란한 상태입니다. 마지막 다섯 번째 단계는 '수용'입니다. 죽음을 온전히 받아들이는 단계로, 고요하고 비교적 평화로운 단계입니다.

각 단계의 순서와 시기는 개인마다 차이가 있지만, 애도의 과정이 지나치게 오래 지속된다면 만성 우울증이 될 가능성이 있습니다. 따라서 스스로의 노력과 가족의 도움이 필요합니다. 죽음에 대해 '나를 버리고 갔다.'라는 원망감을 갖거나, 그 원인을 자신의 탓으로 돌리는 인지적 왜곡이 생기지 않도록 주의해야 합니다.

수용전념치료란 무엇인가?

    수용전념치료(ACT: Acceptance and Commitment Therapy)는 비교적 최근에 대두된 치료기법인 제3세대 인지행동치료입니다. 6장에서 소개할 다양한 치료기법 중 가장 최근에 연구된 체계이며, 이전에 주로 사용되었던 치료기법과는 달리 즉각적인 증상의 개선이나 행동교정을 목표로 하지 않습니다. 수용전념치료는 수용을 바탕으로 하는 명상기법을 통해 심리적 유연성을 키워 심리적 고통을 줄여나가는 것을 목표로 하는데요. 최근 우리나라의 심리치료 분야에도 적극적으로 적용되고 있습니다. 다른 치료이론보다 모호하게 받아들여질 수 있으나 불안, 강박, 스트레스, 공황장애, 우울증 등에서 효과가 검증되면서 우리나라에서도 적극적으로 활용되기 시작했습니다.

미국의 심리학자 스티븐 헤이즈(Steven Hayes)는 언어가 상호작용에 필수적인 도구에 해당하지만, 인간의 언어가 지닌 속성 때문에 심리적 경직성이 형성되고 괴로움과 고통이 생겨날 수 있다고 보았습니다. 그는 이러한 괴로움과 고통을 효과적으로 다루기 위해 수용전념치료의 개념을 확립했습니다.

관계구성틀이론과 정신병리 모델

수용전념치료는 관계구성틀이론(Relational Frame Theory)을 바탕으로 합니다. 관계구성틀이론은 인간이 어린 시절부터 관습적으로 사건과 사건을 관련 짓는 과정을 학습하고, 물리적 특성이 아닌 다른 사건과 관련된 특성을 기초로 어떠한 사건에 반응하는 법을 배운다고 전제합니다. 그리고 이 과정에서 언어를 매개로 한 사회적 방식에 갇히게 되고, 이로 인해 심리적 융통성이 부족해진다고 보았습니다. 즉 인간의 언어와 인지는 양날의 칼과 같으며, 이러한 특성 때문에 생각에 얽혀 진정으로 원하는 것에 전념하기 어렵게 된다는 관점입니다.

예를 들어 '감자'라는 단어를 배운 어린아이가 막 뜨겁게 쪄낸 감자를 만지다 아픔을 느꼈다고 가정해봅시다. 이후 아이는 감자라는 단어를 들을 때마다 몸과 마음이 움츠러들 것입니다. 이처럼 언어와 인지는 행위와 상호 교환됨으로써 심리적 의미를 창조하게 되는데요. 수용전념치료는 언어와 인지가 행위와 결합되어 야기될 수 있는 인지적 융합 등의 문

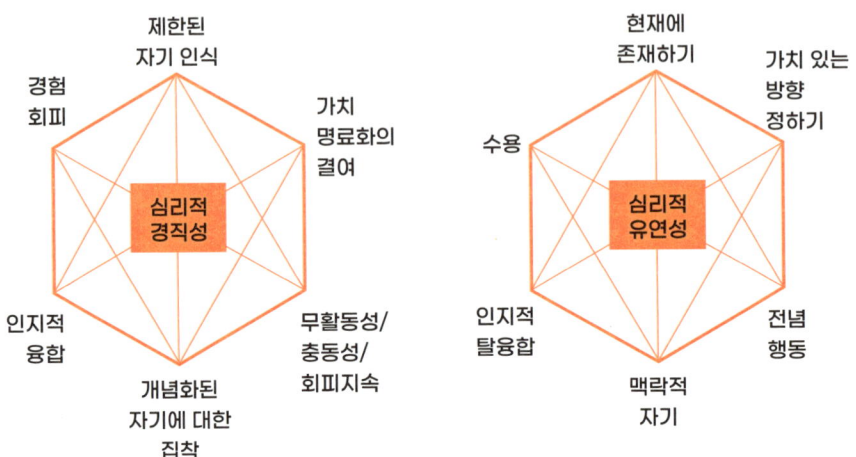

제점을 지적하면서 시작되었습니다.

수용전념치료는 정신병리를 육각형 모델로 나타내 표현합니다. 각각의 꼭짓점은 차례대로 경험 회피, 인지적 융합, 제한된 자기 인식, 개념화된 자기에 대한 집착, 가치명료화의 결여, 무활동성/충동성/회피지속이며, 그 중심부에는 심리적 경직성이 자리 잡습니다.

1. 경험 회피

경험 회피는 내적인 경험의 형태, 빈도 등을 통제하거나 바꾸려는 시도를 말합니다. 관계구성틀이론에 따르면 언어와 인지가 얽히면서 사건에 대한 예측과 평가를 회피하려는 시도가 생겨나는데요. 부정적 경험을 회피하려는 시도는 역설적이게도 더 깊은 생각에 빠지게 하며, 단기적으로 도움이 된다고 느끼더라도 장기적으로는 고통이 확대되는 결과를 낳습니다. 또한 회피적 수단으로 술과 약물에 의존하는 등 파괴적인 행동을 구체화할 수 있습니다.

2. 인지적 융합

인지적 융합은 자신이 생각하고 있는 세계와 인지하고 있는 내용이 융합되어 압도당하는 것을 의미합니다. 관계구성틀이론에 따르면 이는 사건과 사건에 대한 해석이 합쳐져 하나로 보이는 것을 의미합니다. 예를 들어 우리가 우울, 불안의 감정을 느낄 때 이 사실이 '병리적이고 겪으면 안 되는 것'이라는 해석과 융합될 수 있습니다. 이러한 인지적 융합의 과정을 거치면 비슷한 경험을 회피하는 행동으로 이어질 것입니다.

3. 제한된 자기 인식

융합과 회피의 과정을 통해 현재의 순간에서 벗어나는 시도를 하게 되는데요. 제한된 자기 인식은 이 과정에서 과거의 경험을 받아들이는 유연성이 줄고, 현재의 자기에 대한 인식이 어려워지는 것을 의미합니다.

4. 개념화된 자기에 대한 집착

자기를 개념화한다는 것은 자신의 마음이 자신에 대해 말하는 진술에 해당합니다. 이러한 개념을 자기도 모르는 사이에 사실로 받아들이게 되지요. 스스로에게 붙인 꼬리표의 내용을 그대로 믿게 되는 것으로, 이러한 동일시는 고정된 생각으로 번져 주변 환경과 세계를 왜곡할 위험이 있습니다. 또한 심리적 경직성을 확대시킬 수 있어 유의해야 합니다.

5. 가치명료화의 결여

가치는 삶의 과정에서 방향성을 나타내주는 나침반에 비유되는 것으로, 동시에 어떠한 것을 평가하는 기준의 역할을 합니다. 그러므로 자신의 삶에서 가치를 찾지 못한다는 것은 삶의 방향성을 상실한 것과 같습니다.

6. 무활동성/충동성/회피지속

인지적 융합으로 인해 현재와의 접촉이 사라지게 되면 삶의 가치에 대한 활동성이 감소하고, 가치에 따른 삶의 장기적인 목표를 지향하는 심리적 유연성이 결여되며, 충동성이 생겨납니다.

수용전념치료의 가장 중심이 되는 목표는 심리적 경직성을 벗어나 심리적 유연성을 가지게 되는 것입니다. 6개의 꼭짓점에 위치하는 각각의 병리적 모델에 대한 치료과정은 다음과 같습니다.

1. 수용

'수용하다(accept)'는 받아들인다는 의미의 '케이퍼(capere)'에서 유래했는데요. 수용 역시 받아들이는 행위라고 해석할 수 있습니다. 하지만 참거나 포기한다는 의미와는 다릅니다. 수용전념치료에서의 수용은 '방어 없이 온전히 받아들이는 것'으로 '기꺼이 하는 마음(willingness)'에 가깝습니다. 수용은 노력이 필요한 통제도, 더 좋게 받아들이기 위한 노력도 아닙니다. 그저 있는 그대로를 경험하는 것입니다. 수용의 과정은 비판단적이며, 궁극적인 목표인 심리적 유연성을 키우는 데 있습니다.

2. 인지적 탈융합

수용전념치료에서에서는 비합리적이거나 왜곡된 사고를 수정하는 기존의 인지행동치료에서 벗어나 인지적 탈융합을 추구합니다. 탈융합은 고통을 제거하는 것이 아니라 우리가 지금 여기에(here and now) 존재하는 것을 배우는 것입니다. 스티븐 헤이즈는 탈융합에 대해 "생각에서 보는 것이 아니라 생각을 보도록 배우는 것"이라고 이야기합니다. 이는 수용전념치료의 핵심 요소이지요. 예를 들어 '나는 지금 우울하다.'라는 생각과 '나는 지금 우울함을 느낀다.'의 차이는 무엇일까요? 전자는 '나'와 우울이라는 감정이 융합된 상태를 의미하고, 후자에서의 우울은 내가 느끼는 감정 중 하나로 '나'와 감정이 분리된 인지적 탈융합 상태를 말합니다.

인지적 탈융합을 위해 여러 가지 치료기법이 사용되는데요. 먼저 생각의 흐름을 관찰해야 합니다. 주로 명상의 형태로 진행되는데, 천천히 흘러가는 시냇물을 연상하고 자신의 생각을 의식하는 과정을 통해 생각의 흐름을 들여다볼 수 있습니다. 이처럼 움직이는 나뭇잎에 떠오르는 생각들이 쓰여 있다고 상상하고 그저 흐르도록 관망하는 것이지요. 또한 어떠한 속성에 대한 기술(description)과 평가(evaluation)의 차이를 인식해야 합니다. 기술은 관찰 가능한 특징에 대한 것으로 일차적 속성에 해당하며, 평가는 어떠한 것에 대한 자신의 반응으로 이차적 속성에 해당합니다. 즉 '그가 나에게 고함을 질렀다.'는 일차적 속성에 의한 기술이지만, '그가 나에게 고함을 지르는 것은 부당하다.'는 이차적 속성에 의한 평가에 해당합니다.

3. 현재에 존재하기

수용전념치료에서는 개념화된 자기에 집착하는 것을 병리적인 원인 중의 하나로 보았습니다. 따라서 '현재'를 중시하는데요. 이는 직접적이고 관념적인 개념이 아닌 탈융합적이고 반응적으로 현재의 환경과 마주하는 것을 의미합니다.

4. 맥락적 자기

수용전념치료에서는 다양한 치료기법을 통해 어떠한 경험과 융합된 것이 아닌 사건과 거리를 둔 맥락적 자기를 파악하고자 합니다. 어떠한 경험에 대한 관찰자, 경험자로서의 '나'를 발견하는 것이지요. 이러한 자기 초월적 관점을 통해 집착을 버리고 삶의 흐름을 알아차리게 되며, 인지적 탈융합과 수용에 다다르게 됩니다. 이를 통해 개념화된 자기에 융합되는 것을 막을 수 있습니다.

5. 가치 있는 방향 정하기

가치는 자신에게 중요한 것을 정의하고, 삶의 최종 목표를 설정하는

데 매우 중요한 부분입니다. 스티븐 헤이즈가 제시한 열 가지 가치 영역은 다음과 같습니다.

1. 부부, 중요한 타인과의 친밀한 관계
2. 자녀 양육
3. 가족과의 관계
4. 우정 및 사회적 관계
5. 직업, 경력
6. 교육, 훈련, 개인적 성장과 발달
7. 레크리에이션, 여가
8. 영성, 종교 활동
9. 시민의식
10. 건강, 신체적 안녕

이러한 가치 중 우리의 삶에 의미를 주는 것을 찾고, 그러한 가치를 명료화하는 작업을 진행함으로써 삶의 방향을 스스로 선택할 수 있습니다.

6. 전념행동

선택된 가치를 추구하며 나아갈 수 있도록 전념행동을 실천합니다. 기존 행동치료의 기술 습득, 목표 설정, 목표 실행 등과 비슷한 치료기법을 활용해 행동 변화를 유도합니다.

수용전념치료는 심리적 유연성을 위해 수용, 인지적 탈융합, 현재에 존재하기를 진행하고, 맥락적 자기를 위해 마음챙김과 수용과정을 적용하고, 가치 있는 방향 정하기, 전념행동 등의 행동 변화과정을 적용함으로써 융합적 치료체계를 지향합니다. 역사는 짧지만 수용전념치료는 병리적인 현상이 아닌 일상생활에서 겪는 고통을 효과적으로 해소할 수 있는 방법으로 주목받고 있으며, 명상 등 치료기법의 접근성도 뛰어나 많은 분야에서 활용되고 있습니다.

마음챙김이란 무엇인가?

　마음챙김(mindfulness)은 일상에서의 스트레스, 불안정한 심리 상태를 극복하는 데 효과적인 방법으로, 마음챙김 연구가 존 카밧진(Jon Kabat-Zinn) 박사는 이를 "의도적으로, 지금 이 순간에, 비판단적으로, 특정한 방식으로 주의를 기울이는 것"이라고 정의했습니다.

　마음챙김의 과정에서는 명상을 하며 신체 감각이나 감정 상태를 바라봄으로써 현재의 순간을 있는 그대로 수용하게 합니다. 과거 서양에서는 '명상'을 불가사의하고 난해하다며 부정적인 의식으로 바라보거나, 특정 종교의 수행과정으로만 생각했었는데요. 최근에는 명상이 다양한 분야에서 적극적으로 활용되고 있습니다. 마음챙김에서의 명상은 생각을 멈추고 수행하는 의미가 아닌 명상의 과정에서 떠오르는 생각과 느낌, 감각들이 오고가는 것을 지켜보는 '수용'의 과정에 가깝습니다.

일상에서의 마음챙김

마음챙김은 멀리 있지 않습니다. 누워 있는 상태에서 몸에 느껴지는 감각을 살펴보는 것, 통증이 느껴지는 곳의 감각에 잠시 머물러보는 것, 호흡을 어떻게 하고 있는지 들숨과 날숨에 집중해보는 것 등 흔히 경험하는 소소한 모든 것이 마음챙김의 과정이 될 수 있습니다.

1. 걷기명상

걷기명상의 대표적인 방법은 10분 이상 침묵 속에서 걷는 것입니다. 장소는 중요하지 않습니다. 침묵을 유지하며 마음속의 내용을 듣는 데 집중하면 됩니다. 발에 느껴지는 감각에 집중하거나, 땅에 발을 내디딜 때의 동작에 집중하거나, 호흡의 변화에 집중하거나, 균형감에 집중하는 것도 좋은 방법입니다.

2. 먹기명상

일상생활에서 누구나 매일 '먹기'를 반복합니다. 그러나 음식을 입에 넣고, 씹고, 삼키는 과정을 생각하거나 느끼면서 먹는 사람은 많지 않을 것입니다. 대표적인 먹기명상으로는 '건포도 먹기명상'이 있습니다. 개인의 취향에 따라 차이가 있을 수 있지만 대다수는 건포도를 여러 개씩 먹는데요. 건포도 먹기명상은 건포도를 하나하나 주의를 기울여 먹어보는 것입니다. 하나씩 씹는 식감을 느끼고, 건포도의 모습을 관찰함으로써 현재의 순간에 온전히 집중해봅시다.

마음챙김은 인간의 번뇌를 다루는 불교의 수행과정에서 비롯되었습니다. 하지만 효과가 과학적으로 증명되면서 현재는 심리상담 분야에서 다양하게 활용되고 있습니다. MBSR(Mindfulness-Based Stress Reduction), MBCT(Mindfulness-Based Cognitive Therapy), MSC(Mindful Self-Compassion) 등 다양한 치료기법이 개발되기도 했습니다. 실제로 미국의 심리치료사 중 약 40%가량은 마음챙김을 치료과정에 적극적으로 활용하고 있고, 매년 미국에서는 마음챙김과 관련된 다수의 논문이 발표되고 있습니다.

마음챙김의 의의는 일상에서 간편하게 스스로 선택해서 할 수 있다는 점에 있습니다. 걷기, 먹기 등 매일 이뤄지는 어떠한 행위의 과정에 집중하는 것 역시 자신만의 마음챙김이 될 수 있지요. 간단한 스트레칭을 하면서 호흡에 집중하거나, 요가에서 중심을 잡아 몸을 지탱하는 과정에 집중하거나, 운동 후 마지막에 누워 호흡을 가다듬고 몸의 감각에 집중하는 과정 역시 일상에서 실천할 수 있는 마음챙김의 예입니다. 마음챙김을 통해 우리는 집중력, 인내력 등의 능력을 키울 수 있으며, 특히 스트레스 관리에 큰 도움을 받을 수 있습니다. 일상에서 고도의 집중력이 필요한 순간에도 마음챙김의 도움을 받을 수 있을 것입니다.

오늘 실천하는 마음의 기술

출생 후 발달과정을 거쳐 독립을 이루고, 삶의 전환기를 경험하며 중년을 지나면 비로소 나이듦을 느끼게 됩니다. 또한 주변의 가까운 사람과의 이별도 견뎌내야 하는 시기가 다가오기도 하지요. 불안정한 마음 상태가 되면 우리는 종종 과거로 돌아가 후회되는 일들을 떠올리거나 미래에 생겨날 일들을 걱정하곤 합니다. 그러면서 현재에 머무는 시간이 점차 줄어드는 것이지요.

전 연령에 있어서 생각과 감정이 지금, 여기에(Here and Now) 존재하는 것은 마음 건강에 있어서 매우 중요합니다. 과거나 미래로 오가며 즐거운 회상을 하거나 활기찬 미래의 희망을 느끼는 것이 아니라면 내 마음이 여기에 존재하지 않는다는 것을 알아차리고 현재에 존재하도록, 노력을 기울일 필요가 있지요. 이번 장에 소개된 마음챙김의 다양한 활동들이 여기에 해당될 수 있습니다.

예를 들어 요가나 필라테스 같은 운동은 동작마다 중심을 잡고 움직여지는 신체 부위, 근육의 움직임에 집중해야 하므로 다른 생각을 하다 가는 혼자 다른 동작에 머물러 있거나 기구에 몸을 다칠 수 있습니다. 그렇기 때문에 자연스럽게 마음과 생각이 현재에 머무르게 되는 것이지요. 현재에 온전히 머무르는 것이 무엇인지 모르겠다면 이러한 순간의 집중이 대표적인 예라고 할 수 있습니다. 또는 음식을 후각으로 시각으로 미각으로 촉각으로, 온 감각으로 느끼며 시식하는 순간의 그 상태도 그러한 순간이라고 할 수 있겠지요.

현재라고 하는 시간은 누구에게나 하루 24시간 똑같이 주어집니다. 그러나 나이가 들수록 그 시계는 빨리 가는 것처럼 느껴지는 모양입니다. 자녀의 시간과 노년 부모의 시간은 다른 속도로 흘러가는 것처럼 생각될 수 있지요. 언제나 부모님이 그 자리에 계실 것처럼 느껴지는 느긋한 자녀도, 내가 살면 얼마나 살겠냐고 하시는 부모님도 과거나 미래가 아닌 현재의 시간에서 기쁨을 나눌 수 있는 시간들을 조금 더 쌓아가면 어떨까요.

최근에는 시선이 많이 바뀌기는 했지만, 아직까지 심리상담에 거부감을 느끼거나 필요성을 확신하지 못하는 경우가 많습니다. 이번 장에서는 심리상담에서 활용되는 심리이론과 치료기법을 공부함으로써 스스로 마음의 불편한 고리를 찾아내는 연습을 해보겠습니다. 내 마음의 주인은 '나'입니다. 이번 장을 통해 '나'에 대해 스스로 탐구해본다면 주변 관계뿐만 아니라 스스로의 감정 상태도 이전보다 안정적으로 변화할 것입니다. 상담에 대한 막연한 두려움도 해소되겠지요.

6장

치유의 기술: 스스로를 돌보다

상담이란 무엇인가?

앞서 다양한 심리이론을 공부했지만 몇 가지 지식을 아는 것만으로는 마음의 혼란을 잠재울 수 없습니다. 마음이 아픈 이유와 마주하는 과정에서 오히려 더 쓰라린 아픔을 겪을지도 모르지요. 하지만 마음의 회복은 아픔을 온전히 바라보는 순간부터 시작됩니다. 결코 겁낼 필요는 없습니다. 마음이 아프다고 해서, 의욕이 없고 슬프다고 해서 병리적인 증상이라고만 볼 수는 없습니다. 물론 많은 사람들이 우울증 약을 복용하고 우울감을 해소하기 위해 정신요법을 받기도 합니다. 하지만 우울증 진단을 받을까 두려운 마음에 검사나 상담을 거부한다면 현재의 고통이 나아질 기회조차 오지 않을지 모릅니다.

심리상담가들은 모든 인간에게 자기치유능력이 있다고 믿고 있습니다.

자기치유능력을 발휘하기 위해선 '나'에게 집중해야 합니다. 아이에게 문제가 있다면 '내 아이'에게 집중해야겠지요. 아동이나 청소년의 경우 심리상담의 효과로 문제행동이 호전되기도 하지만, 때때로 치료를 받기 위해 엄마와 손을 잡고 오는 길에서 저절로 치유되기도 합니다. 그 시간만큼은 온전히 엄마와 아이의 시간이기 때문이지요. 학교를 가기 위해서, 학원을 가기 위해서가 아닌 오로지 서로를 위한 시간이라는 것입니다.

아이들과 집단상담을 하다 보면 유난히 모둠에서 분위기를 헤치는 아이가 눈에 띌 때가 있습니다. 진지하게 자신의 감정을 드러내야 하는 지점이 오면 갑작스레 장난을 치거나 눈맞춤조차 피하곤 하지요. 다른 이야기로 화제를 돌리거나 적대적으로 반응하는 경우도 있습니다. 그렇다고 해서 그 아이를 곧바로 품행장애나 ADHD로 진단할 수는 없습니다. 그런 경우 대부분 들춰내기 싫은 감정이 마음속 깊은 곳에 숨겨져 있기 마련입니다. 아이들에게 놀림을 받은 기억 때문에 더 강하게 보이려고 나쁜 말을 쓰는 경우도 있고, 또래에게 폭행을 당했던 경험을 숨기기 위해 하루 종일 책에 빠져 공상의 세계에 살 수도 있습니다. 이때 나쁜 말을 쓰는 행위와 현실감 없이 공상의 세계에 빠져 사는 행동만으로 병리적 판단을 하지 않듯이, 드러나는 행위만으로 어떤 병을 진단하고 대상을 평가해서는 안 되겠지요.

우리는 일상의 다양한 상황에서 상담의 과정을 경험합니다. 학교에서 선생님과 진로와 관련된 상담을 하기도 하고, 학원을 등록하거나, 금융상품에 가입하거나, 차량을 구입하는 경우에도 상담의 과정을 거칩니다. 예시로 든 상담과 심리학에서의 상담은 무엇이 다른 걸까요?

심리상담의 정의

미국상담협회에서는 심리상담을 '개인, 가족, 집단을 도와 정신의 건강과 건강한 삶, 교육, 직업적 목표에 도달할 수 있도록 하는 전문적인 과정'이라고 정의합니다. 클라라 힐(Clara Hill) 박사는 심리상담을 '내담자가 사고와 과정을 탐색하고, 통찰을 얻고, 변화할 수 있도록 돕는 과정'으로 정의했습니다.

즉 심리상담은 상담을 하러 온 내담자와 상담을 진행하는 상담자 사이에 상담관계를 형성하고, 이를 통해 어려운 마음의 문제를 풀어가는 과정이라고 할 수 있습니다. 심리상담의 단계에 대해서는 학자들마다 견해가 다양하지만 일반적으로 상담자와 내담자 사이에 친밀감과 신뢰감, 즉 라포(rapport)가 형성되는 시점을 시작 단계로 봅니다. 이후 문제를 평가하고 목표를 설정하는 초기 단계, 사고나 감정의 변화를 유도하는 개입 단계, 상담을 마무리하는 종결 단계로 이어집니다.

클라라 힐의 3단계 상담 모델

상담을 직접 이끌어가는 상담자나 상담을 받는 내담자의 입장이 아니더라도, 다양한 심리이론과 상담이론을 접하다 보면 개인의 어려움을 극복하는 데 도움이 되는 경우가 있습니다. 따라서 자신의 마음 상태를 알아보고, 스스로의 어려움을 극복하기 위해 상담의 각 단계를 이해할 필요가 있습니다. 상담의 과정에 대한 이해를 돕기 위해 각 단계에 적용되는 대표적인 심리이론을 함께 제시하겠습니다. 클라라 힐은 상담과정을 다음의 3단계로 구분했습니다.

1단계: 탐색

상담의 첫 번째 단계는 탐색단계입니다. 상담자가 내담자를 알아가는 단계로, 내담자의 비언어적인 부분에 집중하고 사고와 감정을 탐색합니다. 이때 상담자는 내담자의 말을 경청하며 탐색을 자유롭게 할 수 있도록 적극적인 격려 반응을 피하고 최소한으로 반응합니다. 탐색단계뿐만 아니라 상담의 전 과정에 적용되는 이론은 앞서 설명한 로저스의 인본주의 심리학입니다.

상담의 과정에서 상담자들은 로저스의 인본주의적 관점을 바탕으로 무조건적 긍정적 존중의 자세로 내담자를 대합니다. 즉 상대방을 자기실현 경향성을 타고난 긍정적인 존재이자 그 자체로 사랑받아야 하는 사람으로 바라보는 것이지요. 이 단계에서 상담자는 내담자와 라포가 형성될 수 있도록 진솔한 자세로 임해야 합니다. 스스로 '나'에 대해 탐색하는 경우에도 나 자신을 존중하고 긍정적 존재로 바라보는 자세를 갖춰야 할 것입니다.

2단계: 통찰

두 번째 단계는 통찰단계입니다. 이 단계에서 상담자는 내담자가 깊은 사유과정을 통해 자신과 자신의 감정, 행동을 새롭게 생각하고 이해할 수 있도록 협력해야 합니다. 이때 통찰이라는 인지의 과정이 특히 중요한데요. 통찰의 사전적인 의미는 '관찰을 통해 사물을 꿰뚫어 보는 것'이지만 심리학에서는 '직면을 통해 주어진 상황과 의미를 바라보는 과정에서 갑작스럽게 얻게 되는 깨달음'에 가깝습니다. 즉 이전에 보지 못했던 자신의 마음속 상태를 알게 되는 것을 말합니다. 상담의 과정뿐만 아니라 스스로 자기 자신을 치유하는 과정에서도 통찰은 매우 중요합니다.

정신분석이론에서는 자유 연상을 통해 무의식의 갈등을 떠올리고, 이 과정에서 통찰에 이르게 된다고 보았는데요. 자유 연상이란 따로 목적이나 의도 없이 생각이 자유롭게 표현되는 것을 의미합니다. 만일 인간관계에서 독립성이 낮아 어려움을 겪고 있다면 통찰의 과정을 통해 가족과의 역동 관계를 알아볼 필요가 있습니다. 예를 들어 분리의 과정에서 어려움은 없었는지, 부모님과의 관계에서 어떤 걸림돌은 없었는지를 먼저 풀어내야 마음의 문제를 해결할 수 있다는 말입니다.

3단계: 실행

세 번째 단계는 실행단계입니다. 통찰의 과정을 통해 개선점과 목표에 대한 생각을 할 수 있다면 이제 실행의 단계에 돌입해 변화를 시도해야 합니다. 이 단계에서 상담자는 협력적이며 탐색을 돕는 가이드의 역할을 합니다. 다만 변화를 강요하거나, 변화의 방향을 따로 제시하지 않아야 하는데요. 이 단계에서는 행동주의 또는 인지주의 관련 이론이 적용될 수 있습니다.

내담자가 스스로 실행에 대한 의지를 보일 경우 상담자는 함께 실행 단계의 목표를 세우고, 이때 적용될 수 있는 기술들에 대한 정보를 제공합니다. 실행 여부와 선택에 대한 결정은 오롯이 내담자가 내리며, 상담자는 전략적인 자기 개방이나 실행에 대한 격려, 피드백 등으로 보조자의 역할을 합니다. 또한 대안을 설정하거나 강화물을 선정하는 등 간단한 행동 수정을 위한 의사결정을 돕기도 합니다.

무의식을 탐색하는 정신분석적 상담

    정신분석적 상담은 심리적인 건강함을 '자아가 발달하고, 원초아와 초자아가 균형을 이뤄 현실에 적응하는 것'이라고 정의합니다. 심리적 어려움은 무의식의 저장고에 있는 부정적인 기억들이 의식 상태로 올라오면서 생기게 되는데요. 쉽게 말해 본능적 욕구를 따르는 원초아와 도덕적 기준을 따르는 초자아 사이에서 현실 원칙을 따르는 자아가 균형을 잡지 못할 때 심리적 어려움이 발생한다는 것입니다. 성격 구조들 간의 갈등을 조율하는 자아의 기능이 스트레스나 다양한 이유로 약화되면 어떻게 될까요? 자아는 갈등에 대처하기 위해 때때로 방어기제를 사용하기도 하는데, 정신적 갈등을 제대로 해결하지 못하면 이를 막기 위해 심리적 증상이 발현될 수 있습니다. 원초아의 충동이 그대로 표출되는 것보다는 안전한 방법을 선택하는 것이지요.

상담의 과정에서는 일반적으로 무의식을 의식화하도록 해서 자아를 회복시키고, 원초아의 요구보다는 현실원칙을 따르도록 유도합니다. 이를 통해 내담자는 정신적 갈등을 해소할 수 있습니다. 또한 심리성적발달이론을 바탕으로 과거 고착이나 퇴행의 과정이 있었는지를 알아보고 성격 구조를 변화시키도록 돕습니다.

상담의 과정과 기법

상담 초기에는 전이관계가 형성되기 전까지 정신분석적 상담을 진행하기 적합한지 살펴보고, 자아의 강도를 평가합니다. 여기서 전이(transference)란 내담자가 과거에 충족하지 못했던 욕구를 상담자에게 투시하는 것을 의미합니다. 상담 중기에는 통찰과 훈습을 통해 내담자의 저항과 전이를 탐색하게 됩니다. 이때 자아의 기능이 향상되고, 병리적 방어기제가 감소하면서 긍정적 변화를 보이면 상담을 종결합니다. 내담자는 정신분석적 상담을 통해 익힌 통찰의 과정을 상담이 종결된 이후에도 지속하는데요. 이를 통해 스스로 능동적으로 무의식을 탐색하고 분석할 수 있습니다.

1. 자유 연상

정신분석적 상담에서는 다양한 상담기법이 사용되는데요. 먼저 내담자는 자유 연상의 과정을 통해 자아의 검열 없이 떠오르는 것을 말할 수 있게 됩니다. 무의식적인 열망, 환상, 갈등 등을 바라보면서 차단되었던 감정이 완화되고, 이를 통해 통찰에 이릅니다. 상담자는 내담자의 정보를 바탕으로 관련 내용을 분석하고, 상징성이나 무의식적 의미를 설명하는 해석자의 역할을 합니다. 또한 현재의 상황이 상징적으로 나타날 수 있는 꿈을 분석하거나, 내담자의 비협조적이고 저항적인 행동을 분석하는 역할을 하기도 합니다.

2. 전이현상

상담의 과정에서 내담자가 과거에 중요한 타인에게 느꼈던 감정을 상담자에게 나타내는 것을 전이라고 하는데요. 이는 무의식이 의식화되고 있음을 보여주는 중요한 과정입니다. 과거의 인물을 떠올리면서 심리적 혼동이 일어나는 이유는 과거에 미해결된 갈등이 남아 있다는 것을 의미합니다. 상담자는 이러한 전이현상을 분석하고, 전이의 시작점에 대해 이해하고 해석함으로써 내담자가 몰랐던 무의식적인 내용을 이해할 수 있게 됩니다.

전이현상은 내담자가 과거에 겪었던 경험과 감정을 현재에 재현하는 '시점의 왜곡'과 상담자를 과거의 삶에서 중요한 의미를 가진 인물로 대하는 '대상의 왜곡'이 동시에 일어나는 현상입니다. 이러한 전이를 해석하고 이해하는 과정에서 내담자는 과거에 머물러 있는 상태를 극복할 수 있습니다.

3. 저항

저항이란 상담과정에서 내담자가 보이는 비협조적인 모든 행위를 말합니다. 정신분석적 상담에서 저항에 대한 해석이 내담자를 이해하는 데 중요하게 활용됩니다. 일부러 상담시간에 늦거나, 상담과정에 집중하지 않거나, 상담자를 무시하거나, 의미 없는 말을 반복하는 등 비협조적인 행동의 원인을 분석함으로써 내담자의 내면을 이해할 수 있게 되는데요. 내담자의 입장에선 무의식과 직면하는 것이 굉장히 고통스럽게 느껴질 수 있기 때문입니다. 따라서 이러한 직면의 과정을 회피하기 위해 저항적인 행동을 표출하게 됩니다.

정신분석적 상담은 대상의 행동을 탐색하고 증상의 근원을 이해할 수 있는 틀을 제공합니다. 생애 초기를 관찰함으로써 현재의 문제에 도움을 줄 수 있다는 점은 유의미하지만, 비과학적이라는 비판을 받기도 합니다. 상담자가 내담자에게 자유 연상, 꿈 분석, 전이 분석을 적용하기 위해서는 오랜 수련이 필요합니다. 또한 심각한 정신장애 증상에는 적합하지 않다는 점, 높은 교육 수준의 내담자에게만 적합하다는 점, 치료를 위해 매우 오랜 기간이 필요하다는 점 등이 비판을 받기도 합니다.

유연하게 적용하는 개인심리학적 상담

　개인심리학은 우리에게 『미움받을 용기』로 익숙한 알프레드 아들러의 이론입니다. 그는 오스트리아 빈의 공립학교에 아동치료소를 개설했는데, 이는 상담센터의 초기 형태로 볼 수 있습니다. 아들러는 프로이트, 융과 함께 정신역동적 접근에 기여했지만, 점차 연구의 방향을 심리사회적 관점으로 돌려 개인심리학을 창안했습니다. 그는 인간을 사회적인 존재이자 목적 지향적 존재로 보았는데요. 특히 삶의 과정에서 현실에 대한 주관적 인식을 중시했으며, 행동의 목적이 열등감을 극복하는 데 있다고 생각했습니다. 개인심리학은 심리학 분야뿐만 아니라 여러 구체적인 상담기법으로 이어져 오늘날 다양한 상담 상황에서 적극적으로 활용되고 있습니다.

주요 개념과 목표

열등감은 인간이 삶에서 보편적으로 느끼는 감정으로, 아들러는 인생을 살아가면서 열등감을 극복하기 위해 숙련의 과정을 겪게 된다고 생각했습니다. 열등감을 극복하는 능력은 선천적인 능력에 해당하며, 이 과정에서 개인은 각자 자신만의 방식으로 우월성을 추구함으로써 개성을 갖게 됩니다. 여기서 우월성은 남과 비교해 자신이 월등하다는 감정이 아니라, 자기지각이 높은 수준으로 변화하면서 부적인 감정이 정적인 감정으로 변화하는 것을 의미합니다.

인간은 삶의 과정에서 목표를 설정하고, 이를 추구하기 위해 각기 다른 생각과 행동을 보이고 환경에 적응하는 등 상호작용을 하게 되는데요. 이때 만들어지는 독특한 삶의 양식, 특징적 방식을 생활양식이라고 합니다. 초기 6년 동안의 기간이 삶의 많은 부분을 차지한다는 점에서 프로이트의 이론과 비슷하지만, 이후 경험한 사건들이 삶에 더 많은 영향을 미칠 수 있다는 점에서 차이를 보입니다. 생활양식은 영속성을 가지기 때문에 대부분 형성된 이후에는 거의 변하지 않습니다.

아들러는 사회 속에서의 개인에 대해 관심을 가졌는데요. 특히 공동체 의식을 강조했습니다. 그는 개인이 혼자 사는 존재가 아니라 사회의 일부이며, 타인과 조화를 이룸으로써 인류를 위해 더 나은 미래를 추구하고 공헌하려는 태도를 가지게 된다고 보았습니다. 즉 개인은 사회적 관심(social interest)을 통해 소속감을 느끼고, 인정받는 느낌을 받고, 자신이 가치 있다는 생각을 하게 됩니다. 사회적 관심과 유대감이 높을 때 행복과 성공을 경험할 수 있으며, 이는 정신 건강의 척도가 되기도 합니다.

아들러는 가정 환경도 하나의 사회로 여겼습니다. 특히 형제자매의 관계가 개인의 삶에 큰 영향을 미친다고 생각해 '출생순위'에 따른 특징을 구분했는데요. 물론 기계적인 순서에 따른 구분보다는 환경적 상황이 더 중요하다고 보았으며, 결정적인 요인이 아닌 영향을 미칠 수 있는 요소 중 하나로 보았습니다.

첫째는 보통 동생의 등장으로 박탈감을 느끼며 보수적이고 과거 지향적일 수 있다고 합니다. 성취 지향적이고 강한 책임감을 가지지만 의존적이고 순응적일 수 있습니다. 둘째는 첫째에 대한 경쟁적 성향을 갖고 있으며 관습에 머무르기보다 창의적인 경우가 많다고 합니다. 타인에 대해 첫째보다 우호적인 자세를 보입니다. 중간 서열에 위치한 아이는 위아래에서 압박을 받는 구조적인 특징의 영향으로 사회적 관계에서 갈등 조정, 평화 유지의 역할에 강점을 보입니다. 막내는 자기중심적일 수 있고 의존적일 수 있으나, 열등감에서 자유롭고 경쟁을 피해 자신만의 영역에서 성공할 수 있다고 보았습니다. 외동의 경우 첫째와 막내의 특성을 가지며, 성취를 추구하지만 관심의 중심이 되고 싶어 하는 조숙한 모습을 보입니다.

아들러는 인간의 부적응에 대한 원인을 자기 이해의 부족에서 찾았는데요. 무의식적으로 영향을 미치는 어린 시절의 경험과 가족 환경에서 비롯된 열등감이 부적응에 영향을 미칠 수 있다는 것입니다. 즉 사회적 관심의 결여를 직접적인 원인으로 보았습니다. 이러한 현상을 극복하기 위해서는 내담자가 자신만의 생활양식을 이해할 수 있도록 유도해야 하며, 자기 인식을 증진시켜 공동체 의식, 사회적 관심을 키울 수 있도록 해야 합니다. 이처럼 개인심리학적 상담의 목표는 병리적인 의미의 치료보다는 개인의 재교육에 가깝습니다.

4단계 상담과정

상담과정은 4단계로 구분되는데요. 1단계에서 상담자는 내담자와 협력적 관계를 형성하고, 낙담한 내담자를 격려합니다.

2단계에서는 내담자의 생활양식, 가족 환경 등을 탐색하고 분석해 자기 파괴적인 사고와 부적응 행동을 유발하는 기본적 오류를 찾아내는 등 심리적 역동을 파악합니다.

3단계는 내담자가 자기 이해를 높이는 과정으로, 자기 이해는 행동에 숨겨진 의미와 목표가 의식화되어야 가능합니다. 이때 내담자의 삶에 작용하는 동기를 이해하기 위해서는 통찰의 과정이 필요하고, 상담자는 지지하는 태도와 개방적인 자세로 통찰을 촉진시켜야 합니다.

4단계는 삶에서의 유용한 측면과 무용한 측면을 구분하고, 불완전함에 대한 인정, 사회에 대한 소속감, 타인의 복지에 대한 공헌, 사회적 친밀감 등의 유용한 측면을 이해하도록 유도하는 재교육의 과정입니다.

네 가지 상담기법

개인심리학은 다른 이론과 절충적인 특성을 갖고 있어 기법이 매우 다양합니다.

1. 격려

대표적인 기법은 격려입니다. 이는 상담자의 기본적 자세로, 용기를 북돋아주는 과정입니다. 높은 기대를 바탕으로 실현 불가능한 목표를 세우거나, 다른 사람의 삶과 비교하거나, 비판적으로 평가하거나, 과도하게 통제하는 행동 등은 낙담을 불러올 수 있는데요. 상담자는 격려를 통해 내담자의 이러한 정신적 증상을 개선할 수 있습니다.

2. 마치 ~인 것처럼 행동하기

마치 ~인 것처럼 행동하기(acting as if)란 내담자가 불가능하다고 생각하는 것을 마치 성공한 것처럼 행동해보도록 유도하는 기법입니다. 내담자가 새로운 시도를 하는 상황에서 효과적입니다.

3. 단추 누르기

단추 누르기는 내담자가 어떠한 상황적 이미지를 떠올리고, 이에 대한 자신의 감정을 생각해보게 하는 과정입니다. 내담자는 단추 누르기를 통해 정적인 감정과 부적인 감정 사이에서 어떠한 감정을 선택할지 스스로 결정하게 되는데요. 이 과정에서 내담자는 스스로 감정을 통제할 수 있다는 사실을 깨닫게 됩니다.

4. 수프에 침 뱉기

상담자는 내담자의 반복되는 부정적인 행동을 파악하고, 그 행동의 이면에 감정적으로 얻는 위안이 숨어 있는지 관찰합니다. 수프에 침 뱉기는 그러한 위안에 대한 환상을 깨고 차단하는 기법입니다.

아들러의 개인심리학은 이론적으로 체계화되지 않았다는 약점을 갖고 있습니다. 하지만 한 가지 관점에서의 이론이라기보다 정신분석적·행동주의적·인지주의적 관점을 절충한다는 점에서 다양한 내담자에게 유연하게 적용할 수 있다는 장점이 있습니다. 또한 행동치료와 인지행동치료 등 다른 상담기법과 이론에 많은 영향을 미쳤다는 점에서 의의를 찾을 수 있습니다.

전통적 행동치료와 인지행동치료

　행동치료(behavioral therapy)는 행동주의적 관점을 바탕으로 관찰 가능한 행동의 변화에 초점을 맞춘 치료 방식입니다. 행동치료는 행동의 인과관계에 주목해 현재의 문제에 영향을 주는 요인을 다루는데요. 심리적인 문제에 영향을 미치는 행동을 수정하는 데 활용됩니다. 주요 상담 기법으로는 조작적 조건형성의 강화와 처벌을 이용한 방법, 고전적 조건형성의 원리를 이용한 체계적 둔감법, 불안 상황에 단계적으로 노출하는 방법, 불안 상황에 공격적으로 노출하는 홍수법 등이 있습니다. 이러한 전통적 행동치료는 불안장애, 강박장애 등 다양한 분야에서 활용되어왔습니다. 하지만 이후 '정서-행동-인지'의 상호작용의 중요성이 대두되면서 행동치료와 인지치료의 경계가 모호해졌습니다.

인지행동치료는 1960년대 초 전통적 행동치료가 확장되어 등장한 이론입니다. 하나의 단일 이론이라기보단 인간에 대한 기본 관점, 증상의 발생과 치료과정을 공유하는 다양한 개별 이론의 집합체에 가깝습니다. 정신분석적 상담에 비해 단기 상담 위주이며, 내담자가 어려움을 호소하는 문제 자체의 해결을 목표로 합니다. 또한 인간의 감정, 사고, 행동 중 사고, 즉 인지적인 측면을 우선시하며, 감정과 행동이 모두 인지에서 비롯된다는 이론을 전제로 상담을 진행합니다.

인지행동치료의 상담이론은 치료방법과 절차에 따라 구분됩니다. 강조점에 따라 다음의 세 가지로 나눕니다.

1. 내담자의 인지의 틀을 변화시키는 인지적 재구성에 초점을 둔 이론: 합리적 정서행동치료, 인지치료
2. 구체적인 문제 상황에 대처하는 기술을 교육하고 훈련하는 이론: 불안관리훈련, 스트레스면역훈련
3. 인지적 재구성과 대처의 기술을 복합적으로 사용하는 이론: 문제해결 접근

이 중 가장 대표적인 합리적 정서행동치료와 인지치료를 살펴보도록 하겠습니다.

합리적 정서행동치료

　합리적 정서행동치료(REBT: Rational Emotive Behavior Therapy)는 인지행동치료의 선구적 이론으로, 가장 먼저 개발되고 널리 알려진 접근 중 하나입니다. 합리적 정서행동치료에서는 인간을 합리적인 사고와 비합리적인 사고를 모두 할 수 있는 존재로 가정합니다. 올바르지 않은 실수를 저지를 수 있는 존재임을 인정하고 수용함으로써 자기실현의 방향으로 나아갈 수 있다고 본 것이지요.

　앨버트 엘리스(Albert Ellis)는 1962년 최초로 합리적 정서행동치료의 개념을 발표한 학자입니다. 엘리스는 심리적 어려움의 원인을 어떠한 사건이 아닌 사건을 지각하고 받아들이는 방식에 있다고 보았습니다. 즉 개인이 이미 갖고 있는 인지의 틀로 어떠한 사건을 비합리적으로 해석하는 데 원인이 있다고 주장한 것이지요.

　비합리적인 신념은 생각의 뿌리에 깊게 자리 잡은 주관적이고 잘못된 생각이나 태도입니다. 합리성과 비합리성의 구분은 절대적이지 않지만 일반적으로 세 가지 기준으로 판단할 수 있는데요. 첫 번째는 융통성입니다. 예를 들어 '항상' '반드시' '당연히' '모든'으로 정의되는 생각들은 합리적으로 보기 어렵습니다. 삶에는 언제나 예외가 존재하기 때문에 이를 부정하는 명제는 융통성이 없고, 한계가 명확합니다. 두 번째는 현실성입니다. 예를 들어 '성공하려면 능력 있고 완벽해야 한다.'라는 신념을 가진다면 이상적일 수는 있지만 현실적으로 이루기 불가능할 것입니다. 세 번째는 기능적 유용성입니다. 이는 현실에서 행복, 기쁨, 희망 등을 위해 도움이 되어야 한다는 의미입니다. 아무리 사회적으로 바람직한 생각일지라도 자신의 행복은 배제한 채 불행과 좌절을 일으킨다면 비합리적인 신념으로 볼 수 있습니다. 엘리스는 합리적인 신념이 소망(wish), 선호(preference)를 반영하지만 당위적인 의미가 아니기 때문에 충족되지 않아도 심리적 어려움에서 비교적 자유롭다고 보았습니다.

합리적 정서행동치료에서 상담자의 역할은 내담자의 비합리적인 신념을 밝히고 논박해 사고가 합리적인 인지과정으로 대체되도록 교육하는 것입니다. 엘리스는 합리적 정서행동치료의 과정을 'ABCDE 모형'으로 제시했습니다. A는 선행사건으로 자극에 해당하며, 결과-정서문제 C는 이에 대한 반응적 결과에 해당합니다. 그리고 A와 C 사이에는 비합리적인 신념 irB가 매개의 역할을 합니다. 이는 심리적인 어려움의 원인이 선행사건이 아닌 비합리적인 신념에 있다는 것이지요. 상담자는 이 과정에서 논박 D의 과정을 통해 내담자의 irB를 합리적인 신념 rB로 대치할 수 있도록 유도해야 합니다.

합리적 정서행동치료에서 가장 중요한 것은 내담자가 자신의 비합리적인 신념을 알아차리고 이를 받아들이는 것입니다. 이 과정에서 상담자는 다양한 방식의 논박 전략을 사용하게 됩니다. 생각의 과정에서 비약을 발견하고 확인하는 논리적 논박, 내담자의 추론을 이끌어내기 위해 질문하는 소크라테스식 논박 등이 대표적입니다. 사고와 감정을 구체적으로 알아보기 위해 글로 합리적인 대처 진술을 표현하게 하는 인지적 전략도 활용할 수 있습니다. 이러한 인지적 전략을 통해 내담자 스스로

ABCDE 모형

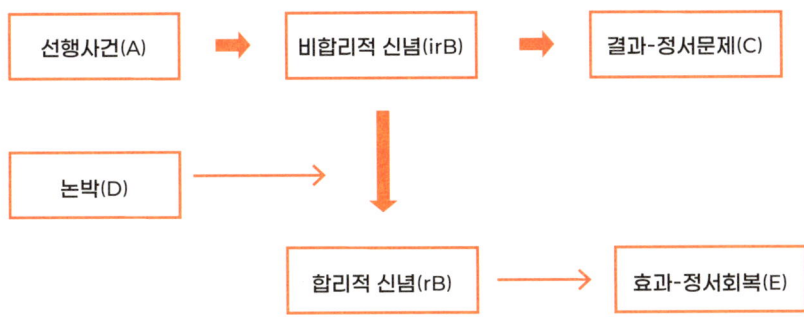

대안을 탐색해볼 수 있지요. 최악의 상황을 상상하게 해 부적절한 감정을 표현해보고, 이를 바꾸는 연습을 반복해 정서적 정화를 경험하는 정서적 전략도 가능합니다. 행동 전략으로는 도전 상황을 설정해 대처하는 연습을 하고, 소통의 기술을 훈련하는 과정 등이 있습니다.

합리적 정서행동치료는 파괴적이고 비합리적인 사고와 태도에 대한 책임을 내담자 자신에게서 찾고, 직접 행동으로 실행하는 것을 강조한다는 점에서 의의를 찾을 수 있습니다. 또한 기존의 상담이론에 비해 내담자 스스로가 능동적으로 치유할 수 있는 방법을 배운다는 점과 그 방법들이 다양하고 절충적이라는 점에서 의의가 있습니다. 하지만 내담자의 과거에 대한 고려가 부족하고, 현재를 강조하며, 빠른 변화를 추구한다는 점은 단점으로 꼽힙니다. 상담자가 적극적으로 논박하는 과정에서 내담자가 합리적인 사고를 강요받게 된다는 점 또한 한계점으로 볼 수 있습니다.

인지치료

아론 벡의 인지치료(cognitive therapy)는 인지행동적 상담에서 널리 알려진 보편화된 이론입니다. 벡은 정신분석적 훈련의 과정을 중시한 기존의 우울증치료에 한계를 느끼고, 그 대안으로 인지치료를 개발했습니다. 인지치료에서는 사고, 정서, 행동 중 사고에 해당하는 생각, 즉 인지가 정서와 행동을 이끌어낸다고 보았습니다.

인지치료의 핵심 개념은 자동적 사고, 역기능적 인지도식, 인지적 오류 세 가지입니다.

1. 자동적 사고

어떠한 사건을 경험하면 정서를 느끼는 과정에서 사건을 해석하고 판단하는 인지적 요소가 개입되기 마련인데요. 이 과정에서 떠오르는 생각이 바로 자동적 사고(automatic thoughts)입니다. '자동적'이라는 이름이 붙은 이유는 이러한 생각이 의지와 상관없이 떠오르고, 심지어 자신이 자각할 수 없는 경우가 대부분이기 때문입니다. 벡은 상황과 정서를 매개하는 과정에서 개입되는 인지과정이 부정적일 경우 '부정적 자동적 사고'에 해당하며, 우울 증상과 같은 심리적 어려움을 겪을 수 있다고 보았습니다. '내 존재는 의미 없어.'라는 자기에 대한 비관적인 생각, '내일도 희망은 없어.'라는 앞날에 대해 비관적이고 염세적인 생각, '세상은 믿을 곳이 못 되고, 사는 것 자체가 힘든 일이야.'라는 세상에 대한 부정적인 생각이 부정적 자동적 사고의 대표적인 예입니다.

2. 역기능적 인지도식

인지도식(cognitive schema)은 세상을 이해하고 해석하는 틀을 뜻합니다. 개개인은 자신의 환경과 상황에 따라 제각기 자신만의 틀을 가지고 세상을 바라보는데요. 인지도식은 어린 시절의 경험이나 환경의 영향으로 형성됩니다. 반복적으로 스트레스 상황에 노출되는 등 여러 이유로 부정적인 '역기능적 인지도식'이 형성될 수 있습니다. 역기능적 인지도식은 부정적 자동적 사고를 활성화하고 인지적 오류를 발생하게 하는 등 심리적 어려움이 생기는 직접적인 근원에 해당합니다.

3. 인지적 오류

인지적 오류(cognitive errors)는 사건을 경험하는 과정에서 현실을 있는 그대로 지각하지 못하고 의미를 왜곡해 판단하는 것을 의미합니다. 우리는 어떠한 사건을 경험하면 주관적인 판단을 내리기 전에 객관적인 사실들을 확인하는 과정을 거치는데요. 인지적 오류는 이러한 과정에서 나타나는 판단의 오류를 뜻합니다. 대표적인 예로 이분법적인 결론을 도출하는 흑백논리, 섣부르게 결론을 내리고 다른 상황에도 '항상' 적용시키는 과잉일반화, 근거를 정확하게 확인하지 않고 추론을 통해 결론을 내리는 임의적 추론 등이 있습니다.

인지치료의 상담 목표는 내담자의 인식 체계에서의 오류를 인식하고, 부정적 자동적 사고와 역기능적 인지도식을 파악해 현실적인 내용으

인식 체계에 오류가 생기는 과정

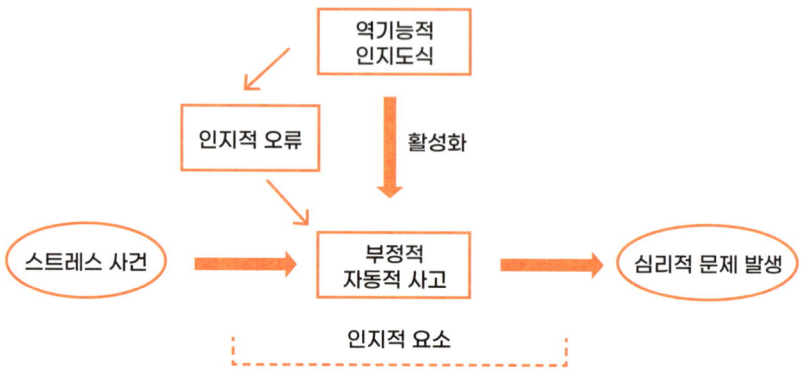

로 바꾸는 데 있습니다. 이 과정에서 상담자는 내담자와 협력해 인지적 오류를 수정해나갑니다. 상담자와 내담자는 동등한 관계이자, 인지적 오류를 함께 찾고 대안을 발견해나가는 협동적인 관계여야 합니다.

    상담 초기에는 인지치료의 기본 원리를 내담자가 충분히 이해할 수 있도록 설명해야 합니다. 중기에는 다양한 사건에 대한 경험에서 반복되는 부정적인 생각을 찾아내어 기록하고, 인지를 평가하고, 자동적 사고를 발견하는 등 인지를 끌어내는 작업을 합니다. 발견된 부정적 자동적 사고에 대해 내담자가 오류를 발견할 수 있도록 인도하고, 이때 상담자는 중립적인 태도를 보입니다. 이후 다양한 상담기법을 통해 인지에 대해 논의하고, 인지적 과정을 수정하는 작업을 병행해 치료를 종결합니다.

    벡의 인지치료는 내담자가 호소하는 내용을 해결하는 데 중점을 두고 있습니다. 따라서 각각의 증상에 따라 다양한 기법이 사용되는데, 차례대로 문제축약기법, 빈틈메우기기법, 과제부여기법이 활용됩니다.

먼저 문제축약기법은 호소하는 증상을 나열하고, 공통 요소를 찾아 개별적인 현상보다는 근원적인 문제를 해소할 수 있도록 하는 방식입니다. 또한 나열된 증상들의 인과관계를 찾아 연쇄적인 구조로 나타내고, 가장 먼저 원인에 해당하는 부분을 해소함으로써 나머지도 함께 해결하게 됩니다.

빈틈메우기기법은 스트레스 사건과 심리적 문제 발생 사이에 빈틈에 해당하는 생각을 떠올리게 하는 것입니다. 이 과정에서 내담자가 자각하지 못했던 자동적 사고를 발견할 수 있고, 이를 바탕으로 대안적 사고를 도출해낼 수 있습니다.

과제부여기법은 상담회기 사이에 치료 효과를 증진시키기 위해 다양한 과제를 부여하는 방법입니다. 내담자는 이를 수행하면서 다양한 기술을 습득할 수 있습니다. 역기능적 인지도식을 기록지에 작성하거나, 활동계획표를 세워 의욕 저하를 방지하거나, 생각과 행동의 왜곡을 확인하게 하는 행동실험계획을 세우는 등 과제의 방법은 다양합니다.

인지치료는 내면의 인지과정을 과학적으로 구조화하고 연구할 수 있다는 점에서 의의를 가집니다. 특히 불안, 우울, 공포에 효과적이지요. 정신분석이론과 같은 고전적인 이론에 비해 상대적으로 상담자가 훈련을 통해 배우기 쉽다는 장점이 있습니다. 하지만 인지를 너무 강조한 나머지 다른 감정을 소홀히 했다는 비판을 받고 있으며, 긍정적 사고를 강조하고 강요한다는 점에서 피상적이라는 한계점도 지적받고 있습니다.

자기 인식을 회복하는 게슈탈트적 상담

　　게슈탈트 심리학(Gestalt Psychology)은 독일의 심리학자 프리츠 펄스(Fritz Perls)가 창안해 그의 부인인 로라 펄스(Laura Perls)에 의해 보완된 심리이론으로, 형태주의 심리학에 해당하고, 이후 인지심리학의 발전에도 영향을 주었습니다. 게슈탈트는 독일어로 '형태' '전체의 모양'이라는 의미인데요. 인간은 외부의 현상을 인식할 때 하나씩 분해해 살펴보지 않고 한 번에 전체를 통합된 것으로 인식하는 경향을 보이는데, 이때 외부의 현상이 통합되어 떠오르는 것을 '게슈탈트'라고 합니다. 즉 게슈탈트는 자신의 욕구나 감정을 하나의 의미 있는 전체로 조직화해 지각하게 되는 것입니다. 게슈탈트 심리학은 '전체'와 '부분의 합'은 동일하지 않으며, 전체는 부분의 합 그 이상이라는 점을 강조합니다.

게슈탈트 심리학은 인간을 자기실현이 가능한 능력 있는 주체로 보았습니다. 실제로 프리츠 펄스는 '자신을 있는 그대로 실현하는 것'이 모든 유기체의 타고난 목표라고 생각했습니다. 게슈탈트치료는 이러한 관점을 기저로 이뤄집니다.

전경과 배경

게슈탈트 심리학의 핵심 개념은 인간을 포함한 모든 유기체를 장의 일부라고 보는 장이론(field theory)입니다. 장은 삶이 이뤄지는 과정에서 형성되는 전체적인 상황으로, 매우 유동적이며 상호적 관계에 영향을 받습니다. 장은 전경(foreground)과 배경(background)으로 구분되는데요. '전경-배경'의 관계는 인간의 지각과정에서 확인할 수 있습니다. 예를 들어 시각 자극을 인식할 때 흔히 중요한 부분과 덜 중요한 부분으로 분리해 인지하게 되는데, 이때 전자가 전경에 해당하며 후자가 배경에 해당합니다. 게슈탈트 심리학에서는 전경과 배경의 개념이 적극적으로 수용되었습니다. 내담자에게 중요한 의미를 가지는 과제로 떠오르는 것이 바로 전경이고, 별다른 의미를 가지지 않는 다른 일을 배경으로 보았기 때문입니다. 이때 전경이 해소되면 이는 다시 배경이 되고 또 다른 전경이 형성됩니다.

심리적으로 건강한 상태에서는 전경과 배경이 자연스럽게 교체되는데, 이를 '게슈탈트의 형성과 해소'라고 합니다. 예를 들어 공부를 하던 학생이 배고픔을 느끼면 '배고픔'은 전경으로 나타나고, 음식을 먹고 해소되면 배고픔은 다시 배경으로 이동합니다. 그리고 이전에 몰두하고 있었던 '공부'가 다시 전경으로 떠오를 것입니다. 하지만 배가 고픈 상태가 계속된다면 공부에 집중할 수 없고, 배고픔이 해소되지 않아 심리적·육체적 어려움이 생겨나겠지요. 예로 든 '배고픔'과 '공부'는 육체적으로 느낄 수 있고 눈으로 확인할 수 있는 비교적 선명한 현상입니다. 하지만 우리의 감정과 생각은 스스로 자각하기 힘들 정도로 불분명한 영역이 많습니다. 만일 공부에 집중할 수 없는 이유를 명확히 알 수 없다면 어떻게 될까요? 공부가 전경으로 떠오르지 못한 채 시간만 흘러 스트레스가 쌓일 것입니다.

게슈탈트 이론에서는 선명하게 드러나지는 않지만 전경과 배경의 교체를 방해하고 심리적 어려움을 겪게 하는 부분을 '미해결 과제'라고 정의합니다. 전경과 배경이 교체되지 않은 상태에서 어떠한 걸림돌이 해결되지 못하고 사라지지도 않는다면 분노, 불안, 슬픔, 죄책감 등의 감정이 떠올라 혼돈에 빠질 것입니다. 이를 해소하기 위해 유기체의 감정과 욕구를 알아내는 알아차림(awareness)의 과정을 거쳐 환경과 상호작용을 하는 접촉(contact)을 하게 됩니다.

접촉경계혼란의 원인

게슈탈트치료에서는 심리적 증상이 나타나는 원인을 접촉의 관점에서 바라보았습니다. 개인은 환경과 교류하면서 필요한 것이 생기면 경계를 열어 받아들이고, 환경에서 해로운 것이 들어오면 경계를 닫아 스스로를 보호하게 되는데요. 이때 환경과 개체 간의 경계가 불분명하거나 너무 단단한 상태를 접촉경계혼란(contact boundary disturbance)이라고 합니다. 접촉경계혼란을 유발하는 원인으로는 내사, 투사, 융합, 반전, 자기중심성, 편향이 있습니다.

1. 내사

내사(introjection)는 환경과의 접촉에서 안 좋은 부분까지 무비판적으로 받아들이는 것을 말합니다. 일반적으로 건강한 개체는 경계를 열어 자신에게 적용할 수 있는 것은 받아들이고, 비판적인 부분은 거부하는 과정을 겪는데요. 예를 들어 부모나 사회적인 요구에 따라 타인의 관점, 주장, 가치관을 자신의 것으로 받아들일 경우 자율적인 행동이 억눌려 문제가 발생할 수 있습니다.

2. 투사

투사(projection)는 자신의 감정, 욕구를 타인의 것으로 돌리는 것입니다. 자신이 갖고 있는 안전하지 않은 생각을 남에게 돌림으로써 억압된 욕구를 충족하게 됩니다. 예를 들어 마음에 들지 않는 상사가 있다면, 그 상대가 자신을 싫어한다고 믿음으로써 자신의 부정적인 감정을 회피할 수 있습니다. 이러한 부분은 병리적인 현상이라고까지 할 수는 없으나, 타인을 이해하는 과정과 접촉의 과정에 방해되는 요소이므로 세심하게 살펴볼 필요가 있습니다.

3. 융합

융합(confluence)은 환경과 유기체가 독자성 없이 동일시하는 것으로, 의존성이 심한 '부모-자녀'의 관계나 부부, 연인, 친구, 소속감이 강한 집단의 관계에서 나타날 수 있습니다. 융합된 관계가 깨질지 모른다는 두려운 마음에 자신의 주체성을 무시하고 맹목적으로 따르는 모습을 보일 수 있는데요. 상담과정을 통해 내담자는 융합된 대상과의 경계를 분명히 인식하고, 자신이 원하는 것을 선택하고 책임지는 것을 학습하게 됩니다. 이를 통해 내담자는 자신감을 회복할 수 있습니다.

4. 반전

반전(retroflection)은 타인이나 환경에게 하고 싶은 행동을 자신에게 하는 현상입니다. 억압된 환경에서 내사가 지속되면, 환경에 대한 갈등이 해소되지 못해 내부에서 갈등이 일어나게 되는데요. 분노의 감정이 미해결된 상황에서 감정이 차단되면 신체적 통증이나 강박증, 열등감, 우울감이 유발될 수 있습니다. 반전은 다양한 심리적 증상을 유발한다는 점에서 주목해야 합니다. 자해나 자살과 같은 파괴적인 종말로 확장될 수 있기 때문에 상담과정에서 매우 세심하게 다뤄야 합니다.

5. 자기중심성

자기중심성(egotism)은 일종의 반전에 의한 현상으로, 자신의 관심을 외부에 돌리지 못하고 내부로 돌려 지나치게 스스로를 의식하는 현상입니다. 타인의 평가와 반응 때문에 자신의 욕구를 억제하지만, 욕구가 전경으로 사라지지 못한 채 머물러 혼란을 야기합니다. 타인의 주목을 받는 발표 상황에 대한 거부가 심하고, 대인공포증으로 이어질 가능성도 있습니다.

6. 편향

편향(deflection)은 환경과의 접촉과정에서 겪을 심리적 어려움을 피하고자 초점을 흐리는 현상입니다. 과장된 표현으로 웃어넘기려 하거나, 상대를 피하거나, 자신의 감정을 차단하는 것 등이 대표적입니다.

상담과정과 기법

게슈탈트 상담에서는 심리적 어려움의 발생 원인이 접촉경계혼란에 있다고 가정합니다. 따라서 개인과 환경의 관계를 회복하고, 알아차림을 이어가도록 유도해 내담자의 전경과 배경이 자유롭게 교체되도록 합니다. 즉 접촉을 증진시키는 것을 목표로 합니다. 상담자는 수평적인 관계에서 '지금-여기'에 초점을 맞춰 내담자의 자기 인식 증진을 도모합니다. 이때 상담자는 지지적인 자세로 동반자의 역할을 하며, 내담자가 회피적인 모습을 보이면 적극적으로 나서서 활동을 촉진시킵니다.

게슈탈트 상담에서는 다양한 기법들이 사용되는데요. 대표적인 세 가지 기법으로는 직면, 역할 연기하기, 빈 의자 기법이 있습니다. 차례대로 알아보겠습니다.

1. 직면

직면(confrontation)은 현실을 회피하지 않고 직시해 알아차리는 것을 말합니다. 내면의 욕구를 회피해 쌓아둔 내담자의 미해결 과제를 해소하는 데 필요한 기법입니다. 또한 내담자가 반복적으로 행동하는 방식 등에서 부적절한 부분이 있을 경우 직면을 통해 스스로 알아차릴 수 있도록 유도할 수 있습니다.

2. 역할 연기하기

역할 연기하기(enactment)는 내담자가 겪은 과거의 상황이나 미래의 예측 상황을 실연해보는 방식입니다. 내담자는 회피해왔던 행동을 연기함으로써 이전에 알지 못했던 행동이나 자신의 감정을 알아보는 기회를 갖게 됩니다. 과거의 상황으로 돌아가 감정을 표출하면서 미해결 감정이 해결되기도 하며, 곤란한 상황을 실연함으로써 상황에 대처하는 방식을 습득할 수 있습니다.

3. 빈 의자 기법

빈 의자 기법(empty chair technique)은 게슈탈트 상담에서 자주 사용되는 기법으로, 빈 의자에 대상이 있다고 가정하고 하고 싶은 말과 행동을 하도록 하는 방법입니다. 이를 통해 내담자는 스스로 부정하고 있을 수 있는 감정과 직면하고, 대상에 대한 감정을 명료화해 그 영향을 인식할 수 있습니다. 예를 들어 상사와의 갈등 때문에 심리적 어려움을 겪는 내담자라면, 두 의자를 오가면서 자기 자신과 상사의 역할을 홀로 번갈아가며 대화를 진행합니다. 대화과정을 통해 상황과 감정에 대한 인식을 높이고, 상황에 대한 자각을 높여 해결책을 찾아갈 수 있습니다.

게슈탈트 상담은 인간과 환경과의 접촉을 중시하고, 자기 인식을 강조하는 새로운 방법을 제시했다는 점에서 심리치료 분야에서 많은 인정을 받습니다. 치료 효과 면에서도 긍정적인 평가를 받아 특히 집단치료에서 다양하게 활용되고 있습니다. 하지만 이론적으로 체계적이지 않고, 임상진단을 무시하는 경향 등이 한계점으로 지적됩니다.

처음 시작하는 심리검사와 심리평가

　상담 상황에서 상담자는 내담자의 마음을 어떻게 알아볼 수 있을까요? 경험에 의해 얼굴이나 몸짓만 봐도 사람의 심리를 척척 알 수 있는 것일까요? 아니면 상담자마다 따로 숨겨둔 비법이라도 있는 것일까요? 다행히 내담자의 심리 상태를 비교적 정확하게 알아볼 수 있는 객관적인 심리검사들이 있습니다.

　신뢰도와 타당도가 검증된 심리검사들을 통해 한 개인의 심리 상태를 확인할 수 있는데요. 이러한 검사 결과를 바탕으로 면담, 관찰, 임상 병리적 지식을 활용해 심리평가를 하게 됩니다. 심리평가의 과정을 통해 부적응 문제와 그 원인을 파악하고, 직업 수행이나 대인관계의 기능을 평가할 수 있습니다. 또한 치료 계획을 세우고 치료 전후의 결과를 비교함으로써 그 효과를 검증할 수 있습니다.

심리검사는 객관적 검사와 투사적 검사로 구분할 수 있는데요. 객관적 검사는 신뢰도와 타당도가 검증된 표준화된 방식으로 실시하는 심리검사로, 투사적 검사보다는 해석이 용이하고 짧은 시간에 많은 자료를 얻을 수 있습니다. 하지만 자기보고식 검사 형태이기 때문에 검사 결과가 왜곡될 가능성이 있고, 개인의 내적인 갈등과 무의식의 평가가 어렵다는 단점이 있습니다.

투사적 검사는 프로이트의 투사가설(projection hypothesis)을 바탕으로 한 비구조적 검사로, 피검자가 모호한 자극에 자유롭게 반응하게 하는 검사입니다. 투사적 검사를 통해 개인의 갈등과 성격, 무의식에 대한 다양한 반응과 정보를 얻을 수 있습니다. 하지만 검사 결과에 대한 신뢰도·타당도 검증이 어려워 해석자의 전문성이 중요한 요인으로 작용할 수 있습니다.

그럼 심리 상태를 평가하기 위해 어떤 검사를 실시해야 할까요? 단일 검사로 한 번에 다 평가하는 것은 위험성이 있습니다. 반면 모든 검사를 다 시행할 수도 없지요. 따라서 상담의 목적에 따라 필요한 개별 검사를 모아 구성된 배터리(battery) 검사를 시행하게 됩니다. 지적능력을 평가하는 지능검사, 성격과 정신병리적인 부분을 측정하는 MMPI와 BGT, 무의식적 측면을 검사하는 로르샤하검사, 개인의 성격과 대인관계를 알아보는 주제통각검사 등이 대표적입니다.

객관적 검사

1. MMPI

다면적 인성검사(MMPI: Minnesota Multiphastic Personality Inventory)는 미네소타대학교에서 개발한 정신병리를 파악하기 위한 검사로, 1943년에 MMPI-1이 개발되었고 이후 일부 내용을 개정해 MMPI-2가 만들어졌습니다. 주로 정신과적 진단 소견을 내기 위해 활용되는 자기문답식 질문지이며, 일반적인 성격 특성을 파악하기 위한 척도로도 활용됩니다. 타당도 척도, 임상 척도, 재구성 임상 척도, 내용 척도, 보충 척도, 성격병리 5요인 척도를 바탕으로 결과를 해석하게 되는데요. 그 과정과 각각의 척도를 모두 소개할 수 없으므로 대표적인 임상 척도 몇 가지만 소개하겠습니다.

척도 1(Hs) 건강염려증(hypochondriasis)은 신체에 대한 비정상적인 걱정과 관련된 증상입니다. '신중성'에서 기인하는데요. 점수가 높게 나오는 경우 다양한 증상을 호소함으로써 타인의 관심을 받으려는 경향이 있을 수 있습니다. T점수가 80 이상이면 극심한 증상을 호소할 수 있습니다.

척도 2(D) 우울증(depression)은 우울 증상과 삶에 대한 만족감, 미래에 대한 자세를 측정하는 수치입니다. '비판적 평가'에서 기인하는데요. T점수가 65 이상으로 높다면 지나치게 억제되거나 위축된 경향성을 보일 수 있으며, 이러한 경우 척도 7과 척도 9 등과의 다양한 상관관계를 함께 살펴봐야 합니다.

척도 3(Hy) 히스테리(hysteria)는 '표현성'에 기인합니다. 경미하게 높은 경우 감정이 풍부하고 낙천적으로 볼 수 있습니다. 하지만 수치가 높으면 억압과 부인의 방어기제가 크며, 감정 변화가 크고, 신체화 증상이 나타날 수 있습니다.

척도 4(Pd) 반사회성(psychopathic)은 사회적 관습과 권위에 대한 반항적 경향성과 관련된 증상입니다. '주장성'에서 기인하는데요. 수치가 높을 경우 규범을 따르지 않고 비계획적이고 충동적일 가능성이 있습니다. 경미하게 높으면 자기주장이 강하고 진취적으로 해석될 수 있습니다. 낮은 경우에는 관습에 순응적이고, 경쟁적인 상황을 어려워하고, 자기주장이 약한 경향을 보일 수 있습니다.

척도 5(Mf) 남성성-여성성(masculinity-femininity)은 특히 해석에 주의를 기울여야 합니다. 이 척도 하나만으로 동성애 성향에 대한 판단을 내릴 수는 없으며, 관습적인 역할에 대한 태도를 파악하는 데 이용됩니다. 높은 점수의 남성은 민감성이 높고 다소 수동적일 수 있으나 지능과 교육 수준에 의해 높게 나올 수 있다는 점도 반영해 해석해야 합니다. 지나치게 높으면 성 정체성에 대해 고려할 수 있고, 낮은 경우 전통적인 남성의 역할을 추구하고 공감능력이 부족할 가능성이 있습니다. 높은 점수의 여성은 적극적이고 진취적이며 자기주장이 강한 경향이 있고, 낮은 경우 기존의 전통적으로 인식된 여성상에 수용하는 태도를 보일 가능성이 있습니다.

척도 6(Pa) 편집증(paranoia)은 망상적 사고, 피해의식 등의 예민성을 측정하며 '호기심'에서 기인합니다. T점수 65 이상인 경우 타인에 대해 의심이 많고, 피해의식이 높을 수 있고, T점수가 40 이하로 낮은 경우 주변 사람들에게 관심이 부족하고, 냉소적일 수 있고, 눈치가 부족할 수 있습니다.

척도 7(Pt) 강박증(psychasthenia)은 만성적 불안과 삶에 대한 불만족 등을 측정하며 '조직화'에서 기인합니다. T점수가 65 이상일 때 걱정이 많고, 융통성이 부족하며, 죄책감 등을 보일 수 있고 강박증, 공포증, 공황장애, 불안장애 등이 나타날 수 있습니다. T점수 40 이하인 경우 계획성이 부족하다고 해석될 수 있습니다. 우울감과 사고장애를 함께 고려하기 위해 척도 2와 척도 8의 동반 상승도 눈여겨봐야 합니다.

척도 8(Sc) 정신분열증(schizophrenia)은 기이한 사고와 분열적 정신상태를 측정하며, '상상력'에서 기인합니다. 척도 8의 점수만으로 정신분열을 진단하지는 않지만, 높은 경우 공감능력이 낮고 사고와 판단력에 어려움이 있을 수 있습니다. 반면 지나치게 낮은 경우 권위에 순종하는 특성을 보일 수 있습니다.

척도 9(Ma) 경조증(hypomania)은 정신운동적 흥분, 사고의 비약 등을 측정합니다. '열정'에서 기인하는데요. 지나치게 높은 경우 과대망상의 가능성이 있고, 산만하며, 사고의 비약을 보일 수 있습니다. 65점 이상일 경우 조증장애를 고려해볼 수 있으며, 40점 이하일 경우 무기력한 만성피로를 느끼고, 우울증도 함께 고려해볼 수 있습니다.

척도 0(Si) 내향성(social introversion)은 내향성과 외향성을 평가하는 수치로 '자율성'에서 기인합니다. 높은 수치를 보이면 내향성이 높다고 볼 수 있으며, 타인과의 관계에서 불편함을 느끼고, 자신감이 부족해 보일 수 있습니다. 지나치게 낮은 경우 자신감이 과해 과시적이고 경쟁적일 수 있습니다.

표준화된 검사인 MMPI는 비교적 간단하게 시행할 수 있으나, 검사 결과에 대한 평가와 해석이 매우 중요해 자격을 갖춘 전문가만이 사용하도록 제한하고 있습니다. 우선 피검자의 태도를 파악하기 위해 타당도 척도를 통해 결과에 대한 신뢰성을 확인하고, 상승한 척도 사이의 수치적 연관성을 고려해 프로파일 형식으로 심리평가를 실시합니다. 저하된 척도 역시 함께 고려합니다.

2. MBTI

MBTI(Myers Briggs Type Indicator)는 융의 심리 유형에 근거해 캐서린 브릭스(Katharine Briggs), 이사벨 마이어스(Isabel Myers), 피터 마이어스(Peter Myers) 3대에 걸쳐 개발된 성격유형검사입니다. 가장 친숙하고 다양한 분야에서 사용되는 대표적인 심리검사 중 하나입니다. MBTI는 인간의 성격이 개인의 선호 경향에 따라 결정된다고 가정한 심리검사로, 각 항목에 대한 질문에 '예' '아니오'로 답변하는 형식으로 진행됩니다. 결과에 따라 구분되는 성격 유형은 총 16가지입니다.

우선 에너지 방향을 측정하면 외향형(E: Extraversion)과 내향형(I: Introversion)으로 구분됩니다. 정보를 인식하는 방식은 실제 경험을 선호하는 감각형(S: Sensing)과 현실보다는 추상적이고 영감에 의존하는 직관형(N: iNtuition)으로 구분됩니다. 정보를 판단하는 과정에서는 논리적이고 분석적으로 객관적 사실을 바탕으로 하는 사고형(T: Thinking)과 주관적 가치를 중시하고 감정을 바탕으로 판단하는 감정형(F: Feeling)으로 구분됩니다. 외부 세계에 대한 태도와 생활양식에 따라 계획적이고 체계적인 판단형(J: Judging)과 개방적이고 융통성 있게 행동하는 인식형(P: Perceiving)으로 구분됩니다.

ISTJ(내향적 감각형)는 한국인에게 많이 나타나는 유형입니다. 분석적이고 체계적이며, 세부사항에 집중하고, 관계적으로 일을 처리하는 경향이 있습니다. 또한 상황을 개인적 입장에서 판단하는 태도를 보입니다. 회계, 법, 건축, 사무직 등에 적합한 유형입니다.

ISTP(내향적 사고형)는 문제에 논리적으로 접근하는 유형입니다. 조용한 성격으로 말이 적으며, 논리적·객관적으로 정보를 분석하고, 소수의 인간관계를 유지하며, 자기개방은 피하는 태도를 보입니다. 과학, 공학 등의 분야에 적합한 유형입니다.

ESTJ(외향적 사고형)는 체계적이고 논리적으로 조직을 이끄는 성향의 유형입니다. 리더십을 보이나 규칙과 원칙을 자기 식대로 해석해 속단할 위험성이 있습니다. 사업가, 행정가, 관리직 등에 적합한 유형입니다.

ESTP(외향적 감각형)는 개방적인 태도로 자신과 타인에게 관용을 보이는 유형입니다. 논리적이면서 분석적으로 일을 처리해 분쟁 조정에 능숙한 모습을 보입니다. 건축, 요식업, 마케팅 등의 분야에 적합한 유형입니다.

ISFJ(내향적 감각형)는 책임감이 강하고, 세부적인 절차를 중시하며, 감정에 민감한 특성의 유형입니다. 감각에 의존해 판단력이 부족할 가능성

생활자세의 유형

외향형(E)	←	에너지 방향	→	내향형(I)
감각형(S)	←	인식 기능	→	직관형(N)
사고형(T)	←	판단 기능	→	감정형(F)
판단형(J)	←	생활양식	→	인식형(P)

이 있습니다. 교사, 사무직, 서비스직 등에 적합한 유형입니다.

ISFP(내향적 감정형)는 공감능력이 높은 유형입니다. 개인적 기준에 의해 일을 처리하는 특성이 있으며, 감정에 지나치게 민감할 가능성이 있습니다. 의료, 교육, 예술 등의 분야에 적합한 유형입니다.

ESFP(외향적 감각형)는 개방적이고 수용적이며, 자신의 가치관에 따라 무언가를 결정하는 경향성이 높은 유형입니다. 판매직, 디자인 등의 분야에 적합한 유형입니다.

ESFJ(외향적 감정형)는 타인에게 관심이 많고, 인간관계를 중시하며, 자신의 가치관에 따라 의사결정을 하는 특성을 보입니다. 교직, 성직자, 판매직 등에 적합한 유형입니다.

INFJ(내향적 직관형)는 창의력과 직관력이 뛰어나고 통찰력이 있는 유형입니다. 개방성이 부족할 수 있고, 자신의 가치에 의존하는 경향성을 보일 수 있습니다. 심리치료, 예술, 문학 등의 분야에 적합한 유형입니다.

INFP(내향적 감정형)는 통찰력을 지니며 인간 이해와 복지에 관심을 지니는 유형입니다. 객관성과 분석력이 부족할 수 있습니다. 문학, 예술 등의 분야에 적합한 유형입니다.

ENFP(외향적 직관형)는 창의적이고, 열정적이며, 반복적이고 일상적인 일에 흥미가 적은 특성을 보입니다. 광고, 문학, 판매업 등의 분야에 적합한 유형입니다.

ENFJ(외향적 감정형)는 동료애가 강하고, 사람을 좋아하는 성향입니다. 관계에 능숙해 보이나 감정에 치우친 모습을 보일 수 있습니다. 교직, 상담, 외교 등의 분야에 적합한 유형입니다.

INTJ(내향적 직관형)는 직관력이 뛰어나고 복잡한 문제를 다루는 데 흥미를 보이는 유형입니다. 자기주장이 강하며 감정을 다루는 데 서툰 모습을 보일 수 있습니다. 과학, 발명, 정치, 철학 등의 분야에 적합한 유형입니다.

INTP(내향적 사고형)는 가장 독립적인 유형입니다. 논리적이고, 비판적이며, 통찰력이 뛰어납니다. 하지만 이러한 부분에 지나치게 의존해 타인에 대한 관심이 부족할 수 있습니다. 과학, 수학 등의 분야에 적합합니다.

ENTP(외향적 직관형)는 창의성이 풍부하고, 새로운 시도에 높은 흥미를 보입니다. 하지만 일상적인 일에 소홀할 수 있는 유형입니다. 발명가, 과학자, 마케터 등에 적합한 유형입니다.

ENTJ(외향적 사고형)는 활동적이고, 계획적이며, 분석적인 특징을 가지며, 리더십이 강한 유형입니다. 행정, 사업 등의 분야에 적합한 유형입니다.

각각의 유형의 특징이 한 개인의 성격을 모두 대변하기는 어려울 것입니다. 일치하지 않다고 느끼는 부분도 있을 수 있지요. 하지만 MBTI를 통해 에너지의 방향, 정보 수집과 판단의 기준, 생활양식 등 자신이 어떤 부분에 더 중점을 두고 있는지 파악할 수 있습니다. 또한 부족한 점에 해당하는 반대의 영역을 보완하고 개발함으로써 의미 있는 결과를 얻기도 합니다. 성격적 특성뿐만 아니라 진로적성을 알아보기 위해 활용되는 등 다양한 기관에서 대중적으로 쓰이고 있습니다. MBTI는 표준화된 검사방법이지만 검사의 결과에 따라 성격을 단정 짓지 말고 종합적으로 접근하는 자세를 지녀야 합니다.

투사적 검사

1. BGT

벤더 게슈탈트 검사(BGT: Bender Gestalt Test)는 형태주의 심리학에 기반을 두고 개발된 그림검사입니다. BGT는 9개 도형 카드를 피험자에게 제시하고, 가능한 한 정확하게 따라 그리는 모사를 수행하도록 합니다. 이후 보지 않고 회상해 그리도록 하는데요. 결과의 오차를 줄이기 위해 검사 시행자는 피검자가 자유롭게 표현할 수 있도록 표준화된 지시 외에는 나서지 않습니다.

BGT는 기질적 장애 진단을 위해 실시되었으나 인지, 정서, 성격의 측면에서 많은 정보를 얻을 수 있어 여러 방면에서 유용하게 활용되고 있습니다. 심리검사에 대한 부담을 줄이고, 라포 형성에도 도움이 되기 때문에 상담 상황에서 자주 사용됩니다. 그림에 대한 해석은 배열 순서, 도형의 위치, 공간 사용, 용지 회전, 겹침, 곡선 표현, 폐쇄곤란, 단순화 등의 기준에 따라 이뤄집니다.

2. HTP, DAP

검사 시행자는 그림으로 표현된 사물이나 인물에 개개인의 욕구, 동기, 성격, 태도 등이 반영된다고 가정합니다. 보통 BGT를 실시한 후 추가로 집-나무-사람(HTP: House-Tree-Person), 인물화 검사(DAP: Draw A Person)를 실시하는데요. 투사적 검사이기 때문에 결과에 대한 해석은 표준화되지 않았지만 언어적인 거부감이 있는 대상에게 유용하다는 점에서 의의가 있습니다.

먼저 HTP는 집, 나무, 사람을 그리게 하고 이를 통해 심리 상태를 알아보는 투사적 검사입니다. 피검자에게 집, 나무, 사람을 순서대로 묘사하게 지시하고 그림에 대한 질문을 합니다. 자나 다른 도구는 이용하지 않도록 유도하고, 그림을 잘 그리는지를 평가하는 것이 아님을 충분히 전달합니다. 이후 그림에 표현된 형태, 크기, 필압, 위치 등을 다각도로 해석합니다.

DAP는 사람을 그리는 검사로, 사람을 머리에서 발끝까지 나오도록 그려야 하고, 장난스러운 만화로 그리지 않도록 유도합니다. 그럼에도 진지하지 않은 결과를 보일 경우 이러한 태도를 방어 자세로 해석할 수 있습니다. 그림의 비율, 크기, 위치, 손발의 세부적인 표현 등에 따라 해석이 달라집니다.

3. SCT

문장완성검사(SCT; Sentence Completion Test)는 30~50개의 미완성 문장을 피검자가 완성하는 검사이며, 간편하게 활용할 수 있어 MMPI나 다른 검사들과 함께 실시되는 경우가 많습니다. 피검자의 특성을 파악하는 데 특히 효율적입니다.

문장 작성에 자율성을 부여함으로써 피검자의 방어적인 태도가 완화되고, 표현하기 어려운 잠재적 감정을 표출하기 쉬운 환경이 마련됩니다. 문장은 성격에 따라 자기개념, 가족, 대인관계, 성 네 가지 영역으로 구분됩니다. 검사의 신뢰도를 유지하기 위해 기본적인 예시만 살펴보겠습니다.

- 자기개념 영역: 나의 미래는 _____
- 가족 관련 영역: 나의 어머니는 _____
- 대인관계 영역: 내가 제일 좋아하는 사람은 _____
- 성 관련 영역: 결혼에 대한 나의 생각은 _____

오늘 실천하는 마음의 기술

최근에는 심리상담을 받는다는 것에 대해 많은 분들이 긍정적으로 생각하는 듯합니다. 그래도 아직은 건강검진을 받는 것처럼, 심리검사와 상담을 받는 것을 더 나은 삶을 위해 꼭 필요한 과정이라는 생각하는 단계까지 도달하진 못한 것 같아요. 심리상담에 대한 경험이 없다면 전문적인 심리 지원 서비스를 받기 위해 지불해야 하는 금액이 다소 부담이 될 수 있지요. 가장 좋은 것은 여러분이 느끼는 심리적 어려움의 강도를 스스로 평가해보고 일상생활을 이어가기 힘들거나 신체적인 불편감이 느껴진다면 꼭 전문가의 도움을 받으실 것을 권해드립니다. 하지만 다양한 이유로 심리상담 서비스를 받기 어렵다면 여기서 소개되는 상담심리이론을 통해 나의 마음을 우선적으로 알아보는 과정을 선행할 수 있습니다.

1장에서 우리는 무의식을 의식화하는 작업으로 자유롭게 떠오르는 것들을 살펴봤어요. 내가 좋아하는 것들, 내가 힘들 때 위로가 되는 것들도 성찰해보았지요. 또 한 가지는 자유 연상으로 '내가 떠올릴 수 있는, 어린 시절 최초의 기억'을 탐색해볼 수 있습니다. 그곳에는 무의식에 저장된 나의 아픔이 숨어 있을 수도 있고, 나의 열등감이 봉인되어 있을 수도 있습니다. 내가 일상에서 반복적으로 불편감을 느끼는 어떠한 주제가 드러나기도 하지요. 그런데 이러한 불편감은 내가 스스로 알아차리지 못하면 해소되지 않은 채 계속 그대로 머물러 있어요. 이것이 앞에서 소개된 미해결 과제로 머물러 있는 모습입니다. 이러한 것들을 '알아차림' 할 수 있다면 절반은 성공한 것입니다. 내가 불쾌하고 불편해하는 것이 어떤 순간이고 이게 반복되는 이유를 탐색할 수 있다면 더욱 좋겠죠.

한편 내가 불편한 상황을 경험할 때 마음속에서 아무도 모르게 피어나는 마음의 소리가 있습니다. 이런 자동적 사고는 매우 빠르게 반복되어 내 안의 생각이라고 알아차리기 힘들 수 있죠. '나를 무시해서 저러나.' '나를 이용하려고 저러는 건가.' 그 내용은 각기 다릅니다. 이러한 것들을 탐색하면 눈에 보이지 않는 생각의 흐름을 도식화할 수 있고, 나의 생각의 방향을 선택하고 수정할 수 있게 됩니다.

이 과정을 나만의 기술로 갖추고 탐색할 수 있다면 셀프 카운셀러로서의 역할을 충분히 하실 수 있을 것입니다.

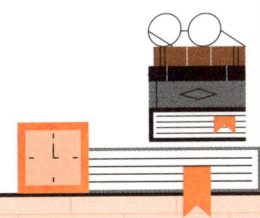

심리학을 보다

초판 1쇄 발행 2025년 10월 28일

지은이 이경민
펴낸곳 원앤원북스
펴낸이 오운영
경영총괄 박종명
기획편집 최윤정 김형욱 이광민
디자인 윤지예 이영재
기획마케팅 문준영 박미애
디지털콘텐츠 안태정
등록번호 제2018-000146호(2018년 1월 23일)
주소 04091 서울시 마포구 토정로 222 한국출판콘텐츠센터 319호 (신수동)
전화 (02)719-7735 | **팩스** (02)719-7736
이메일 onobooks2018@naver.com | **블로그** blog.naver.com/onobooks2018
값 20,000원
ISBN 979-11-7043-690-4 03180

※ 믹스커피는 원앤원북스의 인문·문학·자녀교육 브랜드입니다.
※ 잘못된 책은 구입하신 곳에서 바꿔 드립니다.
※ 이 책은 저작권법에 따라 보호받는 저작물이므로 무단 전재와 무단 복제를 금지합니다.
※ 원앤원북스는 독자 여러분의 소중한 아이디어와 원고 투고를 기다리고 있습니다.
　원고가 있으신 분은 onobooks2018@naver.com으로 간단한 기획의도와 개요, 연락처를 보내주세요.

Mind in Focus